Anselm Grün und Jörg Zink

Die Wahrheit macht uns zu Freunden

Anselm Grün und Jörg Zink

Die Wahrheit macht uns zu Freunden

Wie Christen morgen miteinander leben wollen

Kreuz

Bibliografische Information der Deutschen Bibliothek
Die Deutsche Bibliothek verzeichnet diese Publikation in der Deutschen Nationalbibliografie; detaillierte bibliografische Daten sind im Internet über http://dnb.ddb.de abrufbar.

www.kreuzverlag.de

Umschlaggestaltung: Bergmoser & Höller Agentur, Aachen
Umschlagbild: Gudrun Bublitz, Stuttgart
Satz: de·te·pe, Aalen
Druck: CPI – Clausen & Bosse, Leck

ISBN 978-3-7831-3365-3

Inhalt

Wir blicken zurück 9

I Drei Liebeserklärungen 13

1 Anselm Grün:
Ich liebe meine katholische Kirche 13
2 Jörg Zink:
Ich liebe meine evangelische Kirche 15
3 Wir lieben, was uns verbindet, aber auch viel, was uns unterscheidet 17

II Auf dieser Basis wollen wir miteinander reden 23

4 Ein Ökumenischer Kirchentag ist ein Gespräch 23
5 Es geht dabei nicht um Meinungen, sondern um die Wahrheit. Aber wer hat die Wahrheit? 28

III In den vergangenen 100 Jahren hat sich viel bewegt 33

6 Eine Geschichte des Unheils ging zu Ende 33
7 An der Basis ist viel in Bewegung gekommen 37

8 Die evangelischen Kirchen einigen sich seit dem Anfang des 20. Jahrhunderts 39
9 Mit dem Konzil trat die katholische Kirche in den ökumenischen Dialog ein 43

IV In den vergangenen 20 Jahren hat sich im Bewusstsein der Menschen Entscheidendes verändert 52

10 Enttäuschungen machen sich breit. Sie haben ihre Gründe 52
11 Die großen Zielsetzungen gehen an den Menschen vorbei 55

V Was ist bisher erreicht worden? 66

12 Die Vereinbarungen von Lima über Taufe, Eucharistie und Amt 66
13 Die Einigung über die Rechtfertigungslehre 74
14 Die Rechtfertigung und die mystische Erfüllung 83
15 Die Enzyklika »Ut unum sint« 95

VI Was uns noch immer trennen will 98

16 Das Amt und die Sukzession 98
17 Der Primat 105
18 Die Unfehlbarkeit 113

VII Wie wir mit Abendmahl und Eucharistie umgehen 117

19 Anselm Grün: Was mir die Eucharistie bedeutet 117
20 Was in der katholischen Eucharistie geschieht 123

21 Jörg Zink: Was für mich das evangelische Abendmahl bedeutet 128
22 Was lehrt die evangelische Kirche über das Abendmahl? 132
23 Was kann uns zur Gemeinsamkeit helfen? 138

VIII Zielbilder der Kirche 144

24 Katholische Vorstellungen vom Wesen der Kirche in ihrer künftigen Gestalt 144
25 Evangelische Gedanken über die Kirche 156
26 Zu der einen Kirche macht uns die Taufe 163

IX Wie wir die verbleibenden Problemfelder einschätzen 168

27 Hier hat jeder das Recht, anders zu sein 168
28 Was mag das für das ökumenische Gespräch bedeuten? 174

X Was uns eint 177

29 Jesus Christus, seine Gestalt, sein Wort, sein Werk 177
30 Die Heilige Schrift und ihre Überlieferung 181

XI Was können wir miteinander tun? 188

31 Der erste und Hauptauftrag der Kirche: Ihr spirituelles Wirken 188
32 Dieses Maß zeigt uns Jesus für die Gestaltung unseres Lebens: Unten sein und lieben 190
33 Der andere Auftrag der Kirche: Der prophetische Anruf 194
34 Der konziliare Prozess zeichnet den Weg kirchlicher Verlautbarungen voraus 197

XII Die neue Anforderung des 21. Jahrhunderts, der wir nur gemeinsam gewachsen sein werden: Die neue Weise des Umgangs mit fremden Religionen 201

35 Die fremden Religionen sind mitten unter uns 201
36 Dieser Herausforderung werden wir als Christen nur gemeinsam gewachsen sein 204
37 Was nötig ist: Eine Allianz des praktischen Wirkens zwischen den Religionen 209
38 Kann es das geben: Eine religiöse Weltkultur? 212

Unser Schlusspunkt: Wir lassen uns die Hoffnung nicht nehmen 216

39 Unsere Wünsche für kommende Ökumenische Kirchentage 216
40 Wie wir Christen uns selbst und einander verstehen 219

Wir blicken zurück

Anselm Grün (AG): Es war wirklich ein Fest. Der erste Ökumenische Kirchentag ging 2003 seinen rauschenden Gang in den Straßen und den Kirchen von Berlin. Es war alles sehr neu. Was da erhofft und in die Welt gestellt wurde, war ungewohnt. Neu war vor allem die plötzliche Selbstverständlichkeit, mit der man empfand, man gehöre doch, trotz aller Unterschiede und Gegensätze, zusammen. Heute, da wir auf den zweiten, vielleicht den dritten oder vierten Kirchentag dieser gemeinsamen Art zugehen, lassen wir uns die Einsicht nicht mehr nehmen, wir Katholiken und Protestanten und sonstigen Christen gehörten in einer freien und dichten Freundschaft zusammen.

Jörg Zink (JZ): Viele gingen durch diese Tage wie durch einen Rausch. Der wurde freilich dann und wann ins Nüchterne und in die Realität heruntergeholt durch die handfeste Erkenntnis, es sei doch an manchen Stellen noch ein weiter Weg bis zu einem wirklich gemeinsamen Leben katholischer und evangelischer Christen.

AG: Wir haben aber beide das Beglückende an diesem Fest stärker erfahren als das gelegentlich Enttäuschende. Wir empfanden, es gebe so viel gemeinsam zu tun für die Menschen unserer Zeit und so viel neu zu fassen an der Lebensweise und den Gedanken in unserer Kirche, dass es sich wohl lohne, die Ärmel hochzukrempeln und gemeinsam anzufassen, was einen energischen Zugriff nötig habe. Um der Zukunft der Kirche willen, um der Kraft ihrer Hoffnung und des Heils der Menschen willen.

JZ: Was aber bei allen Gesprächen zwischen den Kirchen am Ende erreicht werden müsse, sei die Zuversicht, mit der die Menschen unseres Landes, die Menschen an der Basis der Kirchen, ihr Leben übernehmen, gestalten und durchstehen könnten, und der Mut, mit dem sie übernehmen könnten, was ihnen zugemutet ist an Nöten und Ängsten. Denn das ist – jedenfalls nach unserer Meinung – die vordringliche Aufgabe der Kirchen: den Menschen beistehen. Für sie eintreten. Ihnen zu sagen, was den Kern und Auftrag unseres Lebens ausmache, worauf alles hinauslaufe, was in diesen Zeiten getan und bewirkt werden könne und was die Wahrheit sei, von der wir leben.

Was uns dabei immer wieder auffiel, war der Eindruck, wir Christen, gleich welcher Couleur, kämen von viel zu viel her und gingen auf viel zu wenig zu. Wir lebten viel zu viel nach Plan und Vorschrift und wüssten viel zu wenig von offenen, noch nicht festgelegten Wegen. Wir türmten zu viel von oben auf die Erde und erstickten dabei, was aus der Erde wachsen will, aus dem lebendigen Wurzelwerk des Volkes Gottes. Wir achteten noch immer zu viel auf unsere Oberlehrer, Oberrichter und Oberherren und zu wenig auf die Freiheit der Töchter und Söhne Gottes.

AG: Wir beide zählen uns selbst mehr zur Basis der Kirchen als zu ihren Würdenträgern. Wir haben beide nie danach verlangt, irgendeine Führungsrolle in unseren Kirchen zu spielen. Kirchenpolitik ist nicht unsere Sache. Wir fühlen uns beide als schlichte Sprecher des Evangeliums. Wir haben auch nie danach gestrebt, als Wissenschaftler anerkannt zu sein. Wir haben uns beide von jeher – bei mir sind das nun 40 Jahre, bei dir 60 – als die kleinen Stimmen verstanden, durch die die »große Stimme«, wie Nikolaus von Cues sie nennt, die große Stimme Gottes nah bei den Menschen laut werden kann. Wir sahen es auch nie als unsere Aufgabe an, eine bestimmte Position zu vertreten, etwa eine katholische oder protestantische, und wir sprechen auch in diesem Buch nur eben von dem Evangelium, von dem jede Kirche reden wird, die weiß, was sie auf dieser Erde zu tun hat.

JZ: Das bedeutet, dass wir uns an keiner Stelle als Gegner verstehen. Wir sagen manches verschieden, aber wir sagen es in der Freundschaft, die uns verbindet, und in dem Wissen, dass wir beide *der einen* Kirche verpflichtet sind. Dieser Kirche in ihrer Farbigkeit und Vielfalt, die der »vielfarbigen Weisheit Gottes« entspringt, auch mit ihrer gelegentlichen Müdigkeit und ihrem Versagen, in der aber Feindlichkeit ein Fremdwort ist. Es liegt uns auch nichts daran, ob der eine oder andere von uns in Einzelfragen einen Sieg davonträgt. Wer noch über irgendjemand siegen will, kann – das ist eine der Grundwahrheiten, von denen das Evangelium spricht – für den Frieden nichts tun. Wer noch recht haben will, kann für die Wahrheit nichts mehr tun. Denn die Wahrheit ist immer größer als die Kenntnis irgendeines Menschen. Und wer noch Macht sucht, weckt kein Vertrauen.

AG: Wir haben verabredet, dass wir durch dieses Buch hin eine Grundlinie ziehen wollen, die in einem Gedankenaustausch, einem Dialog zwischen uns beiden besteht. Dass dazwischen immer wieder der eine oder der andere zu irgendeiner aufkommenden Frage einen längeren Essay beiträgt und dass wir manches auch gemeinsam formulieren. Wir stellen uns dabei vor, dass dieses Verfahren den lockeren Stil ergibt, wie er den Gruppen und Gemeinden, die sich zum Beispiel auf den zweiten Ökumenischen Kirchentag in München vorbereiten oder danach von ihm aus weiterdenken wollen, hilfreich sein kann. Niemand muss einfach übernehmen, was wir sagen. Aber vielleicht findet mancher zu seinem eigenen Nachdenken und seiner eigenen Klarheit durch dieses offene Verfahren, mit dem wir von unseren Hinweisen und Einfällen aus Schritt um Schritt weitergehen.

JZ: Und wenn wir uns an dieser oder jener Stelle irren sollten – das können wir niemals ausschließen –, so nehme der Leser dies als Anregung, es genauer und richtiger zu sagen. Denn es scheint uns, solange wir in dieser Welt leben, unverlierbar eigentümlich, dass wir alle irren, dass auch ganze Kirchen an irgendeinem wichtigen Punkt irren, wie auch die geistlichen Weisen und Lehrer in der Geschichte der Kirche, selbst wenn sie zu einem Konzil zusammengetreten sind, immer wussten, sie seien nicht nur von der Wahrheit geführt, sondern auch vom Irrtum begleitet wie von ihrem Schatten.

AG: Und das gewiss bis zu dem Augenblick, in dem uns alle in der anderen Welt das große Licht der Wahrheit empfangen wird.

JZ: Wir fangen also einfach einmal an, ohne genau zu wissen, wohin uns unser Weg am Ende weiterführen wird. Es ist üblich, sich vor solcher Zukunftsoffenheit zu fragen: Wo kämen wir hin, wenn das gelten sollte? Aber wo kämen wir denn wirklich hin, wenn jeder fragte: Wo kämen wir hin? – und niemand ginge hin, um zu schauen, wohin man käme, wenn man ginge?

AG: Fangen wir an!

I
Drei Liebeserklärungen

1 Anselm Grün: Ich liebe meine katholische Kirche

AG: Ich will mit einer Liebeserklärung beginnen. Wenn man wissen will, wie eine Familie zustande kommt, dann beginnt alles zu allererst mit der Entdeckung einer Liebe. Ich sage also zunächst nicht, ich liebte irgendeine künftige Kirche, von der ich noch nichts sehe, sondern ich liebe meine katholische Kirche. Sie ist mir nah und vertraut und heimatlich.

Ich liebe meine katholische Kirche mit ihrer reichen Tradition, mit ihrer geistlichen Überlieferung, wie sie mir im frühen Mönchtum und in den mystischen Strömungen einer Hildegard von Bingen, eines Meister Eckharts, einer Teresa von Avila und eines Johannes vom Kreuz begegnen. Ich bin dankbar, in diesen geistlichen Strom einzutauchen und daraus zu schöpfen. Und ich liebe meine katholische Kirche wegen ihrer Liturgie, in der ich mich von Kindheit an wohlgefühlt habe. Schon als Kind war ich fasziniert von den morgendlichen Rorateämtern in der Adventszeit und von der Liturgie der Karwoche und der Osternacht. Da hat mein kindliches Herz etwas erfasst, das ich auch heute noch spüre, wenn wir in der großen Abteikirche mit vielen Menschen, vor allem mit vielen jungen Menschen, die Osternacht feiern. Und ich liebe meine katholische Kirche mit ihren Sakramenten, die mich als Priester immer wieder beglückt haben, wenn ich mit den Menschen das Fest des Lebens feiern durfte.

Ich liebe meine katholische Kirche wegen ihrer »Katholizität«, das heißt ihrer umfassenden Weite. Sie hat schon in den ersten Jahrhunderten bewiesen, dass sie fähig war, die religiösen Sehnsüchte der Menschen, die sie damals in ihren Religionen ausgedrückt haben, aufzugreifen und zu verchristlichen. Das, was uns Karl Barth manchmal vorgeworfen hat, dass wir zu viel Religion und zu wenig Glauben hätten, halte ich gerade für einen Reichtum, der mich weit macht und frei und mich mit allen Menschen in ihrer religiösen Sehnsucht verbindet.

Für mich ist die katholische Kirche meine Heimat. Dieses Heimatgefühl hatte ich immer wieder, wenn ich in Kenia oder in Argentinien, in Brasilien oder Mexiko, in Taiwan oder Korea mit den Menschen Eucharistie gefeiert habe. Sobald wir miteinander beten und Eucharistie feiern, entsteht eine Gemeinschaft, die die Grenzen der Völker aufhebt. Und so fühle ich mich überall auf der Erde daheim, wo Eucharistie gefeiert wird.

Ich liebe meine katholische Kirche auch wegen ihrer Versuche, um die rechten Formulierungen zu ringen, den Glauben an Jesus Christus für uns heute angemessen auszudrücken. Manchmal sieht das umgekehrte Bemühen, nämlich die Kontinuität der verschiedenen Aussagen darzulegen, etwas naiv aus. Aber ich spüre darin die Ehrfurcht vor den Formulierungen früherer Zeiten. Sie legen uns nicht fest, sondern fordern uns heraus, immer wieder neu unseren Glauben zu bedenken und ihn so zu formulieren, dass er die Menschen heute anspricht. Dabei hat die Kirche immer den Dialog mit der jeweiligen Philosophie geführt. Ich versuche, diesen Dialog weiterzuführen, indem ich vor allem das Gespräch mit der Psychologie suche, die heute die Philosophie in ihrer Bedeutung für das Denken der Menschen abgelöst hat.

Natürlich leide ich manchmal auch an meiner Kirche,

an ihrer Enge, an den Machtstrukturen, an ihrer Unbeweglichkeit. Aber da ich immer um meine eigene Begrenztheit weiß, verspüre ich wenig Lust, die Bischöfe oder den Papst anzuprangern. Die Schwäche gehört wesentlich zur Kirche. Wir leben nicht in einer vollkommenen Kirche, sondern in einer Kirche von Menschen. Und dennoch dürfen wir dankbar sein für die Kirche als den Ort, an dem uns Jesus Christus mit seinem Geist erfüllt. In diesem Wissen um die Schwäche der Kirche bin ich dankbar für viele evangelische Freunde, die mit mir gemeinsam darum ringen, den Glauben heute in einer Weise zu verkünden, die die Herzen der Menschen berührt und in der der Geist Jesu heute wirksam wird.

2 Jörg Zink: Ich liebe meine evangelische Kirche

JZ: Ich möchte Ähnliches auf meine Weise sagen. Ja, ich liebe meine evangelische Kirche. Nicht ganz so, wie ich meine Frau geliebt habe, als sie ein junges Mädchen war, auch nicht ganz so, wie ich sie liebe, da sie nach 60 Jahren gemeinsamen Lebens zu einer gütigen und weisen alten Frau geworden ist. Anders. Aber ich liebe meine Kirche so, wie einer das Haus liebt, in dem er ein Kind war, wie er ein Land liebt, in dem sich sein Leben abgespielt hat, oder eine Heimat, deren Wanderwege er oft und oft unter den Füßen hatte und deren Eigenart ihm vertraut ist.

Ich liebe meine evangelische Kirche, obwohl an den entscheidenden Punkten meines Lebens immer wieder auch ein Katholik seine wichtigen Spuren hinterlassen hat. Ein Mann der französischen Widerstandsbewegung: ein katholischer Priester, der mir das Profil eines vertrauenden Christen in einer schrecklichen Extremsituation vor Augen gestellt hat. Oder Romano Guardini, mein wichtigster Lehrer, der mich durch einen langen Krieg hin geistig begleitet und mich später tief geprägt hat. Oder eine Base, die Generaloberin einer Dominikanerinnenkongregation war und mit der ich viele wichtige Gespräche in tiefer Verbundenheit geführt habe.

Ich liebe meine Kirche in der Schlichtheit ihrer Erscheinung, ihrer Offenheit, ihrer Freiheit und Suche nach der genauen Wahrheit, die für unsere Zeit gilt. Ich liebe sie nach den 60 Jahren, die ich nun für sie lebe und arbeite, und stehe gerne auch zu ihren inneren und äußeren Gefährdungen, Fehlern und Schwächen. Und ich liebe die vielen Menschen in ihr, deren Freundschaft und Nähe mich bis heute begleiten.

Ich liebe ihre Offenheit und Verletzbarkeit, ihren vom Anfang ihres Werdens im 16. Jahrhundert ihr wesenseigenen Verzicht auf äußere Herrschaft. Ich liebe sie als das, was sie im Grunde einzig beansprucht zu sein, nämlich, wie schon gesagt, die kleine Stimme auf dieser Erde, die die große Stimme Gottes nachspricht, die einzig ein Hinweis auf den armen Mann von Nazareth sein will, dem sie als ihren Herrn und Erlöser zu dienen versucht. Ein Hinweis auf die souveräne Gnade und Liebe Gottes, die ihr allein aus der Heiligen Schrift zugesprochen wird. Ein Hinweis auf den Glauben, der von uns gefordert ist, und auch das Vertrauen, das wir dem kommenden Reich Gottes entgegentragen. Ein Hinweis endlich auf den lebendigen Geist Gottes, der in den einzelnen Christen wie auch in ihren Versammlungen sein Leben schaffendes Werk tut.

Das alles freilich kann mich nicht daran hindern, mich in der katholischen Gemeinschaft zu bewegen wie unter Schwestern und Brüdern und mich zu freuen an jedem Zeichen, das mir an den evangelischen Merkmalen der Kirche von dort herüber begegnet. Und ich bin dankbar dafür, dass ich den Geist dieser Freiheit im Lauf meines langen Lebens auch in der katholischen Kirche immer wieder beglückend erfahren habe.

3 Wir lieben, was uns verbindet, aber auch viel, was uns unterscheidet

AG: Ich liebe auch alles, was mich aus dem Leben der evangelischen Kirche anrührt. Was mich überzeugt. Was groß und wahr an ihr ist, schön oder stark oder wesentlich. Was uns an ihr den gemeinsamen Weg zeigt, was durch sie mir ein Verstehen eröffnet hat. Gewiss, wir lieben das Besondere an unserer eigenen Kirche. Aber das ist nicht alles. Viel verbindet uns. Im Grunde mehr als uns trennt. Und wir wären Toren, wenn wir immer nur anstarren wollten, was uns falsch erscheint an der anderen Kirche oder der anderen Glaubensweise. Warum soll ein Katholik nicht seinen Glauben mit anderen Empfindungen leben dürfen als ein Protestant? Warum sollte ein Protestant von der Freiheit und der Genauigkeit seines Nachdenkens nicht etwas anderes an Hilfe für sein Leben erwarten als ein Katholik? Warum sollte die Jahrtausende alte Rechthaberei unter den Christen immer den einen vom anderen, und das für Zeit und Ewigkeit, abschotten?

JZ: Ja, warum? Die Besonderheit eines Glaubens ist niemals die ganze Wahrheit. Das Ganze ist eine breite Gemeinsamkeit, der entlang zu denken mindestens ebenso wichtig sein wird, wie die Fahne der eigenen Wahrheit an der Stange aufzuziehen. Es ist unter Menschen immer so gewesen, dass irgendeiner eine Wahrheit ausgerufen hat – ich meine nicht eine angebliche, sondern eine wirkliche –, dass er aber dabei blind wurde für die Wahrheit, die ein anderer sah. Ich habe schon als Kind im grünen Allgäu die Flurbegehungen der katholischen Gemeinde gesehen und mich gefragt: Warum gibt es das bei uns nicht? Ich sehe die Marienandachten katholischer Frauen und frage mich, warum denn Gott, evangelisch gesehen, so einseitig männlich vorgestellt werde, was er, wenn er wirklich Gott ist, ganz gewiss nicht sein kann? Katholische Kinder gehen von Haus zu Haus und malen ihr C+M+B an die

Türen. Ich meine nicht, ich persönlich müsste in der Fülle dieser Sitten mitleben. Aber ich finde es schön, wenn ich es sehe. Und ich mache ihnen Mut, ihren Gang von Haus zu Haus weiterzugehen.

Ich liebe aber auch alles, was uns verbindet. Was uns in unserem Land geprägt hat. Die christlichen Überlieferungen, die Kirchen, die in jedem Dorf mitten inne stehen, die Überlieferungen des christlichen Kalenders, seine Feste und Begehungen. Die christlichen Schriften von Denkern und Dichtern, die christliche Kunst in unserem Land aus 1000 Jahren, die Zeugnisse der christlichen Geschichte, der Länder und der Städte. Die Musik, die von der christlichen Überlieferung redet, nicht nur von Bach, sondern auch die vielen Lieder, die uns zwischen evangelisch und katholisch gemeinsam sind; die Wegzeichen, die Friedhöfe, aber auch die Wissenschaft, die liturgischen Spielformen des Glaubens, die Bekenntnisse, die vielen überzeugenden Christen unter den Menschen unseres Landes und seiner Geschichte. Die ganze geistige Welt, in der der christliche Glaube zu Hause ist, seine Riten und Symbole, seine Bilder und Geschichten. Seine Weltdeutung und seinen Gedankenreichtum. Die lange Galerie seiner Heiligen und Weisen und seiner Zeugen.

AG: Es geht mir ähnlich. Ich liebe zum Beispiel, was du noch nicht genannt hast, die Quelle der Wahrheit, die uns gegeben und gemeinsam ist: die Heilige Schrift. Unzählige katholische und evangelische Ausleger bemühen sich gemeinsam, den Reichtum der Schrift für uns heute zu entdecken. Und viele Theologen und Prediger in beiden Kirchen versuchen, uns die Schrift in Predigten und Meditationen so auszulegen, dass die Worte Jesu unser Herz berühren. Ich habe viel von deinen Bibelauslegungen profitiert. Ich habe gerne dein Jesusbuch gelesen und mir von deiner Sicht die Augen öffnen lassen für Aspekte Jesu, die ich bisher nicht so deutlich gesehen habe. Ich selber versuche auch immer wieder, die Bibel im Dialog mit heutiger

Psychologie so auszulegen, dass die Menschen die Weisheit erkennen, die uns Gott in der Bibel geschenkt hat. Die Bibel ist und bleibt für mich die eigentliche Quelle, aus der ich schöpfe. Und es ist für mich immer wieder spannend, die Bibel in Gruppen zu meditieren, weil mir die Menschen mit ihren Sichtweisen immer wieder Aspekte des biblischen Textes aufzeigen, die mir bisher verborgen waren.

Was uns verbindet, ist die Kirchenmusik. Ich liebe die Bachkantaten und höre mir jeden Sonntag die zum Sonntag passende an. Ich liebe aber auch Mozart, seine weltliche und seine geistliche Musik. Die Musik überwindet die konfessionellen Grenzen. Sie öffnet allen das Herz für den unbegreiflichen Gott, der mir in der Musik aber immer als der Gott der Liebe begegnet. Ob es Heinrich Schütz, Friedrich Händel oder Philipp Telemann auf evangelischer Seite oder Anton Bruckner, Antonio Vivaldi oder Oliver Messiaen auf katholischer Seite sind, sie gehören uns allen. Und sie verkünden uns allen die Schönheit und Liebe Gottes.

Uns verbinden auch viele Lieder, die wir im Gottesdienst singen. Als ich die Weihnachtslieder meditierte und ihre Geschichte studierte, freute ich mich, wie schon seit dem 16. Jahrhundert die einstmals typisch evangelischen oder katholischen Lieder die Konfessionsgrenzen überwanden. Wenn ein Lied das Herz bewegt, dann lässt es sich nicht mehr nur einer Konfession zuschreiben. Dann will es allen gehören. Ich freue mich auch an typisch protestantischen Liedern. Wenn ich an einem protestantischen Gottesdienst teilnehme, dann stimme ich gerne in die alten Choräle ein. Auf der anderen Seite liebe ich den gregorianischen Choral, weil er die biblischen Worte in einer Weise meditiert, vor der ich immer wieder staune. Und ich kenne viele evangelische Christen, die heute vom gregorianischen Choral genauso fasziniert sind.

Ich liebe die Rituale, die wir in den katholischen Gottesdiensten feiern und die heute auch oft genug in der evangelischen Liturgie übernommen werden. Und ich liebe die Rituale, die evangelische Pfarrer und vor allem Pfarrerinnen neu entwickeln, etwa Salbungs- oder Segensrituale. Da spüre ich, dass wir voneinander lernen und auch in einen guten Wettstreit treten können, damit wir die Menschen in ihrer Sehnsucht erreichen und ansprechen.

JZ: Ich finde es nicht schwierig, dass du in vielem anders denkst als ich und dass du dein ganz andersartiges Leben lebst, sondern ich finde es schön und lebendig, ich sehe es als Reichtum, was sich danach in der Freiheit unseres gemeinsamen Weges ausdrückt.

AG: Wir lieben, was uns verbindet. Was sich uns schwer erschließt, das lassen wir gelten. Wir respektieren es, wir lassen es offen. Wir wissen nur zu genau, dass es die einheitliche und einzige Wahrheit in unserer Menschenwelt nie gegeben hat. Die Wahrheit ist Gott allein. Wir erwischen immer nur einen Zipfel von ihr, solange wir mit unserem kleinen Verstand in dieser Welt stehen. Was uns ungenau bleibt, können wir immer noch lieben. Und wenn wir freundschaftlich genug miteinander reden, kann uns viel davon neu und lebendig aufgehen.

JZ: Ob unsere Zielvorstellungen gleich sind, ob wir auf die eine globale Riesenkirche zugehen wollen oder auf eine Familie von vielen verschiedenen Kirchen, mag zunächst offen bleiben. In keinem Fall geht es um Gleichschaltung oder Uniformierung.

Gleichheit war noch nie ein Merkmal einer lebendigen Kirche. Seit ich selbst mit zwölf Jahren die Uniform eines Hitlerjungen trug, habe ich ein Bild vor Augen, das mich schon damals erschreckt hat: Hitlers Reichsparteitage. Ich sah, wie Zehntausende in breiten braunen Marschkolonnen, im hämmernden Gleichschritt, unter immer den gleichen Fahnen, mit immer den gleichen hämmernden Liedern in der dröhnenden Brust am »Führer« vorbeizogen. Nein und noch einmal nein. Die Kirche hat keinen »Führer« außer dem einen Herrn, dem Bruder Jesus, und wer seinen Weg mit ihm geht, trägt keine Uniform. Die Kirche löscht den Geist des Menschen nicht aus, nicht seine Fantasie, nicht seine Gestaltungskraft, nicht sein Gewissen und nicht seinen Glauben. Sie hütet vielmehr auf ihre stille Weise seine Freiheit. Sie hat viele Farben und viele Gestalten. Sie ist von Herzen zivil.

Die Bibel würde in ihrer bilderreichen Sprache sagen: Die Kirche ist ein Garten. Gott setzte den Menschen in einen Garten, und diesen Garten soll er bauen und bewahren. Der Mensch ist ein Stück Land, sagt Jesus, ein Boden, aus dem etwas wachsen soll. »Du wirst sein wie ein wasserreicher Garten«, sagt Jeremia. Du darfst blühen und reifen und Frucht tragen für die Menschen dieser Erde. Nach meiner Vorstellung ist die Kirche ein Garten, der ohne Zaun und Mauer ins offene Land übergeht. Was wäre das für ein Garten, in dem zwischen jedem Krautkopf und seinem Nachbarn eine Mauer stünde, oder zwischen jedem Beet und dem nächsten eine Wand mit einer Tür mit Sicherheitsschloss und Sicherheitsbeamten?

In einem Garten gibt es nicht nur Salate, sondern auch Erdbeeren und Rosenstöcke. Auf der weiten von Gott geschaffenen Erde gibt es nicht nur die Zedern des Libanon, sondern auch die Tannen des Schwarzwalds und die Dattelpalmen am Persischen Golf. Die aber wollen wir nicht vereinheitlichen, sondern bewahren. Es muss in Südamerika nicht so gelebt und gedacht werden wie in Berlin. Die Kirche darf so vielgestaltig sein, wie die Menschen sind. Ihre Freiheit ist das Geheimnis ihrer schöpferischen Kraft, und wer sie eingrenzen will, bringt sie in die Gefahr der Erstarrung. Paulus spricht einmal von der »vielfarbigen Weisheit Gottes«. Nein, ich finde es schön, dass es außer Katholiken und Protestanten Quäker gibt und Orthodoxe und Pietisten, wenn sie einander gelten lassen. Als Gott die Kirche ins Leben rief, wollte er offenbar eine Gemeinschaft von verschiedenartigen Menschen, die sich miteinander freuen können, miteinander leiden, füreinander sorgen, miteinander nachdenken, miteinander wirken, erfinden und erproben. Gerade indem sie verschieden sind und verschieden ihren Glauben leben, sind sie miteinander eine lebendige, eine schöne, eine liebenswerte Kirche.

Darin sieht Augustin die Vielfalt und die Einheit der Kirche:

»Miteinander reden und lachen
sich gegenseitig Gefälligkeiten erweisen
zusammen schöne Bücher lesen
sich necken
dabei aber auch einander sich Achtung erweisen
mitunter sich auch streiten ohne Hass
so wie man das wohl einmal mit sich selbst tut
manchmal auch in den Meinungen auseinandergehen
und damit die Eintracht würzen
einander belehren
und voneinander lernen
lauter Zeichen der Liebe und Gegenliebe
die aus dem Herzen kommen
sich äußern in Miene und Wort
und tausend freundlichen Gesten
den Geist in Gemeinsamkeit entflammen
so dass aus den Vielen eine Einheit wird.«

(Augustinus, Confessiones 4,8,13)

II
Auf dieser Basis wollen wir miteinander reden

4 Ein Ökumenischer Kirchentag ist ein Gespräch

AG: Ich kann mich an wunderbare Gespräche mit evangelischen Theologen erinnern, in denen ich viel von evangelischer Frömmigkeit und Theologie gelernt habe. Und zugleich habe ich mich gefreut, dass die evangelischen Partner aufmerksam und neugierig auf meine Gedanken zur katholischen Spiritualität gehört haben. Sie waren offen. Wir wollten voneinander lernen. Es war eine große Achtung. Und wir spürten, dass wir uns in unserer Spiritualität und in dem, was uns trägt, sehr nahe sind. Jeder beschreibt seine Erfahrung mit anderen Worten. Es gibt bestimmte katholische und evangelische Sprachspiele und Redewendungen. Im Gespräch verloren diese Redewendungen für den andern an Fremdheit. Wir versuchten zu verstehen, warum man mit diesen Worten seine Beziehung zu Jesus Christus ausdrückte.

JZ: Was in dieser geschichtlichen Stunde nötig ist, ist, dass zwischen Kirchen und Konfessionen das jahrhundertealte Hickhack aufhört und ein Gespräch stattfindet, wie es vor einigen Jahrzehnten begonnen hat. Ein Gespräch, das für ein freies Nachdenken Spielraum lässt.

AG: Dabei wird jeder das Recht haben, die Atmosphäre zu schützen, in der er sich zu Hause fühlt. Das Recht auf seine besonderen Meinungen, auf seine Einseitigkeiten, das Recht auf sein Sicherheitsbedürfnis. Das Recht auf seine persönliche Lebensgeschichte.

JZ: Wir müssen, meine ich, noch sagen, was wir eigentlich mit diesem Gespräch bewirken wollen. Auf alle Fälle treten wir hier nicht an, um viele Einzelfragen zu bearbeiten und viele Einzelprobleme zu lösen. Das wird viel besser auf den Ökumenischen Kirchentagen selbst geschehen können. Aber wir wollen hier dazu helfen, dass dieses Gespräch stattfinden und Sinn haben kann.

AG: Als ich mir vornahm, in dieses Gespräch einzutreten, ging mir auf, wie ich trotz aller Liebe zu den Brüdern und Schwestern in anderen Konfessionen doch noch meine Vorurteile in mir habe. Auch wenn ich weiß, dass heute keine Kirche sich über die Fehler und Schwächen der anderen freuen sollte, weil wir alle in einem Boot sitzen, kenne ich doch auch in mir noch Spuren solchen Vereinsdenkens. So wie ein Fußballverein sich über die Niederlage des anderen freut, gibt es auch in mir solche Gedanken: Wir Katholiken sind doch besser als die Protestanten! Oder ich spüre, dass ich trotz allen Strebens, objektiv zu denken, immer noch meine subjektiven Vorurteile habe. Oder ich habe meine empfindlichen Stellen, an denen ich nicht fähig bin, mich gut und offen auf ein Gespräch einzulassen. Es gehört zur Gesprächsbereitschaft, sich diese Schattenseiten einzugestehen.

JZ: Wenn wir unser eigenes Sprechen und unsere unbewussten Vorurteile und Ängste anschauen, dann wird unser Gespräch bescheidener, offener, ehrlicher und zugleich hoffnungsvoller und liebevoller. Indem wir so miteinander reden, erfahren wir zugleich, was eigentlich ein Gespräch unter Christen ausmacht: Wir erfahren uns als Gemeinschaft von Hörenden. Wir hören aus dem Wort des anderen immer auch das Wort Christi heraus. Und wir versuchen, aus dem Geist Jesu heraus zu sprechen und nicht aus unserem so leicht kränkbaren Ego. Die Einheit der Kirche kann man nicht einfach verordnen, aber wir können sie erfahren, wenn wir miteinander im Geist Jesu sprechen.

AG: In dem Gedicht »Friedensfeier« hat Friedrich Hölderlin die wunderbaren Verse geformt:

»Viel hat erfahren der Mensch.
Der Himmlischen viele genannt,
Seit ein Gespräch wir sind
Und hören können voneinander.«

Wenn wir also nicht nur ein Gespräch führen, sondern ein Gespräch sind, dann erfahren wir viel über das Geheimnis des Menschen und über das Geheimnis der Himmlischen, über das Geheimnis Gottes. Dann geht uns etwas auf von der Wahrheit des Menschen und von der Wahrheit Gottes. Doch Voraussetzung, dass wir zum Gespräch werden, ist, dass wir nicht nur aufeinander, sondern voneinander hören. Ich höre vom andern, was er zu sagen hat. Ich nehme mir von ihm etwas. Für Hölderlin ist es eine Kunst, voneinander hören zu können. Im Hören voneinander haben wir teil an der Herkunft des andern, an seiner Geschichte, an dem, was er an Erfahrungen gemacht hat.

JZ: Wir lassen also den andern in unser Herz schauen. Wir brechen uns auf, damit wir aufgebrochen werden für das Größere, das uns miteinander verbinden will.

Denn der Sinn eines Gesprächs besteht ja nicht darin, dass wir einander mitteilen, was wir denken und bei was wir zu bleiben wünschen, sondern darin, dass wir einander verändern und uns voneinander verändern lassen. Viele sind schon ausgezogen, die Verhältnisse zu ändern, und blieben ohne Erfolg, weil sie versäumten, dabei sich selbst mitzuverändern. Daraus könnte man Regeln entwickeln. Zum Beispiel eine erste, die so lautet:

Regel 1: Ich muss den anderen sehen, wie er ist. Ich verzichte auf Schlagworte und Feindbilder. Ich gewähre ihm so viel freundliche Zuwendung, dass ich ihn wahrnehme.

Regel 2: Ich bin bereit, mich selbst zur Disposition zu stellen. Ich bin bereit, mich mit ihm zusammen zu ändern, solange noch nicht gestritten wird und ich noch »mit ihm auf dem Wege« bin. Jeder mag etwas anderes zu ändern haben, aber ändern müssen sich beide.

Regel 3: Der Anspruch, der andere solle sich ändern, ist Gewaltanwendung, wenn ich ihm nicht die Möglichkeit gebe, auch mich zu ändern.

Regel 4: Ich möchte dem anderen helfen, sich und mich zugleich zu ändern. Das ist nur möglich, wenn er sich nicht vor mir fürchtet. Er kann sich sonst einem Weg, den ich ihm zeige, nicht anvertrauen. Ich selbst aber muss mich meinerseits davor hüten, ihn zu fürchten. Angriff heißt immer auch Verhärtung des Gegners. Und Rechthaberei ist immer auch Produktion von Widerstand.

Regel 5: Ich möchte dem anderen helfen, sich und mich zugleich zu ändern. Ich werde also versuchen, ihn genau zu verstehen, und werde ihm deutlich machen, dass ich ihn verstanden habe. Fühlt er sich von mir nicht verstanden, so kann er seine bisherigen Meinungen nicht ablegen, und er kann meine Gedanken und Meinungen nicht für besser halten als seine eigenen.

Regel 6: Wenn ich dem anderen helfen will, sich und mich zu ändern, dann muss ich ihm kleine Schritte gestatten. Eine Totalumkehr in fünf Minuten kann einmal geschehen, aber sie ist selten und nicht ohne Gefahr. Im Normalfall vollzieht sich eine Änderung des Klimas zwischen Menschen oder die Änderung einer Überzeugung in langen Zeiträumen. Aber ich bleibe vor der Ungeduld des Erfolglosen nur bewahrt, wenn ich auch mir selbst kleine Schritte gestatte.

Regel 7: Ich möchte dem anderen helfen, sich und mich zu ändern. Dann aber muss ich ihm den Weg zum Einvernehmen auch dann offenhalten, wenn er in seiner Ablehnung verharrt. Ich darf nicht beleidigt sein, wenn er meine Vorschläge ablehnt. Ich darf das Gespräch nicht abreißen lassen. Wie sonst soll er darauf vertrauen, dass der Weg, den ich ihm zeige, ernsthaft ein Weg auch für seine Zukunft ist, mindestens für sein Verstehen?

Wir sollten, meine ich, solche Regeln, die für uns einzelne Menschen gelten, endlich auch für die große Politik entdecken. Denn alle politische Arbeit ist ein Umgang mit Menschen. Und es könnte sein, dass auch politische Absichten deshalb fehlschlagen, weil man auf die Regeln nicht geachtet hat, nach denen Menschen einander gegenseitig ändern können.

Dazu kommt unter Christen aber noch etwas ganz Entscheidendes. Wir sagen mit Paulus: Ich lebe, aber nun nicht ich, sondern Christus lebt in mir. Jeder, der mit einem anderen Christen spricht, wird also davon ausgehen, dass in seinem Gegenüber Christus anwesend ist. Oder Gott. Wie immer man die Nähe und Gegenwart Gottes in den Menschen beschreiben will. Die Weise, wie ein interkonfessionelles Gespräch abläuft, ist entweder von dieser geistlichen Tatsache geprägt oder es geht an seinem Thema vorbei.

Das aber bedeutet, dass bei jedem Redewechsel der eine in das Heiligtum eintritt, das der andere ist, das Christusheiligtum in ihm.

AG: Das drückst du sehr schön aus. Im Gespräch treten wir in das Heiligtum des anderen ein. Der heilige Benedikt spricht davon, dass wir im Gespräch genau hinhorchen sollen, ob nicht Christus selber durch den Bruder oder die Schwester spricht. Es geht nicht um die theologischen Argumente, sondern um die geistliche Dimension des Gesprächs. Und die besteht darin, dass Christus selber durch uns spricht. Denn sein Geist ist in jedem von uns. Hans Urs von Balthasar hat das Geheimnis des Gespräches, das um die Wahrheit ringt, so formuliert: »Das Land der Wahrheit kann ich nur erforschen, wenn ich meinen Standpunkt ändere.« Wenn ich auf meinem Standpunkt beharre, bleibe ich bei mir stehen, aber das weite Land der Wahrheit bleibt mir verschlossen. So wünsche ich uns, dass wir im ökumenischen Gespräch immer wieder bereit sind, den eigenen Standpunkt zu ändern, um gemeinsam in das Land der Wahrheit einzutreten, das größer ist als unser jeweiliges Denken und Glauben.

JZ: Es ist wirklich nicht zu übersehen: Ein Schritt ist fällig. Ein Schritt hinaus. Lange genug haben wir in den wohlverschlossenen Gehäusen unserer Konfessionen gelebt. Lange genug waren wir auf allen Seiten überzeugt, bei uns sei die Wahrheit zu Hause, bei allen anderen der Irrtum, die Irrlehre oder die Irreführung. Lange genug waren wir den Gesetzen unserer jeweiligen zufälligen Herkunft gehorsam. Lange genug haben wir sie verinnerlicht, die Trennlinien, die Unterscheidungen, die Abgrenzungen. Nein, ich muss gestehen, dass ich die Rechthaberei der Gruppen und Grüppchen, der großen und der kleinen Kirchen von Herzen satt habe. Mich interessiert, was uns gemeinsam ist. Ich suche nach der geistlichen Wirklichkeit, die wir den »Leib Christi« nennen, die verborgene Wirklichkeit der einen Kirche hinter all ihrem Glanz und Elend. Ich bin überzeugt: Wenn wir wollen, können wir eine, die eine Kirche sein. Wie das zu erreichen ist, darüber müssen wir reden. Dass es fällig ist, darüber müssen wir nicht mehr reden. Es ist überdeutlich.

5 Es geht dabei nicht um Meinungen, sondern um die Wahrheit. Aber wer hat die Wahrheit?

JZ: Jede Religion ist der Überzeugung, was sie aussage, sei die Wahrheit. Natürlich. So kommt es wie selbstverständlich zu dem Streit um die Wahrheit, der das eifersüchtige Gegeneinander der Religionen der Erde wie ihr Schatten begleitet. Wir haben die großen Propheten, die uns die reine Wahrheit vermitteln, sagt die eine. Wir haben die

Instanz, die zuständig ist für die Verwaltung der Wahrheit, sagt die andere. Wir haben die Heilige Schrift, die Upanischaden, den Tao te King, den Koran, die Bibel, und das heißt, wir haben die Wahrheit.

Was ist denn Wahrheit? Wahrheit ist nicht eine Sammlung richtiger Lehrsätze. Wenn Jesus sagt: Ich bin die Wahrheit, dann heißt das: Die Wahrheit ist Gott selbst, repräsentiert durch mich. Heißt das aber nicht, dass keine Kirche den Anspruch erheben kann, die Wahrheit zu besitzen. Wer kann denn Gott besitzen?

Wie kommt denn ein Mensch an die Wahrheit? Der Anfang einer Begegnung eines Menschen mit der Wahrheit kann in irgendeiner Erfahrung liegen. Er liest etwas in einer heiligen Schrift. Er hört das Wort eines Menschen. Er erfährt Gottes Anrede auf irgendeine Weise. Auf eine sinnliche, eine übersinnliche, eine innere. Wie immer. Aber was er danach in der Hand hat, ist nicht die Wahrheit, sondern die Erinnerung an eine Erfahrung der Wahrheit. Die Wahrheit ist nicht sein Besitz. Er hat sie geschaut und er bewahrt, was er geschaut hat. Er bewahrt eine Erfahrung von Wahrheit.

Diese Erfahrung will gedeutet, sie will verstanden werden. Sie will so gefasst werden, dass sie weitergesagt werden kann. Sie muss sich herabstufen in die übrige Erfahrungswelt des Hörenden. Sie muss herabgedeutet werden bis zu den vielleicht bescheidenen Verstehensmöglichkeiten, über die der Mensch verfügt, der sie empfangen hat.

Noch einmal: Ein Mensch, nehmen wir an, macht die erregende oder beglückende Erfahrung, dass Gott zu ihm sprach. Wenn er dieser Erfahrung nun nachgeht, so wird er versuchen, für die Botschaft, die er empfangen hat, eine Deutung zu finden. Dass er danach unterscheidet zwischen seiner Erfahrung und seiner Deutung, ist der Anfang seines Weges zum wirklichen Geschehen.

Alle Deutungen solcher Erfahrungen aber sind gefärbt von der kulturellen Tradition, innerhalb deren ein Mensch seine Erfahrungen macht. Alle haben sie teil an den Entwicklungen, Veränderungen und Umschichtungen, die im Lauf der Geschichte mit den Menschen und ihren Deutungen geschehen. Alle sind sie des Gesprächs bedürftig. Alle spielen sie auf der Ebene der tastenden Versuche. Die Deutungen sind notwendig. Sie sind der einzige Durchblick durch die Landschaft der Erfahrung hinüber zur Wahrheit. Aber alles, was Christen verschieden sehen, auch alles, was die Konfessionen trennt, spielt auf der Ebene der Deutungen, nicht der Wahrheit oder der Unwahrheit. Unsere Deutungen können nie die gefährliche Rolle einer Grenze spielen, jenseits deren die Unwahrheit steht, die wir nun zu bekämpfen hätten.

Die Deutung rückt danach in die Bildersprache einer religiösen Überlieferung ein oder auch in die Originalität der Bildersprache eines besonders sensiblen Menschen. Sie wird zum Gebet, zum Hymnus, zum Ritual, zum praktischen Weg einer Gemeinschaft. Sie kann im äußersten Fall zum theologischen Satz oder gar zum Dogma werden. Sie kann verschieden ausfallen, verschiedene Menschen ansprechen, auf verschiedenem Niveau erfolgen. Mit verschiedenem Anspruch. Aber nichts, was wir religiös aussagen, geht über den Rang einer Deutung hinaus. Im guten Fall der Deutung einer Erfahrung. Im besten Fall der Deutung einer Erfahrung von Wahrheit.

Ich werde also niemals einem Menschen, der andere Deutungen findet, weil er mit seiner Erfahrung anders umgeht, vorwerfen, er sei im Irrtum. Ich höre an meinem Platz das Wort des Mannes aus Nazareth und versuche, ihn zu verstehen. Ich stehe dabei aber nicht gegen den Glauben eines anderen Menschen, sondern immer im Gespräch mit ihm. Vielleicht werden sich dabei beide Deutungen verändern, die seine und die meine. Und dies wäre der Sinn eines Gesprächs.

Diese Rückstufung dessen, was wir unsere Wahrheit nennen, auf unsere Erfahrung und auf die Deutung, die wir vornehmen, ist ein entscheidendes und unentbehrliches Merkmal dessen, was wir »ökumenische Spiritualität« nennen.

AG: Wenn ich das mit meinen Worten sagen soll, dann so: Was bei einem Gespräch »herauskommt«, weiß keiner vorher. Die Verständigung oder ihr Misslingen ist wie ein Geschehen, das sich an uns vollzogen hat. Es geht im Gespräch nicht darum, dass wir Wahrheiten austauschen, sondern dass die Wahrheit geschieht, dass die Sprache, die im Gespräch geführt wird, etwas »entbirgt« und heraustreten lässt, was fortan ist. Im Gespräch geht es um Verständigung. Ich versuche zu verstehen, was der andere in seiner Sprache ausdrückt. Ich frage nach der Erfahrung, die hinter seinen Worten steht. Und ich versuche, mich in diese Erfahrung hineinzuversetzen und sie zu verstehen. Zugleich frage ich mich, ob ich ähnliche Erfahrungen gemacht habe und wie ich diese Erfahrungen mit meinen Worten ausdrücken würde. So geht es im Gespräch nie um das Rechthaben, sondern um ein Sich-Verständigen auf die Sache, die hinter den Erfahrungen steht. Diese Sache ist aber nicht etwas, das man in die Hand nehmen kann. Es ist vielmehr immer ein Geheimnis, das sich uns zeigt und sich zugleich wieder verbirgt. Ein Gespräch gelingt dann, wenn eine Horizontverschmelzung stattfindet. Ich habe einen bestimmten Horizont, unter dem ich die Welt sehe. Der andere Gesprächspartner hat einen anderen Horizont. Wir diskutieren nicht, welcher Horizont richtig ist. Vielmehr geht es um eine Verschmelzung der Horizonte. Denn unser Horizont ist immer begrenzt. Wenn die Horizonte miteinander verschmelzen, dann kommt die Sache selbst zum Ausdruck, die nie nur meine persönliche Sache, sondern letztlich unsere gemeinsame Sache ist.

Der heilige Augustinus sagt: Gott ist allein die Wahrheit. Wir können uns der Wahrheit Gottes immer nur annähern. Wahrheit offenbart sich so, dass der Schleier, der über allem liegt, weggezogen wird und das Sein sich lichtet. Gott wird offenbar. In diesem Sinn kann Jesus sich selbst als die Wahrheit bezeichnen. In ihm enthüllt sich für uns Gott. In ihm wird Gott offenbar. Und zugleich werden wir im Blick auf Jesus die Wirklichkeit der Welt so erkennen, wie sie in Wahrheit ist. Mit weniger aber sollte sich ein Gespräch unter Christen nicht begnügen.

III
In den vergangenen 100 Jahren hat sich viel bewegt

6 Eine Geschichte des Unheils ging zu Ende

JZ: Die christliche Geschichte versteht sich als eine Geschichte des Heils. Zugleich aber ist sie auch eine Geschichte, die voll von unbegreiflichem Unheil ist. Die begann schon ums Jahr 50 nach Christus. Sie begann, als Paulus von Ephesus nach Korinth hinübersah und den Leuten dort ins Stammbuch schrieb: »Es wurde mir berichtet, dass es Streit unter euch gibt. Ich meine damit: Jeder von euch sagt von sich etwas anderes. Der eine: Ich bin paulisch, der andere: Ich bin apollisch, der dritte: Ich bin petrisch, und der vierte: Ich bin christisch. Wie? Ist Christus denn nun zerteilt? Wurde Paulus für euch gekreuzigt? Oder seid ihr auf den Namen des Paulus getauft worden?« (1. Korinther 1,10–13).

Wäre es nicht so absurd, könnte man sich daran ergötzen. Da gibt es also bis zum heutigen Tag die, die sich »petrisch« verstehen, als die Konfession, die Petrus für sich in Anspruch nimmt, der sie durch seinen Primat, seine Schlüssel- und Hirtengewalt gegenüber allen anderen ins Recht setzt.

Da gibt es die Orthodoxen, die Konfession vielleicht des »Apollos«, die die große Tradition des griechischen Geistes festhält und die das Evangelium tiefsinniger, bilderreicher und richtiger erklärt, eben »orthodox«, rechtgläubig heißt das, rechter als alle anderen.

Da gibt es die Protestanten, die sich »paulisch« nennen, die sich auf Paulus berufen, den großen Verkünder der Rechtfertigungslehre und des Kreuzes.

Und am Ende gibt es viele Gruppen und Freikirchen, die sich von allen Traditionen der Großkirchen gelöst haben, sich allein auf Christus als ihren Herrn und Meister berufen und ihr Leben nach ihm und seinem Vorbild und seinen Weisungen gestalten wollen.

Ich selbst, der einer »mild-lutherischen« Kirche angehört, finde es darüber hinaus widersinnig, eine Kirche nach jenem Luther zu nennen, der von sich in »Eine treu Vermahnung an alle Christen« 1522 gesagt hat: »Ich bitte, man wolle meines Namens schweigen und sich nicht lutherisch, sondern Christen heißen. Was ist Luther? Ist doch das Evangelium nicht mein! Wie käme denn ich armer, stinkender Madensack dazu, dass man die Kinder Christi sollte mit meinem heillosen Namen nennen?« Sollte man Luther nicht seinen bescheidenen Wunsch nach bald 500 Jahren erfüllen können?

AG: Uns alle meint Paulus, wenn er uns sieht, mit unseren Spezialgestalten, unseren Spezialüberlieferungen und unserem Spezialglauben: Ist denn Christus zerteilt? Würde er heute nicht sagen: Ihr seid von allen guten Geistern verlassen, vor allem vom Heiligen Geist Gottes?

JZ: Damals also beginnt eine Geschichte der Trennungen, der Teilungen, der Absonderungen, der gegenseitigen Verurteilungen, der Ketzer- und Hexenprozesse, der Kämpfe, der inneren und der politischen Kreuzzüge, und das reicht bis in den heutigen Tag. Sie setzt sich nach Paulus rasch fort, etwa mit der Ausscheidung der gnostisch beeinflussten Gemeinden um das Jahr 100, später ganzer Gruppen wie der Valentinianer oder der Karpokratianer, mit der Trennung von den Anhängern des Markion, von den Montanisten oder den Monarchianern. Sie alle kennen wir kaum mehr, aber sie waren Christen, auf eine Art freilich, die fremd und anders war, mit denen aber im Gespräch zu bleiben sinnvoll gewesen wäre. Kaum irgendwo aber ist es noch möglich zu erkennen, was denn nun eigentlich und wirklich zur Trennung geführt hat. War es das Unverständnis der Mehrheit, war es die Rechthaberei einer Minderheit, war es das Elitebewusstsein der einen oder das Gleichschaltungsbedürfnis der anderen? Wir können immer nur beklagen, dass es so sehr menschlich und ganz und gar nicht geistlich zuging.

Als die frühe Kirche im 4. und 5. Jahrhundert sich teils um der Klarheit ihrer Botschaft willen, teils unter dem Druck der sie fördernden kaiserlichen Macht gezwungen sah, ihr Dogma zu formulieren, da wurden die Arianer abgetrennt oder trennten sich ab, die Pelagianer, die Nestorianer, die Monophysiten, die Monotheleten. Unter den verschiedenen Möglichkeiten, vom dreieinigen Gott zu reden oder von der göttlichen und menschlichen Natur des Christus, formulierte das Dogma die der Mehrheit einleuchtende. Was anders gedacht war, konnte nicht toleriert werden.

Im 10. und 11. Jahrhundert erfolgte die verhängnisvolle Trennung zwischen der griechisch-syrischen Ostkirche und den westlichen Kirchen. Am 16. Juli 1054 legten päpstliche Gesandte den Bannfluch gegen den Patriarchen von Konstantinopel auf dem Altar der Hagia Sophia nieder. Der angegriffene Patriarch erwiderte ihn sofort. Der Bruch war und blieb endgültig, und er ist unheilbar bis zum heutigen Tag.

Das Mittelalter brachte die Brüche mit den Albigensern, den Patarenern, den Waldensern, den Bogomilen, den strengen Franziskanern, dem Templerorden, den Beginen, den Lollharden und den Hussiten. Und im Übergang zur Neuzeit kam es zu den Brüchen mit den Kirchen der Reformation, für die in der Schweiz Ulrich Zwingli und Johannes Calvin stehen, in Deutschland Martin Luther und in England Heinrich VIII. mit der Gründung der anglikanischen *Church of England*. Aber auch zwischen Luther und den Mystikern seiner Zeit, den Sozialrevolutionären und den Wiedertäufern kam es zum Bruch. Schließlich trennten sich die evangelischen Kirchen von den entstehenden Freikirchen der Mennoniten, der Baptisten, der Quäker, der Herrnhuter. Danach trennte sich Rom von den Arminianern und den Jansenisten. Außerdem entstanden die Prebyterianer und die Kongregationalisten, die Darbysten, die Methodisten, die *Disciples of Christ*, die Heilsarmee, die Pfingstbewegung, die Adventisten und die christlichen Unitarier. Schließlich nach dem Ersten Vatikanum 1870 die Altkatholiken. Dazu aber kommen unzählige Einzelne, geistbegabte Einzelgänger, unzählige kenntnisreiche Frauen, die als Hexen galten, unzählige Mahner und Künder, die ausgeschieden, verurteilt und hingerichtet wurden, nicht ohne dass der Kirche immer zugleich ein Stück Wahrheit verloren ging. Natürlich waren viele von ihnen tatsächlich nicht zu ertragen. Natürlich waren die kirchenleitenden Leute bestrebt, klar festzuhalten, was denn nun wirklich das Evangelium sei. Aber es ist eben doch eine Geschichte der Enge und der Einseitigkeiten, der Verhärtungen, des Herrschaftswillens und der Unfähigkeit, anders als in den schmalen Spuren der eigenen und anerkannten Frömmigkeit zu denken.

In vielen dieser Abspaltungen wirkte eine bestimmte Mechanik. Am Anfang stand in der Regel ein ehrliches Ringen um die rechte Gestalt der Kirche, um ihre zutreffende Lehre und die aus ihr folgende Lebensordnung. Am Anfang stand irgendwo ein unter der tatsächlichen Gestalt der Kirche leidendes Gewissen. Aber dann kamen die Rivalitäten hinzu. Wer sollte das Sagen haben? Der Patriarch von Konstantinopel oder der Papst in Rom? Wer sollte den Geist der kommenden Zeit bestimmen? Die griechische oder die römische Welt? Der Kaiser oder der Papst? Ein Kirchenführer oder ein Konzil? Der Kaiser oder die Landesfürsten? Sollte die Kirche frei und gefährdet bleiben oder den Schutz des Staats in Anspruch nehmen? Was sollte gelten? Das Gewissen des Einzelnen oder das Weisungsrecht einer Kirchenbehörde? Wie sollte eine Kirche regiert werden? Monarchisch von oben oder demokratisch von unten? Danach kam dann jeweils noch die Theologie zu ihrem späten Recht: Sie gestaltete je nach der Interessenlage der verschiedenen Kräfte ihre Anklagen gegen den irrigen Glauben irgendeiner anderen Teilkirche, die an der Spaltung Schuld gewesen sei, und diese Spaltung gewann göttliches Recht. Was aber das Gewissen am Anfang geklagt hatte, war meist vergessen. Wer sich heute um die Wiederannäherung der Kirchen bemüht, muss diese Mechanik und ihre theologischen Verbrämungen im Auge behalten.

7 An der Basis ist viel in Bewegung gekommen

JZ: Wir können unsere Hoffnung danach auch festmachen an dem, was in den letzten Jahren unter den Christen geschehen ist und was sich zwischen ihnen verändert hat. Denn es bewegt sich etwas über die konfessionellen Grenzen hinaus. Es ist an der Basis der verschiedenen Kirchen etwas wie eine breite Bewegung der Freundschaft zwischen den Konfessionen entstanden. Ein evangelischer Pfarrer, der heute in einer katholischen Kirche predigt, tritt dort nicht als Ketzer auf, sondern darf sich der zustimmenden Aufmerksamkeit seiner katholischen Hörer gewiss sein; gemeinsame Gottesdienste werden immer selbstverständlicher, und immer fester darf man davon überzeugt sein, dass auch eine konservative Kirchenleitung sie stillschweigend zulässt. Immer vollständiger werden die alten Feindbilder abgebaut. Immer weniger werden konfessionell gemischte Ehen als Unglück empfunden. Sie gelten vielmehr immer selbstverständlicher als Schritt in die richtige Richtung. Völlig selbstverständlich lernen heute evangelische und katholische Gelehrte etwa der biblischen Wissenschaft voneinander. Immer williger tolerieren die

Menschen an der Basis auch Besonderheiten des Glaubens der anderen, ohne sie verstehen oder gar übernehmen zu müssen. Immer selbstverständlicher arbeiten Frauen und Männer der verschiedenen Kirchen zusammen im Sozial- oder Bildungsbereich, in der Jugendarbeit, Altenbetreuung oder Lebensberatung, in der Friedensarbeit oder in der Arbeit für Gerechtigkeit in der Welt, in ihrer Zuwendung zu Flüchtlingen und Asylanten und wo immer Christen gefordert sind. Und vielleicht gewinnt die Kirche dadurch wirklich ein wenig von jenem Antlitz der Menschenfreundlichkeit, das ihr, die sich von Jesus Christus herleitet, wohl ansteht.

Es steht heute auch eine Kirche repräsentativ für jede andere. Es ist nicht immer die bloße Unkenntnis, die einen Bürger der Bundesrepublik veranlasst, aus der evangelischen Kirche auszutreten, weil ihm der Papst missfällt. Es ist die wahrhaft zutreffende Annahme, heute hafte eine Kirche nicht nur für ihre eigenen Äußerungen, es hafte vielmehr jede Kirche auch für das mit, was irgendeine andere auf dieser Erde sagt oder tut.

AG: Was Paulus den Korinthern schreibt, das gilt heute nicht nur innerhalb einer Kirche, sondern für alle Kirchen: »Wenn darum ein Glied leidet, leiden alle Glieder mit; wenn ein Glied geehrt wird, freuen sich alle anderen mit ihm« (1. Korinther 12,26). Wenn eine Kirche in der Öffentlichkeit Schwächen zeigt, berührt das alle anderen. Aber es gilt auch: Wenn ein katholischer oder evangelischer Prediger die Menschen berührt, dann freuen sich nicht nur die Katholiken oder Protestanten, sondern sie sind gemeinsam dankbar, dass das Wort Gottes in dieser Welt in guter Weise verkündet wird. So haben sich viele Katholiken über deine Bücher gefreut und lesen sie gerne. Sie sind dankbar, dass du den Glauben in einer Sprache verkündest, die nun weder typisch protestantisch oder katholisch ist, sondern christlich. Und ich bin dankbar, dass auch meine Bücher gerne von evangelischen Christen gelesen werden. Die Freude am Guten und an den Erfolgen der anderen Kirche ist ein Zeichen echter Ökumene.

JZ: Es ist auch manches, das ich beiläufig erlebe und das mir eine unbefangene Zuversicht gibt. Als vor einiger Zeit ein katholischer Bischof an der Spitze einer langen Prozession von Firmlingen eine Kirche umschritt und ich ihm dabei zufällig begegnete, trat er mit einem freien, fröhlichen Lachen aus der Reihe und auf mich zu: »Da! Nehmen Sie meinen Stab! Gehen wir zusammen in die Kirche!« Es lag darin für die umstehende Gemeinde das klare Bekenntnis: Wir sind doch ein und dieselbe Kirche! Was uns trennt, ist ohne wirkliches Gewicht. Ich habe damals den Stab nicht übernommen – es schien mir für viele doch noch zu verwirrend –, den Bischof und die Kinder aber in die Kirche begleitet.

Einmal kamen junge katholische Priesteramtskandidaten zu mir und baten mich, ich möchte mit ihnen eine Exerzitienwoche halten zur Vorbereitung auf die Priesterweihe. Ich sagte ihnen, ich machte das gerne, nur sollte ihr Bischof sein Einverständnis geben. Da gingen sie zu ihrem Bischof, der sagte Ja, und es wurden schöne und reiche Tage der Gemeinschaft zwischen einem evangelischen Pfarrer und jungen werdenden Priestern.

8 Die evangelischen Kirchen einigen sich seit dem Anfang des 20. Jahrhunderts

JZ: Die ökumenische Bewegung hatte mancherlei Vorläufer und vorausweisende Gruppen und Bewegungen. Aber ihr eigentlicher Anfang geschah im Lauf des Zweiten Weltkriegs. Nach den ursprünglichen Plänen der an der Gründung eines »Ökumenischen Rates« interessierten Kirchen sollte er 1941 gegründet werden. 1938 wurde die deutsche evangelische Kirche aufgefordert, sie möge sich an seiner Gründung beteiligen, aber diese Aufforderung blieb unbeantwortet, aus naheliegenden Gründen. »Internationales Interesse« war im Reich Hitlers nicht weit entfernt vom Verrat am Vaterland.

Dann kam das katastrophale Ende des Krieges. Europa lag in weiten Flächen in Trümmern. Die Siegermächte ordneten die Landkarte des Kontinents neu. Aber was war nun die Aufgabe der Kirchen? Im Oktober 1945 kamen Vertreter der Kirchen, die den Ökumenischen Rat konstituieren wollten, in Stuttgart zusammen, im Bewusstsein der ungeheuren Verbrechen, die geschehen waren und gegen die die deutschen Kirchen mit allzu geringer Kraft ihre Stimmen erhoben hatten. Die Kirchen waren, daran konnte kein Zweifel sein, mitschuldig geworden. Nun kamen Kirchenführer aus den von Deutschland angegriffenen Ländern zusammen mit der Anforderung an die Deutschen: »Wir sind gekommen, um euch, die deutschen Kirchen, zu bitten, uns zu helfen, dass wir euch helfen können.« Die deutsche Antwort auf diese Bitte war die Stuttgarter Schulderklärung: »... Wir klagen uns an, dass wir nicht mutiger bekannt, nicht treuer gebetet, nicht fröhlicher geglaubt und nicht brennender geliebt haben ...« Diese damals in Deutschland heftig umstrittene Erklärung hat für die evangelische Christenheit in Deutschland Brücken gebaut über die Abgründe von Hass und Vorwurf und ihr den Zugang zur Gemeinschaft der Kirchen in der Welt geöffnet. Schon im Februar 1946 nahmen Bischof Theophil Wurm als Vorsitzender des neu gegründeten Rates der evangelischen Kirchen in Deutschland und sein Stellvertreter Martin Niemöller in Genf an der ersten Tagung des Ökumenischen Rates der Kirchen (ÖRK) teil. Das war neun Jahre, bevor Deutschland 1955 politisch in den Kreis der Völker wiederaufgenommen wurde.

1948 fand die Gründungsversammlung des ÖRK in Amsterdam statt. Dort wurde als Losung ausgegeben, was bis dahin als schwärmerischer Traum erschienen war: »Krieg soll nach Gottes Willen nicht sein.« Mehr als 30

Jahre brauchten die Deutschen, bis sie in ihrer Friedensdenkschrift dieses Motto aufgriffen und davon die Rede war, es gelte, den »Frieden zu wahren, zu fördern und zu erneuern«. Als motivierende Kraft erwachte in Deutschland die Friedensbewegung mit ihrer breiten Wirkung.

Aber nicht nur hier gab es für uns Deutsche vieles neu zu begreifen. Die Vollversammlung von Amsterdam verabschiedete eine Erklärung über die religiöse Freiheit und die Beachtung der Menschenrechte, und diese Erklärung hat mitgewirkt, als ein halbes Jahr nach Amsterdam die Vereinten Nationen ihre Erklärung der Menschenrechte beschlossen. Fast 30 Jahre später hatten die deutschen Kirchen mit ihrer Denkschrift »Die Menschenrechte im ökumenischen Gespräch« ihre tief sitzenden Bedenken gegen den angeblich liberalen Grundcharakter dieser Menschenrechte hinter sich gelassen.

1961 fand die dritte Vollversammlung in Neu-Delhi statt, und die abendländischen Kirchen entdeckten dabei die hier schon seit den ersten Jahrhunderten der christlichen Geschichte lebenden Kirchen, die jeder von Europa ausgehenden Mission voraus waren. Man entdeckte, dass Europa keineswegs die Welt war, dass dieses Europa vielmehr am Ende seiner Weltherrschaft stand. Auf dem Weg zu Gott über Christus, so wurde damals festgestellt, begegnen uns Christenbrüder aus anderen Weltgegenden. Es begann das Nachdenken über Sinn und Grenzen der missionarischen Tätigkeit der deutschen Kirchen, das freilich bis zum heutigen Tag nicht zu seinem Ende kam.

1966 beriet eine Weltkonferenz des ÖRK in Genf über die sozialethischen Entwicklungen in der Welt von heute. Dabei nahm man das Stichwort »Theologie der Revolution« auf, und der Schrecken und die Abwehr gegen solche Thematik waren der Grund, warum daran keine deutschen Kirchen teilnahmen. Der Umsturz von Ordnung und Recht und das öffentliche Auftreten der Gewalt derer, die der bisherigen sozialen Ordnung widerstanden, kamen für die deutschen Kirchen nicht in Betracht. Es wurde aber wurde festgestellt:

»Als Christen müssen wir uns für die Umwandlung der Gesellschaft einsetzen.« Wir »leugnen keineswegs den Wert von Tradition und sozialer Ordnung, aber wir müssen die tiefere Verankerung des radikalen Willens zur Veränderung in der christlichen Tradition erkennen und ihr einen berechtigten Platz im Leben der Kirche einräumen.« So entstand in Südamerika eine »Theologie der Befreiung«. Es entstand der Wille, die Befreiungsbewegungen zu stützen, und das auch durch öffentlich auftretende protestierende Gruppen, auch in der Kirche.

1969 beschloss der Zentralausschuss des ÖRK auf seiner Sitzung in Canterbury ein Programm zur Bekämpfung des Rassismus:

»Wir rufen die Kirchen auf, über Wohltätigkeit, Zuwendungen und die üblichen Programme hinaus zu sachgerechtem und opferbereitem Handeln zu finden, um damit menschenwürdige und gerechte Beziehungen der Menschen untereinander zu schaffen und einen radikalen Neuaufbau der Gesellschaft voranzutreiben. Ohne dass wirtschaftliche Mittel bereitgestellt werden, um damit die Neuverteilung der Macht auf ein festes Fundament zu stellen und kulturelle Eigenständigkeit sinnvoll zu machen, wird es in unserer Welt keine Gerechtigkeit geben.«

Und: Der ÖRK »ist der Auffassung, dass die Kirchen stets für die Befreiung der Unterdrückten und der Opfer von Gewaltmaßnahmen, die grundlegende Menschenrechte verletzen, einzutreten haben. Er weist darauf hin, dass Gewalt vielfach der Aufrechterhaltung des *Status quo* inhärent ist. Dennoch kann und will der ÖRK sich nicht völlig mit einer politischen Bewegung identifizieren, noch richtet er die Opfer des Rassismus, die sich zur Gewaltanwendung als letztem Ausweg gezwungen sehen, um erlittenes Unrecht wiedergutzumachen und den Weg in eine neue, gerechtere Gesellschaftsordnung zu öffnen.« Auch an dieser Stelle gingen die Kirchen der politischen Beschlussfassung voraus.

Und das alles bedeutet nicht, dass die spirituelle Sendung der Kirche dabei vernachlässigt worden wäre. Im Gegenteil: Die spirituelle Aufgabe der Christen in der Welt wurde hier auf ihre soziale und politische Dimension hin konkreter dargestellt als bis dahin – jedenfalls in Deutschland – üblich.

Inzwischen aber war etwas anderes geschehen, das die Szene des ökumenischen Gesprächs tief veränderte. 1962 wurde das Zweite Vatikanische Konzil durch Papst Johannes XXIII. einberufen und mit ihm geschah eine sehr neue Öffnung der katholischen Kirche gegenüber der ökumenischen Bewegung.

9 Mit dem Konzil trat die katholische Kirche in den ökumenischen Dialog ein

AG: Als im Jahre 1959 Papst Johannes XXIII. das Zweite Vatikanische Konzil berief, ging ein Raunen durch die Kirche. Die römische Kurie war gar nicht begeistert. Sie versuchte, die Idee des Konzils als eine Laune des alten Papstes herabzutun. Und sie meinte, der Papst hätte nicht das intellektuelle Rüstzeug, um ein Konzil durchzuführen. Aber Papst Johannes XXIII., den viele bei seiner Wahl als Übergangskandidaten verkannt hatten, wusste genau, was er wollte. Er spürte, dass die Kirche einer Reform bedurfte.

Sein Ziel war, die Fenster der Kirche weit aufzumachen und frische Luft hereinzulassen. Er drückte seine Absicht mit *aggiornamento* aus, mit der Fähigkeit, die Lehre und Struktur der Kirche den Menschen von heute auf neue Weise zu vermitteln und die Kirche von innen her zu erneuern, gegen die Pessimisten in der römischen Kurie, die nur Missstände und Fehlentwicklungen draußen zur Kenntnis nehmen. Über sie sagt der Papst: »Sie tun so, als ob sie nichts aus der Geschichte gelernt hätten, die doch eine Lehrmeisterin des Lebens ist.«

Papst Johannes XXIII. war von der römischen Kurie eher auf Außenposten abgeschoben worden. Er hatte als Nuntius in Bulgarien gute Kontakte zur Ostkirche und als Nuntius in Frankreich war er mit der evangelischen Kirche in Berührung gekommen. Nun wollte er den römischen Dünkel, die allein selig machende Kirche zu sein und nur auf die Rückkehr der getrennten Brüder und Schwestern zu warten, aufgeben und den orthodoxen und protestantischen Christen als Bruder entgegentreten. Bekannt ist sein Ausspruch: »Ich bin euer Bruder Joseph.« Der Papst sprach nicht mehr von der Rückkehr der getrennten Brüder, sondern von der »Rückkehr von Einheit und Frieden, gemäß dem Gebet Christi an den Vater«. Seine Absicht, mit den anderen Kirchen gemeinsam nach einem Weg in die heutige Welt und zur Einheit unter den Christen zu gelangen, unterstrich er, indem er sofort nach Ankündigung des Konzils ein Sekretariat für die Einheit der Christen errichtete und dafür den Jesuiten und Bibelwissenschaftler Augustin Bea als Leiter berief. Wenn man den römischen Zentralismus bedenkt, wie er unter Papst Pius XII. herrschte, dann war das eine Revolution. Die römische Kurie erlebte das auch so und legte dem Sekretariat anfangs alle nur möglichen Steine in den Weg. Doch sie unterschätzte den Papst. Konsequent ging der seinen Weg der Öffnung der Kirche für die Welt und seinen ökumenischen Weg der geschwisterlichen Kirche weiter. Er berief Beobachter aus den orthodoxen und protestantischen Kirchen nach Rom. Sie blieben nicht bloße Beobachter, sondern haben in zahlreichen Gesprächen mit den Bischöfen und mit katholischen Theologen auch Einfluss auf die Formulierungen des Konzils genommen.

Das Konzil wollte keine neuen Dogmen verkünden. Es wollte die Kirche für die Probleme der Welt öffnen. Papst Paul VI., der Nachfolger Johannes XXIII., hob vier Zielsetzungen des Konzils hervor: Die Darstellung der theologischen Lehre von der Kirche, ihre innere Erneuerung, die Förderung der Einheit der Christen und den Dialog mit der modernen Welt. Das Konzil griff die Anliegen der liturgischen Bewegung auf, die die Liturgie der Kirche im Rückblick auf die frühkirchliche Liturgie und mit Rücksicht auf die Bedürfnisse des heutigen Menschen erneuern wollte. So war die erste Konstitution, die das Konzil verabschiedete, die Konstitution über die heilige Liturgie (*sacrosanctum Concilium*, SC). Ziel war – so formuliert es das Konzil selbst –, »das christliche Leben unter den Gläubigen mehr und mehr zu vertiefen, die dem Wechsel unterworfenen Einrichtungen den Notwendigkeiten unseres Zeitalters besser anzupassen, zu fördern, was immer zur Einheit aller, die an Christus glauben, beitragen kann«. Die Einführung der Muttersprache anstatt des bisher geltenden Lateins hat die Liturgie nicht nur für die Menschen von heute lebendiger werden lassen. Sie hat auch ein zentrales Anliegen Martin Luthers aufgegriffen.

Das zweite große Thema war das der Kirche (*Lumen Gentium*, LG). Gegenüber dem römischen Bild der Kirche als einer abgeschlossenen Burg, die man mit allen Mitteln verteidigte, weil sie im Besitz der Wahrheit ist, setzte man das Bild des wandernden Gottesvolkes. Das Konzil erinnerte daran, dass Christus vom Vater gesandt wurde, »den Armen frohe Botschaft zu bringen, zu heilen, die bedrückten Herzens sind« (Lukas 4,18). »In ähnlicher Weise umgibt die Kirche alle mit ihrer Liebe, die von menschlicher Schwachheit angefochten sind, ja, in den Armen und Leidenden erkennt sie das Bild dessen, der sie gegründet hat und selbst ein Armer und Leidender war« (LG 8). So weiß die Kirche, dass sie immer auch eine Kirche der Sünder ist und stets der Reinigung bedarf.

Das Konzil argumentiert in seinen Aussagen über die Kirche nicht dogmatisch, sondern von der Bibel her. Es versucht, die Ergebnisse der Bibelwissenschaft, die die katholische Kirche jahrelang vernachlässigt hatte, zu berücksichtigen. So entwirft sie ein Bild der Kirche, das auch für evangelische Christen akzeptabel ist. Dazu dient vor allem das Bild des wandernden Volkes Gottes, das schon die Theologie des Alten Testamentes verkündet hatte, das dann aber vor allem der Hebräerbrief neu aufgegriffen hat. Überall spürt man in den Formulierungen die Anregungen der Theologie eines Yves Congar oder eines Henri de Lubac, die ihre *nouvelle theologie* im Rückgriff auf die Kirchenväter und auf die Heilige Schrift entwickelt hatten. Und überall spürt man auch die Rücksicht auf die evangelische Sicht der Kirche. So spricht das Konzil auf neue Weise vom allgemeinen Priestertum aller Gläubigen. Und immer wieder ist von der Sehnsucht nach der Einheit die Rede. Die Einheit ist Werk des Heiligen Geistes. »So erweckt der Geist in allen Jüngern Christi Sehnsucht und Tat, dass alle in der von Christus angeordneten Weise in der einen Herde unter dem einen Hirten in Frieden geeint werden mögen« (LG 15).

Das Thema der Einheit der Christen wurde vor allem im Ökumenismusdekret (*Unitatis Redintegratio*, UR) behandelt, auch wenn es alle anderen Dekrete wie ein roter Faden durchzieht. »Die Einheit unter allen Christen wiederherstellen zu helfen ist eine der Hauptaufgaben des Zweiten Vatikanischen Konzils« (UR 1). Das Konzil lobt die ökumenische Bewegung. Der Heilige Geist selbst war es, der die Sehnsucht nach Einheit in den Christen wachgerufen hat. So empfiehlt das Konzil das Studium der Theologie und Spiritualität in den anderen christlichen Kirchen. »Dazu sind gemeinsame Zusammenkünfte, besonders zur Behandlung theologischer Fragen, sehr dienlich, bei denen ein jeder mit dem anderen auf der Ebene der Gleichheit spricht *(par cum pari agit)*« (UR 9). Und das Konzil ruft die Christen zur Zusammenarbeit in sozialen, politischen und künstlerischen Fragen auf. »Durch die Zusammenarbeit der Christen kommt die Verbundenheit, in der sie schon untereinander vereinigt sind, lebendig zum Ausdruck und das Antlitz des Knechtes Christus tritt in hellem Licht zutage« (UR 12).

Doch dem Konzil ging es auch um die Öffnung zu anderen Religionen. So hat es nicht nur eine Erklärung über die Religionsfreiheit verfasst, sondern auch über das Verhältnis der Kirche zu den nichtchristlichen Religionen (*Nostra aetate*, NA). Dieses Dekret erkennt die heilsame Wirkung dieser Religionen an. »Nichts von alledem, was in diesen Religionen wahr und heilig ist, wird von der katholischen Kirche verworfen. Überall werden von ihr jene Handlungs- und Lebensweisen, jene Vorschriften und Lehren aufrichtig ernst genommen, die wenngleich sie von dem, was sie selber für wahr hält und lehrt, in vielem abweichen, doch nicht selten einen Strahl jener Wahrheit widerspiegeln, die alle Menschen erleuchtet« (NA 2). Und dann werden die einzelnen Religionen gewürdigt in ihrer Weise, wie sie von Gott sprechen und wie sie die Menschen dazu führen, Gottes Willen zu erfüllen und in dieser Welt als spirituelle Menschen zu leben. Dieses Dekret spiegelt die Achtung und Ehrfurcht vor den anderen Religionen wider und könnte heute eine gute Grundlage für unseren Dialog mit den anderen Religionen sein.

Ein zentrales Anliegen des Konzils ging aber über den Dialog mit den anderen christlichen Kirchen und mit den anderen Religionen hinaus. Es war die Sehnsucht, den Menschen von heute in einer neuen Sprache die Botschaft Jesu zu verkünden. Das geschah vor allem in der Pastoralkonstitution über die Kirche in der Welt von heute (*Gaudium et Spes*, GS). Sie beginnt mit den Worten: »Freude und Hoffnung, Bedrängnis und Trauer der Menschen von heute, besonders der Armen und Notleidenden aller Art, sind zugleich auch Freude und Hoffnung, Trauer und Bedrängnis der Jünger Christi. Und es gibt nichts wahrhaft Menschliches, das nicht in ihrem Herzen seinen Widerhall fände. Ist doch ihre eigene Gemeinschaft ein Gefüge aus Menschen, aus Menschen, die, in Christus geeint, vom Heiligen Geist auf ihrer Pilgerfahrt zum Reich des Vaters hingeführt werden und die zugleich den Auftrag empfingen, eine Botschaft des Heils allen zu verkünden. Darum weiß sie sich mit dem ganzen Menschengeschlecht und seiner Geschichte in Wahrheit zuinnerst verbunden«

(GS 1). Das Konzil greift die Theologie von den »Zeichen der Zeit« auf. Die Kirche hat die Pflicht, »die Zeichen der Zeit zu erforschen und im Licht des Evangeliums zu deuten« (GS 4). Das ist eine optimistische Theologie, die nicht darüber jammert, dass die Welt heute nicht mehr glaubt. Vielmehr versucht sie, alles, was heute geschieht – innerhalb und außerhalb der Kirchen und des christlichen Bereiches –, von Gott her zu deuten. Gott spricht zu uns nicht nur im Wort der Schrift, sondern auch in den Zeichen der Zeit. Daher kann eine Theologie den Menschen nur helfen, wenn sie zuerst einmal auf die Sehnsucht der Menschen hört. Sie braucht ein Studium des Menschen. Die Theologen sollen daher auch Anthropologie, Soziologie und Psychologie studieren, um den Menschen von heute besser verstehen und die christlichen Antworten auf seine Fragen so zu formulieren, dass sie die Sehnsüchte der heutigen Menschen berührt und ihr Herz auf Gott hin öffnet.

Der neue Schwung, den das Konzil der katholischen Kirche und dem ökumenischen Bemühen gegeben hat, ist leider schon früh mancher Skepsis gewichen. Die Öffnung zur Welt und zu den anderen Kirchen hat bei manchen Ängste ausgelöst, sie würden die eigene christliche oder katholische Identität verlieren, sie würden sich zu sehr an die anderen Kirchen anpassen. Sicher gab es auch Übertreibungen in der Rezeption des Konzils. Man meinte, vieles über Bord werfen zu können und nur nach vorne schauen zu können. Aber alles Wachsende braucht auch die gesunden Wurzeln. Die haben manche übereifrige Theologen abgeschnitten. Aber trotzdem brauchen wir heute wieder die Begeisterung für die Einheit der Christen und die Faszination für die Bedeutung der christlichen Botschaft in der Welt von heute. Der Kirche täte es gut, wenn sie die optimistische und weite Sicht des Konzils verinnerlichen würde. Manche Texte des Konzils erscheinen uns heute manchmal in einer etwas pathetischen und allzu innerkirchlichen Sprache. Doch wir müssen immer auch berücksichtigen, in welchen Kontext das Konzil gesprochen hat. Wenn wir diesen Kontext – vor allem den der römischen Theologie der 50er Jahre des letzten Jahrhunderts – bedenken, dann entdecken wir die revolutionären Ideen, die das Konzil in die Welt gesetzt hat. Es war ein gemeinsames Ringen der Bischöfe und der Theologen. Gerade die Theologen, die jahrelang mit Schweigegeboten belegt waren, wie Yves Congar, Henry de Lubac, Teilhard de Chardin und Karl Rahner, haben die Formulierungen des Konzils wesentlich mit geprägt. Ihre Theologie ist auch heute noch eine Herausforderung an uns, in ihrem Sinn weiterzudenken und die christliche Botschaft so zu verkünden, dass sie die Herzen der Menschen erreicht. Wenn wir dieses pastorale Anliegen ernst nehmen, werden die Kirchen auch Schritte aufeinander tun. Denn es ist ja das gleiche Anliegen, das uns alle prägt: in der Welt von heute die Botschaft Jesu Christi so zu verkünden, dass sie ihre heilende, aufrichtende, ermutigende und erhellende Wirkung entfaltet.

Das Zweite Vatikanische Konzil war ein Meilenstein auf dem Weg zur Einheit. Aber die Erwartung, dass das Konzil die Einheit schon besiegeln könnte, war übertrieben. So ist es jetzt die Aufgabe, als Antwort auf das Konzil die ökumenischen Bemühungen zu verstärken. Das Konzil hat erklärt, »dass dieses heilige Anliegen der Wiederversöhnung aller Christen in der Einheit der einen und einzigen Kirche Christi die menschlichen Kräfte und Fähigkeiten übersteigt. Darum setzt es seine Hoffnung gänzlich auf das Gebet Christi für die Kirche, auf die Liebe des Vaters zu uns und auf die Kraft des Heiligen Geistes« (Ökumenismusdekret, UR 24). So brauchen wir das Vertrauen auf den Heiligen Geist, der auch heute in seiner Kirche wirkt und nicht eher ruht, bis die Bewegung zur Einheit hin die Christen aller Konfessionen miteinander vereint, nicht in einer Einheitskirche, sondern in der einen Kirche, die viele Konfessionen zulässt und in versöhnter Vielfalt die Einheit der Christen in dieser Welt verkündet.

> »Zu den Verwundungen der katholischen Kirche gehört, dass sie in der Situation der Trennung ihre eigene Katholizität konkret nicht voll verwirklichen kann. Auch sie ist durch die Spaltung verwundet. Manche Aspekte des Kirche-Seins sind in den anderen Kirchen besser verwirklicht. Deshalb ist Ökumene keine Einbahnstraße, sondern – wie in der Ökumene-Enzyklika *Ut omnes unum sint* dargelegt – ein Austausch der Gaben.«
>
> (Walter Kasper in einer Rede »Zur Lage der Ökumene«, KNA, Mainz 2001)

JZ: Das Konzil war eine grandiose Unternehmung, für die der katholischen Kirche der große Dank der evangelischen Kirche gebührt. Freilich: Die katholische Kirche gehört bislang dem Ökumenischen Rat in Genf nicht als Mitglied an, aber sie pflegt die Verbindung mit einer ganzen Anzahl von Kirchen. In den zahlreichen Konferenzen und Begegnungen haben sich dabei drei Begriffe herausgebildet, die in Abstufungen kennzeichnen, was zwischen den Kirchen an Glaubensinhalten einander näher oder ferner gerückt ist. So gibt es »Konvergenzerklärungen«, etwa über »Taufe, Eucharistie und Amt«, die besagen: Hier öffnen wir uns füreinander. Wir stimmen nicht überein, aber wir nähern uns. Es gibt zum anderen Erklärungen für das, worin wir »übereinstimmen«, das heißt im Großen und Ganzen einer Meinung sind, und es gibt zum Dritten den »Konsens«, das heißt die vollständige Übereinstimmung. Und mit diesen drei Begriffen hat man praktisch die alte »Kontroverstheologie«, das heißt jene Theologie, die auf die trennenden Gegensätze ausgerichtet war, umgewandelt in einen Weg, auf dem die gemeinsame Wahrheit gesucht wird.

Aber auch in der katholischen Kirche gab es zuvor schon eine Entwicklung hin zu ökumenischer Offenheit, die ich mit großer Dankbarkeit nennen will. Es waren vor allem einzelne führende Theologen, die neue Wege suchten. So arbeitete bis 1926 Fernand Portal auf einen Dialog mit der Anglikanischen Kirche hin. Abbé Paul Couturier wandelte 1935 die »Gebetswoche für die Einheit« so, dass sie nicht mehr auf die »Rückkehr der getrennten Brüder« nach Rom hinzielte, sondern auf eine wirkliche Gemeinschaft. Lambert Beauduin gründete das Unionskloster von Amay-Chevetogne, das einer ökumenischen Spiritualität diente. Yves Congar öffnete 1937 mit seinem Werk »Die getrennten Christen« die katholische Theologie auf die ökumenische Thematik hin. Die entscheidende Wende aber geschah 1959 beim Abschluss der »Weltgebetsoktav für die Einheit der Christen«, als Papst Johannes XXIII. von einer Kirche sprach, die sich nicht mehr aus dem Kirchenrecht verstehe und nicht mehr als hierarchische Struktur, sondern als Volk Gottes auf dem Weg und als Gemeinschaft, die mit der Freude, der Hoffnung, der Trauer und Angst der Menschen solidarisch sei. Das Ökumenismusdekret von 1964 bezeichnet danach den endgültigen Anschluss der katholischen Kirche an die ökumenische Bewegung.

IV
In den vergangenen 20 Jahren hat sich im Bewusstsein der Menschen Entscheidendes verändert

10 Enttäuschungen machen sich breit. Sie haben ihre Gründe

AG: In den letzten Jahren wurde es um das ökumenische Gespräch merkwürdig still. Eine gewisse Ratlosigkeit stellte sich ein, wie es weitergehen solle, auch eine Rückwärtswendung zum Stand vor dem Konzil. Man begann auf allen Seiten die eigene Identität und die eigene Tradition wieder zu befestigen. Man spricht von einer »institutionellen Gefangenschaft«, in der sich die Verantwortlichen beider Seiten befänden. Sie erhofften sich mehr Gemeinschaft unter den Christen, sähen sich aber verpflichtet, für Bestand und Fortdauer der eigenen Kirche zu wirken.

JZ: Es gab auch einige Vorgänge, die jeweils die eine von beiden Seiten tief trafen. Da war zunächst die Sache mit der Einheitsübersetzung. Seit 1967 hatten beide Kirchen an einer gemeinsamen Bibelübersetzung gearbeitet. Als sie 1980 erschien, zuckte die evangelische Kirche zurück mit der Auskunft, diese Einheitsübersetzung werde der Text der deutschsprachigen katholischen Kirche sein, aber selbstverständlich sei und bleibe für die evangelische Kirche die Übersetzung Luthers der maßgebliche Bibeltext. Kardinal Meissner wertete dies als einen erheblichen Rückschritt in der ökumenischen Annäherung, der schlecht zu dem drängenden evangelischen Verlangen nach der gemeinsamen Eucharistie passe.

Eine andere Enttäuschung brachte der katholischen Seite das »Votum zum geordneten Miteinander im Bekenntnis verschiedener Kirchen«, das der Rat der EKD 2001 veröffentlichte. Darin ist gesagt: »Offensichtlich ist die römisch-katholische Vorstellung von der sichtbaren, vollen Einheit von Kirchen mit dem hier entwickelten Verständnis von Kirchengemeinschaft nicht kompatibel. Das Petrusamt und damit der Primat des Papstes, die apostolische Sukzession, die Nichtzulassung von Frauen zum Amt und der Rang des Kirchenrechts sind Sachverhalte, denen evangelischerseits widersprochen werden muss.« Kardinal Kasper bewertete diese Aussagen als »so schroff, aber auch so undifferenziert und so abseits von den Ergebnissen gewesener Gespräche, dass *Dominus Jesus* demgegenüber geradezu als freundlicher ökumenischer Text wirke.

AG: Auch von meiner Kirche gingen Signale aus, die als Enttäuschungen wirken mussten. Da war zunächst die Erklärung *Dominus Jesus*, die den evangelischen Kirchen bescheinigte, sie seien »nicht Kirchen im eigentlichen Sinn«, sondern nur »kirchliche Gemeinschaften«. Dazu kam, dass zwar 1999 die gemeinsame offizielle Feststellung zur Rechtfertigungslehre unterzeichnet worden war, dass aber zugleich festgestellt wurde, das Wort »Kirche« gebe lediglich das jeweilige Selbstverständnis der beteiligten Kirchen wieder, schließe aber keineswegs die Anerkennung als Kirche ein. So blieb der Eindruck, dass man in der Rechtfertigungslehre im Grund gerade keinen Konsens erreicht habe.

Ein zweiter Punkt war die ablehnende Reaktion der katholischen Kirche zu gemeinsamen Abendmahlsfeiern beim ersten Ökumenischen Kirchentag und die neue Enzyklika über die Eucharistie, in der die Abendmahlsgemeinschaft mit der evangelischen Kirche ausgeschlossen wurde. Freilich konnte der Eindruck täuschen, es sei eine generelle Abkühlung der beiderseitigen Beziehungen eingetreten. Dasselbe ist auch früher schon gesagt worden. Und es waren mehr die Illusionen über die neue Nähe zwischen den Kirchen, die nunmehr zu dem Eindruck einer Entfremdung geführt haben.

Wir sollten uns neu in Erinnerung rufen, was die Gemeinsame Synode der katholischen Bistümer in der Bundesrepublik Deutschland in Würzburg im Jahre 1976 festgestellt hat: »Ökumenische Aufgabe duldet keinen Aufschub. Die Gunst der Stunde, vom Herrn der Zeiten geschenkt, darf nicht versäumt werden. Schon gibt es beunruhigende Zeichen der Erschlaffung des ökumenischen Willens, der im Zweiten Vatikanischen Konzil seinen epochalen Ausdruck gefunden hat. Umso mehr sind jetzt alle Verantwortlichen in Gemeinde, Bistum und Weltkirche gerufen, ihr ökumenisches Gewissen zu schärfen. Ökumenische Orientierung muss neuer Stil der Kirche werden.« Die gemeinsame Synode in Würzburg war noch ganz und gar vom Schwung des Konzils geprägt. Es gab hitzige Debatten, aber zugleich die Offenheit, sich den Herausforderungen der Zeit zu stellen. Theologen wie Karl Rahner oder sein Schüler Johann Baptist Metz, prägten viele Formulierungen dieser Synode. Was sie für die deutsche Kirche gefordert hat, ist heute so aktuell wie damals. Eine Kirche, die sich nur auf sich selbst zurückzieht, verrät den Geist Jesu, der uns aufgerufen hat, eins zu sein. Alles, was eine Kirche sagt und tut, hat immer schon Auswirkungen auf die anderen Kirchen. Daher braucht es die Schärfung eines ökumenischen Gewissens, damit wir in unserem Reden und Tun immer auch die anderen Konfessionen im Blick haben und unnötige Verletzungen vermeiden. Das ökumenische Gewissen ist leider in den letzten Jahren schwächer geworden. Man versucht, die eigenen Profile zu stärken, anstatt die ökumenische Orientierung zu betonen. So tut es gut, sich immer wieder Texte aus den 70er und

80er Jahren des letzten Jahrhunderts vor Augen zu halten, die von größerer Hoffnung und Zuversicht getragen sind. Sie sollen uns heute anstecken, diesen ökumenischen Schwung wieder aufzunehmen.

11 Die großen Zielsetzungen gehen an den Menschen vorbei

JZ: Es ist aber nicht nur die Müdigkeit, die an die Stelle aktiver Zukunftsgewissheit getreten ist. Es ist nicht nur die ebenso deutliche Zersplitterung der Kräfte, in die die praktische ökumenische Arbeit geraten ist. Es sind nicht nur die stärker werdenden restaurativen Tendenzen auf allen Seiten, die sich im ökumenischen Miteinander durchsetzen. Es ist auch und vor allem ein Wandel im Bewusstsein der Menschen dieser Zeit, der die ökumenische Bewegung in ihren Stillstand geführt hat.

Für die ersten 40 Jahre seit der Gründung des Ökumenischen Rats der Kirchen 1948 war charakteristisch, dass man versuchte, Grenzen zu überwinden oder zu überspringen. Dass man als Ziel das größere, das freiere, das beweglichere Kirchentum vor Augen hatte. Man stellte sich gerne den großen, freien Raum vor, in dem die christliche Kirche als Ganze ihr Eigenes und ihr Gemeinsames zum Leben bringen könnte, und sah die Erlösung von Grenzen, von Gegensätzen und dogmatischen Besonderheiten als das wunderbare Ziel der gemeinsamen Bemühung an. Man kam aus der überschaubaren Welt begrenzter Kirchen und suchte die Kirche ohne Grenzen, global vernetzt oder vereinigt, als Modell der künftigen offenen Weltgesellschaft.

Gegen Ende des 20. Jahrhunderts wandelte sich das Bild. Immer deutlicher wurde den Menschen, dass alle Lebensbedingungen ins Weltweite und ins Unübersichtliche ausgriffen, dass dieser große Raum aber immer deutlicher von Mächten bestimmt sei, die auf keine Weise erkennbar oder kontrollierbar sind. Dabei aber kam nicht so sehr die herrliche Zukunft der einen Welt und Erde zum Vorschein. Es begann sich vielmehr eine Angst auszubreiten vor dem zu großen Raum. Je größer und freier der Ausblick auf die runde Erde wurde, desto deutlicher zeigte sich, dass eben diese Erde endlich ist. Der unbegrenzte Fortschritt, das unbegrenzte Wachstum der Wirtschaft erwies sich als Fata Morgana. Die Technik, zusammengesehen mit der fortschreitenden Zerstörung der Welt des Lebendigen, zeigte mehr und mehr ihre zerstörende Energie, ihr gefährliches Gesicht. Der freie Welthandel brach in der Finanz- und Wirtschaftskrise der Jahre 2008 und 2009 zusammen. Die bewohnbare Welt und der zum Anstieg verpflichtete Wohlstand ohne die regelnde Kraft internationaler Bemühungen erwiesen sich als sehr zerbrechlich. Die Ahnung begann aufzusteigen, es gebe kein Mittel, das katastrophale Ende der menschlichen Zivilisation auf dieser Erde zu verhindern. Die optimistische Annahme schwindet, es gebe keine Grenzen für die menschliche Freiheit, und die Meinung, die Erfindungskraft des menschlichen Geistes würde in jeder Lage die rettenden Einfälle haben, schlägt um in die Wunschvorstellung, das Leben müsse in einem sicheren und begrenzten Rahmen geschützt verlaufen. Man beginnt zu ahnen, die Wirtschaft brauche deutliche Grenzen, die Finanzwelt brauche klare Regeln, es gelte auf allen Feldern unserer heutigen Lebensweise Grenzen anzuerkennen, Grenzen zu achten, Grenzen zu ziehen und zurückzukehren zu einer kontrollierbaren Verantwortung der Regierenden in überschaubaren Räumen. Die Kulturen, die jahrtausendelang in ihrem je eigenen geschützten Raum geblüht hatten, erscheinen plötzlich als feindselige Mächte in einem beginnenden »Kampf der Kulturen«. Die Religionen werden wieder, als habe es keine Aufklärung gegeben, zu Ursachen von Kriegen, von Terror und Gewalttaten wie in längst vergangen geglaubten Epochen der Geschichte. Die zunehmende Politikverdrossenheit unserer Tage hat neben vielem anderen auch diesen Hintergrund: die tägliche Erfahrung, dass die Regierenden zwanghaft positiv von der Zukunft reden, die sie gestalten wollen, und dass sie in Wahrheit einer nicht steuerbaren Entwicklung ihren Lauf lassen müssen.

Die größere, freiere Welt, von der noch das 20. Jahrhundert geträumt hat, erweist sich heute als eine einzige Quelle der Angst. Die Welt ist zu kompliziert für die Verstehensmöglichkeiten der Menschen, zu unübersichtlich, im Grunde so unregierbar wie die Slums heutiger Riesenstädte. Das weit ausgreifende Weltbewusstsein, das die klugen, zukunftsgewissen Männer und Frauen der ökumenischen Bewegung erfüllt hatte, weicht heute bei vielen beteiligten Menschen einem vorsichtig zurückgenommenen, das Alte bewahrenden Bedürfnis. Man fürchtet, die ökumenische Bewegung sei vor allem von Illusionen bewegt.

AG: Wie man sich vor der Grenzenlosigkeit der heutigen Wirtschaft fürchtet angesichts der kommenden Verteilungskämpfe um die abnehmenden Ressourcen an Wasser, Bodenschätzen, Ackerflächen und Lebensräumen, so fürchtet man sich vor dem Verlust der eigenen Identität kultureller, ethischer oder religiöser Art. Denn das beginnt deutlich zu werden: Es könnte eine Zeit kommen, in der die Erde weder Raum noch Lebensmöglichkeiten für alle hat. Und diese Gefahr tritt zusammen mit der allmählich dämmernden Erkenntnis, auch die Zeit der Menschengeschichte auf dieser Erde habe Grenzen und das katastrophale Ende alles Menschlichen sei das natürliche Ergebnis einer nicht mehr kontrollierbaren Technik. Auch der Technik der Waffen. Denn wer nachdenkt, kann sich nicht der Erwartung verschließen, irgendwann, früher oder später, werde die Verfügung über atomare Waffen auch in die Hände von Terroristen fallen.

JZ: Ein Teil des Hasses der arabischen Völker gegen die westliche Vormacht in der Welt könnte ihre Wurzel auch in einer Angst dieser Art haben. Apokalyptische Vorstellungen hat die Christenheit bislang mehr den Außenseitern, den fundamentalistischen Gruppen unter den Christen überlassen. Heute könnte sich ein katastrophales Bild der Zukunft rasch an die Stelle aller bisherigen endzeitlichen Vorstellungen setzen.

Angst macht unbeweglich, macht risikoscheu. Angst zeigt die Vergangenheit in verklärender Schönheit und Sicherheit. Angst macht reaktionär. Angst dichtet ab gegen die Zukunft und ihre Zumutungen. Angst verwehrt jeden Eingriff in soziale Gegebenheiten. Angst sucht nach Waffen. Angst spricht bei jeder neuen Aufgabe von Überforderung. Und sie nimmt viel von psychischer, von emotionaler Belastbarkeit. Und endlich führt das Gefühl, die nötigen Kräfte, die zu retten vermöchten, nicht zu besitzen, in großer Breite zur Verharmlosung der Gefahr und zu ihrer Verdrängung. Zu einer Art von psychischer Betäubung.

AG: Was tun? Angst ist ja nicht nur etwas Negatives, sie ist eine unentbehrliche Antenne für die Gefahr. Aber sie muss akzeptiert, sie muss bejaht sein, soll sie die wirklichen Gefahren zeigen, soll sie die rettenden Wege wissen. Und sie muss irgendwo zu Hause sein. Sie muss zum Beispiel dadurch geschützt sein, dass Menschen sie verstehen. Sie muss wissen, dass es irgendwo Geborgenheit gibt. Wo ein Mensch von Angst gebeutelt wird, brauchen wir nicht freiere Rahmenbedingungen, sondern hilfreiche und tröstende Gemeinschaften. Wir brauchen überschaubare, bewohnbare Verhältnisse. Bekannte und vertraute Rituale. Das Evangelium schildert aus der ersten Zeit nach Ostern eine Kirche, die weder groß noch einheitlich ist, in der die kleinen, aufbauenden, ermutigenden Gemeinden den Grundbestand des Gemeinsamen bilden, die dazu motivieren, sich in den nahen Beziehungen um die Nöte der Geschwister zu kümmern.

JZ: Was bedeutet das für die ökumenische Bewegung? Geiko Müller-Fahrenholz, der erfahrene Ökumeniker, und Hans Georg Link haben in ihrem Sammelband »Hoffnungswege« auf den Seiten 389–408 mit großer Klarheit aufgezeigt, was in der ökumenischen Bewegung unter »konziliarer Gemeinschaft« verstanden wird. Sie nehmen damit auf, was bemerkenswert früh, nämlich schon auf der fünften Vollversammlung des Ökumenischen Rats der Kirchen 1975 in Nairobi, so formuliert worden ist:

»Die eine Kirche ist als konziliare Gemeinschaft von Gemeinden zu verstehen, die ihrerseits tatsächlich vereinigt sind. In dieser konziliaren Gemeinschaft hat jede der Gemeinden zusammen mit den anderen volle Katholizität, sie bekennt denselben apostolischen Glauben und erkennt daher die anderen als Glieder derselben Kirche Christi an, die von demselben Geist geleitet werden. Wie die Vollversammlung von Neu Delhi ausführte, gehören sie zusammen, weil sie die gleiche Taufe empfangen haben und das gleiche Abendmahl feiern; sie erkennen die Mitglieder und die geistlichen Ämter der anderen Gemeinden an. Sie sind eins in ihrem gemeinsamen Auftrag, das Evangelium von Christus in ihrer Verkündigung und in ihrem Dienst in der Welt und vor der Welt zu bekennen. Zu diesem Zweck ist jede Einzelgemeinde bestrebt, die angebahnten Beziehungen aufrechtzuerhalten, neue Beziehungen zu ihren Schwestergemeinden anzuknüpfen und diesen Beziehungen in konziliaren Zusammenkünften Ausdruck zu verleihen, wo immer die Erfüllung ihres gemeinsamen Auftrags dies erfordert.«

Müller-Fahrenholz und Link sprechen dabei »von der Konziliarität als der alltäglichen Lebensform der Kirchen an allen Orten und auf allen Ebenen«. Schon beim gottesdienstlichen Leben der Kirche vor Ort, bei der Verkündigung des Worts und der Feier der Sakramente, bei der Ausgestaltung und Durchführung gemeinsamer Aktionen auf Gemeindeebene geht es danach um Manifestation konziliarer Gemeinschaft. So auch wird auf der danach folgenden Vollversammlung in Vancouver die Verpflichtung der Kirchen, für »Gerechtigkeit, Frieden und Bewahrung der Schöpfung« einzutreten, als »konziliarer Prozess« bezeichnet. Er verlangt nicht die große, einheitliche Kirche, sondern die vielen Aktivitäten an der Basis im jeweils überschaubaren Rahmen.

AG: Noch einmal: Die ökumenische Bewegung hat sich im 20. Jahrhundert gelegentlich als »Faktor einer kommenden Weltgemeinschaft« verstanden, als »Mittel und Werkzeug der künftigen Einheit der Menschheit«. Sie konnte von hier aus als kultureller Wegbereiter der Globalisierung gelten. Globalisierung aber hieß für die danach folgende Entwicklung, dass alle Bindungen an religiöse Ordnungen abgestreift werden, auch alle moralischen Werte einschließlich der politischen und wirtschaftlichen Verantwortung aufgegeben. Konrad Raiser, der frühere Generalsekretär des Weltkirchenrats, sieht im selben Buch von Müller-Fahrenholz und Link eine Menschheit, die in einem endlichen und höchst gefährdeten Raum »Erde« zusammenzuleben habe. Im Grunde verbindet er mit dieser neuen Situation die Vermutung, dies sei das Ende einer auf die Einheit aller Kirchen zulaufenden ökumenischen Bewegung. Was wir nun neu einander zugestehen müssten, sei das Recht jeder Kirche auf ihren je eigenen Raum, ihr Recht auf die Eigenheit religiöser Lebensformen, das Recht, in der Spur der je eigenen Geschichte und Tradition weiterzugehen, das Recht auf die je eigene Auslegung der Heiligen Schrift. Das Recht auch, unter den Dogmen der Gesamtkirche denjenigen besondere Wichtigkeit zu verleihen, die die jeweilige Kirche anzuerkennen bereit ist.

JZ: Wir haben also anzuerkennen, dass die andere Kirche ein eigenes Organ am Leib Christi ist, also legitime Kirche, auch wenn uns ihre Theologie, ihre Rituale und ethischen Maßstäbe fremd sind, dass sie sich selbst leitet und verwaltet und dass sie ihren Auftrag an der Welt und Menschheit auf ihre Weise wahrnimmt. Dass sie ihre eigenen Erfahrungen gemacht hat und diese Erfahrungen nun auf ihre eigene Weise deutet. Wir erlauben also einander, in unseren überschaubaren Rahmen ein Stück Zuhause, ein Stück Heimat anzubieten. Wir versuchen, diese Geborgenheit spürbar zu machen, die in der Weise spürbar wird, wie wir auf unsere besondere Weise in Christus sind.

AG: Die Gegensätze brauchen nicht ausgeräumt zu werden, aber sie werden zu einem Stück miteinander gelebten Lebens. Sie können zu Manifestationen der »vielfarbigen Weisheit Gottes« werden. Sie werden unter den Delegierten der Kirchen weiter bedacht. Sie verlieren weder ihre Deutlichkeit noch ihre Wichtigkeit. Aber sie haben keinen trennenden Sinn, und das ebenso wenig, wie die Riesenorganisation einer weltweiten Kirche ihre Einheit aus einer gemeinsamen Organisation hätte.

JZ: Vielleicht kann die Veränderung uns noch deutlicher werden, wenn ich die vergangenen 80 Jahre zurückgehe. Ich erinnere mich meiner Kindheit. Ich war zwischen meinem dritten und meinem 15. Lebensjahr immer wieder Feriengast im Haus meiner Großeltern, also zwischen 1925 und 1937. Es stand im Allgäu, nahe dem Bodensee. Es war eine wunderbare Welt. Mein Großvater war die verlässliche Kraft des Lebens der Familie. Er trug den gewaltigen Titel »Stationsoberkommandant«. Das hieß, er war der Polizeichef der kleinen Stadt und des dazugehörenden Landkreises. Wenn in einem Dorf etwas passiert war, dann ging er, wenn er nicht mit dem Fahrrad fuhr, zwei Stunden zu Fuß über Feld, und ich ging an seiner Hand.

Mein Großvater war ein bäuerlicher, vierschrötiger Mann, gütig, freundlich, aber von steinharten Überzeugungen. Und das Land passte zu ihm. Es war voll von Bedeutungen. An allen Wegkreuzungen standen Feldkreuze und Kniebänke, es war voll von Gedenksteinen, wo einmal jemand verunglückt war. Mein Großvater kannte es in- und auswendig, und ich ahnte dabei, dass man sich in dieser Welt durchaus zu Hause fühlen konnte. Und wenn die Leute meine Großmutter ehrfurchtsvoll anredeten als »Frau Stationsoberkommandant«, dann war mir klar, es sei gut, dass es in dieser Welt Autoritäten gab. Und wenn ich erlebte, dass meine Großeltern keinen Sonntag kannten ohne Kirchgang, dann leuchtete mir ein, es sei gut, dass es bestimmte Regeln gab, die dafür sorgten, dass alles gut und richtig lief. Aber das erstaunt mich selbst beim Rückblick immer wieder: Diese kleine, behütete, zu Fuß durchquerbare Welt gab es nicht in grauer Vorzeit, sondern um 1930. Die Kirche, der Polizeichef, die Familie, die Kinder, die Autoritäten im Dorf, die Ordnung der Feste, die Sitten und die moralischen Gesetze, und vor allem der Stolz auf den eigenen Umkreis, das alles stand fest und gab dem Leben seine Struktur und Verlässlichkeit. Ich will einige seiner Merkmale nennen:

Ein erstes Merkmal war die Langsamkeit. Mein Großvater ging zu Fuß, die Bauern fuhren auf Ochsenkarren. Die Straße war kein Verkehrsweg, sondern ein Ort für den Dorfklatsch und ein Spielplatz für uns Kinder. Es war im Grund alles immobil. Wenn wir heute in ein paar Stunden bis zu den Fidschi-Inseln kommen, so ist begreiflich, dass unsere von der noch vor kurzem ablaufenden Langsamkeit geprägte Seele nicht recht mitkommt.

Das zweite Merkmal war die Kleinräumigkeit. Das religiöse Bewusstsein entsprach der Reichweite der Fußwege. Mein Großvater war ein treues Mitglied seiner Kirche. Aber einmal im Jahr weigerte er sich, zur Kirche zu gehen. Das war am 6. Januar, dem Tag der Mission. Was gehen uns die fremden Völker an? sagte er. Die Missionare sollen erst einmal die Heiden bei uns bekehren. So ging ich an jedem 6. Januar mit ihm in den Wald.

Wie selbstverständlich herrschte auch in jener kleinen Stadt zum dritten die seltsame Sitte, im jeweiligen Nachbardorf alles Törichte, Böse und Gemeine versammelt zu sehen. Man kann das auch ein wenig größer fassen, wie mein Großvater, der in seinen jungen Jahren ein stolzer Ulan des württembergischen Königs war und der mich nachdrücklich ermahnte: »Jörgl, glaub einem Franzosen nie ein Wort. Alle Franzosen lügen.« Und äußerlich größer, aber innen ebenso kleinformatig: Dieses Dorfbewusstsein zeigt sich auch in dem inzwischen abgetretenen amerikanischen Präsidenten George W. Bush, der von fremden Völkern nur wusste, sie seien »das Reich des Bösen«.

Aber dieses Dorfbewusstsein ist in uns allen. Wenn mich einer fragt, wo ich etwas wie Heimat hätte, so sage ich: in ein paar Waldtälern rund um Blaubeuren. Im Übrigen fühle ich mich als Weltbürger. Mancher Deutsche ist heute wieder »stolz, ein Deutscher zu sein«. Kein Wunder, schon Europa ist zu groß. Und der Raumgewinn durch das elektronische Massenmedium bleibt außen. Die Seele sucht den kleinen Raum. Sie sucht ihn seit der Steinzeit und seit sie ihn in ihren Höhlen fand.

Das vierte Merkmal dieses Dorfbewusstseins war das Zusammenspiel von Autorität und Unfreiheit. Der Enge der Lebenserwartungen. Ich war als Kind im Allgäu manchmal auf einem Hofgut, dessen Pächter Freunde der Familie waren. Damals ging ich mit einem der alten Knechte an einem Sonntag einmal in ein Wirtshaus. Als der dort ein Glas Wein vor sich stehen hatte, sagte er: »Wenn ich nicht am Sonntag noch mein Glas Wein hätte, möchte ich nicht mehr arbeiten.« Größer war der Spielraum seiner Lebenserwartungen nicht.

Ein fünftes Merkmal war die Voraussagbarkeit dessen, was morgen geschehen würde. Denn es war nichts anderes, als was heute geschah. Und so ließen sich beliebig viele Merkmale dieser kleinen Welt von gestern zeigen. Ich will hier nur noch anfügen: Wer den modernen Menschen für modern hält, täuscht sich. Das archaische Bewusstsein, das mittelalterliche, das Dorfbewusstsein von vor 100 Jahren ist in ihm ebenso gegenwärtig wie der

Wunsch, dieses Bewusstsein hinter sich zu lassen und in Weite und Freiheit hinauszudenken. Es gilt also, der Zukunft sozusagen mit angezogener Handbremse entgegenzufahren. Dabei ist zu bedenken, dass wir Menschen ungleichzeitig leben. Was dem einen Vergangenheit ist, ist dem anderen Gegenwart. Was dem einen die lichte Zukunft ist, ist dem anderen die abzuwehrende Bedrohung.

AG: Diese Ungleichzeitigkeit hebt ab auf das, was wir seit der Vollversammlung von Canberra die »ökumenische Spiritualität« nennen, die es im 21. Jahrhundert einzuüben gelte. Gemeint ist ein geistliches Leben, das vom anderen nicht fordert, wie er zu sein und was er zu glauben habe, das die Verschiedenheit des anderen annimmt, die eigenen Vorstellungen lebt, aber dabei weiß, dass die Begegnung mit dem anderen immer auch die eigene Wandlung meint. Man sieht den anderen, wie er ist. Man gewährt ihm so viel freundliche Zuwendung, dass man ihn in seiner Wirklichkeit wahrnimmt und diese seine Wirklichkeit in ihrer Wahrheit oder Schönheit zu schätzen bereit ist. Man stellt sich selbst zur Disposition. Man ist bereit, sich mit dem anderen zusammen zu ändern oder ändern zu lassen, solange man mit ihm »auf dem Weg« ist.

JZ: Das ganz andere gilt auch. Die ökumenische Bewegung krankt an einer Überfülle von Institutionen. Aber eine in Institutionen und Organisationen bestehende ökumenische Bewegung ist kein Modell mehr für das 21. Jahrhundert. Die ökumenische Bewegung wird künftig in dem Maß lebendig sein, als die einzelne Kirche ihre spirituelle Kraft in das gemeinsame Leben einbringt. Die ökumenische Hoffnung wendet sich nicht mehr dem Zusammenschluss von Kirchen zu einer größeren Kirche zu, sondern dem Wirken des Geistes Gottes unter den Menschen, der Gemeinschaft des Vertrauens und der Selbstbescheidung, die jede Kirche in das gemeinsame Leben der Kirchen einbringt. Dieses spirituelle Verhalten könnte ein

Modell nicht nur für die künftige Kirche sein, es könnte auch die Gemeinschaft abbilden, die zwischen den Religionen der Erde anzustreben ist. Das aber ist kein Traum, es ist das, was heute täglich gewollt und geschaffen werden muss.

Der Abschlussbericht einer Arbeitsgruppe des Ökumenischen Rats, die sich 2004 mit der Frage »Ökumene im 21. Jahrhundert« befasst hat, sagt, die ökumenische Bewegung werde im 21. Jahrhundert ein »besonderer Raum« sein, in dem »… eine offene, ökumenisch aufgeschlossene Kultur im alltäglichen Leben der Menschen in ihren jeweiligen Kontexten gepflegt wird und wo ökumenische Bildung auf allen Ebenen, von der globalen bis zur lokalen, zentrale Beachtung findet; … wo Spiritualität die Grundlage des Zusammenlebens der Christen ist und wo Christen als einzelne, als Kirchen und Organisationen miteinander beten und sich gegenseitig ermutigen können, den Willen Gottes für ihr Leben zu erkennen; … wo im wechselseitigen Vertrauen gegründete Beziehungen zwischen allen Teilen der ökumenischen Familie gestärkt werden können; … wo die Vielfalt der Kulturen und Traditionen als eine Quelle von Kreativität anerkannt wird …«

V
Was ist bisher erreicht worden?

12 Die Vereinbarungen von Lima über Taufe, Eucharistie und Amt

AG: Drei Themen im ökumenischen Gespräch der letzten Jahrzehnte sollten wir besonders herausheben. Das sind zum ersten die »Konvergenzerklärungen« der Kommission für Glauben und Kirchenverfassung »zu Taufe, Eucharistie und Amt« von 1982, das sogenannte Lima-Papier. Die darin enthaltenen Texte sind von praktisch allen christlichen Traditionen einschließlich der römisch-katholischen aufgenommen und unterzeichnet worden. Vielleicht waren sie der Höhepunkt der ökumenischen Entwicklung seit 1948 überhaupt.

Das zweite Thema ist der Prozess der »Verständigung über die Rechtfertigungslehre«, der 1999 in Augsburg zum Abschluss kam.

Das dritte ist die Unterzeichnung der *Charta oecumenica* durch die Mitgliedskirchen der Arbeitsgemeinschaft christlicher Kirchen auf dem ersten Ökumenischen Kirchentag 2003 in Berlin.

JZ: Zunächst also der »Lima-Prozess«. Bei ihm handelt es sich um ein Gespräch über Themen, in denen die Kirchen sich einander »annähern«, in denen sie »konvergieren«. Es ging dabei um das verhältnismäßig einfache Thema

»Taufe« und um die beiden schwierigen Themen »Eucharistie« und »Amt«.

AG: Das Konvergenzpapier von Lima hat wunderbare Aussagen über die Taufe gemacht. Die Vertreter der verschiedenen Kirchen haben die Taufe als das gemeinsame Band erfahren, das uns jetzt schon miteinander verbindet und uns an der einen Kirche Teilhabe schenkt. »Vollzogen im Gehorsam gegenüber unserem Herrn, ist die Taufe ein Zeichen und Siegel unserer gemeinsamen Jüngerschaft. Durch ihre eigene Taufe werden Christen in die Gemeinschaft mit Christus, miteinander und mit der Kirche aller Zeiten und Orte geführt. Unsere gemeinsame Taufe, die uns mit Christus im Glauben vereint, ist so ein grundlegendes Band der Einheit (Eph 4,3–6). Wir sind *ein* Volk und berufen, *einen* Herrn an jedem Ort und auf der ganzen Welt zu bekennen und ihm zu dienen. Die Einheit mit Christus, an der wir durch die Taufe teilhaben, hat wichtige Folgen für die Einheit der Christen« (Lima-Papier 6). Schon das Zweite Vatikanische Konzil hatte die Bedeutung der Taufe für die Einheit der Christen betont. Es spricht davon, dass jeder, der an Christus glaubt und in der rechten Weise die Taufe empfangen hat, »dadurch in einer gewissen, wenn auch nicht vollkommenen Gemeinschaft mit der katholischen Kirche« steht (Ökumenismusdekret, UR 3). Und es bekennt, dass die Mitglieder der anderen christlichen Kirche »durch den Glauben in der Taufe gerechtfertigt und dem Leibe Christi eingegliedert« sind (ebd. 3). Wir sollten uns der gemeinsamen Basis unseres Christseins neu bewusst werden. In der Taufe sind wir schon eins in Christus.

JZ: Das Gespräch von Lima wird heute sehr verschieden beurteilt. Es gilt den einen als ökumenische Sternstunde, den anderen als eine verpasste Chance. Die einen knüpften seitdem an dieses Gespräch ihre Hoffnung, die anderen sahen in ihm ein Zeichen einer vorläufig nicht überwundenen Krise.

Diese Krise zeigte sich, als zweihundert deutsche evangelische Theologieprofessoren gegen die Unterzeichnung der Texte zur Rechtfertigungslehre Protest einlegten, und sie zeigte sich, als 2000 und 2007 Verlautbarungen aus Rom den evangelischen Kirchen im Anschluss an das Ökumenismusdekret des Konzils von 1964 erneut die Qualität von Kirchen absprachen. Demgegenüber sind die »Lima-Texte« auf einen künftigen Konsens hin formuliert worden, also auf einen Sinn weiterer Gespräche hin.

AG: Bei den Überlegungen zur Taufe ging es um die wechselseitige Anerkennung. Es ging um das Verhältnis von Kinder- und Erwachsenentaufe. Um die Frage, was unter der Mitteilung des Geistes in der Taufe zu verstehen sei. Es ging um die Frage, wie es sich mit dem Zusammenwachsen des Einzelnen mit Christus, wie es sich mit seinem Tod und seinem Opfer verhalte. Man einigte sich darüber, dass die Taufe eine Gabe Gottes sei und im Namen des Vaters und des Sohnes und des Heiligen Geistes vollzogen werde. Sie ist das Zeichen für ein neues Leben durch Jesus Christus. Sie bedeutet Teilhabe am Leben, Tod und Auferstehung Christi. Der Getaufte wird von Christus freigesprochen, reingewaschen und geheiligt. Er empfängt den Heiligen Geist. Er wird in den »Leib Christi«, die Kirche, eingegliedert. Die Taufe ist so ein Ruf an die Kirchen, ihre Trennungen zu überwinden und ihre Gemeinschaft sichtbar zu machen.

Die Taufe ist zugleich Gottes Gabe und menschliche Antwort auf diese Gabe. Sie will ein lebenslängliches Hineinwachsen in Christus ebenso wie ein Zeugnis dafür sein, dass die Taufe praktische ethische Folgen hat. Die Kirchen erkennen zunehmend die Taufe anderer Kirchen als die eine, unwiederholbare an, wenn vom Täufling oder von seinen erwachsenen Vertretern Jesus als der Herr bekannt worden ist. Diese Taufe wird mit Wasser vollzogen. Dieser Akt, der symbolisch für das Untertauchen im Tod und im Begräbnis des Christus steht, zielt auf die Rettung aus dem Tod und die Teilhabe an der Auferstehung Christi. Die Taufe wird normalerweise von einem ordinierten Amtsträger vollzogen, in Ausnahmefällen auch von anderen getauften Christen.

JZ: Es erwies sich, dass leichter als mit der gemeinsamen Eucharistie mit der gemeinsamen Auffassung von der Taufe ein Konsens zwischen den Kirchen erreichbar ist, und so wurde in der Schlussfeier des ersten Ökumenischen Kirchentags in Berlin die Taufe in die Mitte des gemeinsamen Gottesdienstes gestellt als das Zeichen für die Gemeinschaft der Kirchen. Und in der Tat ist die Fortsetzung des Gesprächs über die Taufe ein hoffnungsvolles Zeichen für die ökumenische Gemeinschaft.

AG: Die Taufe verbindet uns also jetzt schon. Wir gehören schon dem einen Leib Christi an, auch wenn der noch in verschiedenen Kirchen sichtbar wird. Aber der eine Leib Christi kann nicht gespalten werden. Die Einheit in Christus besteht unabhängig von der Einheit der Kirchen. So war es nur konsequent, dass 2007 elf Mitgliedskirchen der Arbeitsgemeinschaft Christlicher Kirchen in Deutschland in Magdeburg eine Erklärung unterzeichnet haben, wonach »sie jede nach dem Auftrag Jesu im Namen des Vaters und des Sohnes und des Heiligen Geistes mit der Zeichenhandlung des Untertauchens mit Wasser bzw. des Übergießens mit Wasser vollzogene Taufe« anerkennen. So sollten wir gemeinsam das Geheimnis unserer Taufe immer mehr bedenken, so wie es uns der heilige Paulus im Römerbrief vorgedacht hat: »Wir wurden mit ihm begraben durch die Taufe auf den Tod; und wie Christus durch die Herrlichkeit des Vaters von den Toten auferweckt wurde, so sollen auch wir als neue Menschen leben. Wenn wir nämlich ihm gleich geworden sind in seinem Tod, dann werden wir mit ihm auch in seiner Auferstehung vereinigt sein« (Römer 6,4f.). In diesem Text wird deutlich, was das Geheimnis der Christen ist. Wir alle sind in Christus. Wir haben teil an seinem Tod und seiner Auferstehung. Die Welt hat keine Macht mehr über uns. Wir bekennen mitten in einer Welt, die immer mehr nach uns greift, dass wir dieser Welt entzogen sind, dass in uns etwas aufleuchtet, das diese Welt überwunden hat.

JZ: Auf alle Fälle kann gelten: Wenn die Taufe der sakramentale Akt der Eingliederung in den »Leib Christi« ist, so stiftet sie eine über die jeweilige Einzelkirche hinausgehende Gemeinschaft unter den Getauften. So können die Kirchen sich unmöglich verhalten wie autonome Körperschaften. Sie sind durch die Taufe miteinander verwandte Gemeinschaften der Kinder Gottes. Durch die Taufe werden alle Bemühungen um ökumenische Gemeinschaft auf Jesus Christus ausgerichtet und nicht auf kirchliche Vereinbarungen. Wenn wir weiter unsere ökumenischen Bemühungen auf die gemeinsame Feier der Eucharistie ausrichten, so besteht die Gefahr, dass wir die Unmündigkeit der Laien befestigen und die Problematik des Amts und der institutionellen Identität der Kirchen in den Mittelpunkt rücken. Aber die Taufe als Zeichen des Empfangs des Geistes rückt unseren Blick auf die ökumenische Verantwortung aller Getauften und nicht nur der Amtsträger. Wenn das aber zutrifft, dann folgt daraus, dass der Einfluss der Kirche von unten her, von den Getauften aus wächst und wachsen muss.

Und so wäre die wirkliche Anerkennung der Taufe zwischen den Kirchen, wie Konrad Raiser sagte, »eine kopernikanische Wende im ökumenischen Dialog«. Die ökumenischen Beziehungen der Kirchen wären nicht mehr länger Teil ihrer Außenpolitik, sondern würden »zur ökumenischen Innenpolitik«. Dann könnte keine Kirche ohne die andere im vollen Sinn Kirche sein.

AG: 1982 war, wie gesagt, eine Sternstunde der ökumenischen Bewegung. Auf ihrer Versammlung in Lima hat die Kommission für Glauben und Kirchenverfassung eine

Konvergenzerklärung auch zu den Themen »Eucharistie und Amt« verabschiedet, die eine große Annäherung zwischen den wichtigen christlichen Kirchen (orthodox, römisch-katholisch, lutherisch, reformiert, anglikanisch) zum Ausdruck brachte. Was mich an diesen Texten vor allem fasziniert, ist die geistliche Dimension der Aussagen über die Eucharistie. Da werden nicht abstrakte theologische Meinungen miteinander in Einklang gebracht. Vielmehr spürt man den Texten die spirituelle Erfahrung an, die die Teilnehmer im Gespräch miteinander gemacht haben. Da wurde das Rechthaben zur Seite gerückt. Man hörte auf die andere Seite, was sie wohl zu sagen habe. Alle Teilnehmer hörten hin, was den anderen Konfessionen an der Eucharistie heilig ist. Und weil man sich auf diese Erfahrungsebene einließ, war es möglich, in vielen Fragen eine Annäherung zu finden.

Zentral war die Aussage, dass die Kirchen die Eucharistie als Gabe vom Herrn empfangen. Diese Aussage gibt auch ein neues Verständnis des Amtes. Nicht der Priester ist Herr über die Eucharistie. Nicht er vollzieht die Wandlung. Vielmehr wird in dem von der Kirche bestellten Amtsträger deutlich, dass Christus selbst der Gemeinde die Eucharistie schenkt. Nicht die Vollmacht des Priesters, sondern der Heilige Geist selbst bewirkt in der Eucharistie die Gegenwart des erhöhten Herrn. Der in der Reformationszeit heftige Streit über die Frage, ob Eucharistie Mahl oder Opfer ist, wurde beigelegt. Ein neues Verständnis von Opfer wurde allen bewusst. Nicht die Kirche bringt Gott ein Opfer dar. Vielmehr feiert die Kirche die Hingabe Jesu am Kreuz, damit wir einstimmen in Jesu Hingabe und uns Gott und den Menschen hingeben.

Auch in der Frage nach der Realpräsenz kam man sich nahe. Die Deutungsmuster – ob Transsubstantiation oder Konsubstantiation oder ein anderes Erklärungsmodell – sind nicht entscheidend. Die Gesprächspartner einigten sich darauf, den Begriff des Gedächtnisses *(anamnesis)* im biblischen Sinn neu zu bedenken, um die Gegenwart des in Jesus Christus geschehenen Heilshandelns Gottes verstehen zu können. Gedächtnis ist nicht die Erinnerung an vergangene Taten. Vielmehr verstehen die Juden zur Zeit Jesu darunter, dass das vergangene Ereignis des Auszugs aus Ägypten in der Gegenwart wirksam wird. Das biblische Verständnis von Gedächtnis ermöglichte es den Teilnehmern, die alte Streitfrage beizulegen, ob das Opfer Christi in der Eucharistie nicht das einmalige Opfer am Kreuz verdunkle. Das Lima-Papier erklärt: »Die Eucharistie ist das Gedächtnis *(memorial)* des gekreuzigten und auferstandenen Christus, das heißt das lebendige und wirksame Zeichen seines Opfers, das ein für alle Mal am Kreuz vollbracht wurde und das weiterhin für alle Zeiten wirksam ist« (Lima-Papier 5).

Offen blieb noch die Frage, wie lange die Gegenwart Christi in den Gaben von Brot und Wein dauert. Einig war man sich, dass die Eucharistie ein Mahl ist, dass also die Gaben von Brot und Wein in den Leib Christi verwandelt werden, damit wir beim Mahl eins werden mit Jesus Christus und durch ihn miteinander. Die evangelischen Teilnehmer nahmen Anstoß an der katholischen Praxis, das verwandelte Brot als den Leib Christi in der Monstranz auch außerhalb der Eucharistie zu verehren. Die Katholiken nahmen Anstoß daran, dass die evangelischen Christen nach der Eucharistie achtlos mit den eucharistischen Gaben umgehen. Es wuchs ein neues Verständnis für die theologische und spirituelle Sicht der anderen Konfession. Wir katholischen Christen dürfen von den evangelischen Christen nicht erwarten, dass sie unsere Praxis der Verehrung der verwandelten Hostie in der Monstranz nachahmen oder akzeptieren. Es genügt, wenn sie diese Form der Frömmigkeit respektieren. Wir Katholiken sollen den evangelischen Einwand durchaus ernst nehmen, dass die Eucharistie vor allem ein Mahl ist. Von der Bibel her ist eine eucharistische Anbetung sicher nicht abzuleiten. Aber die Frage ist, ob eine fromme Übung, bei der viele katholische Christen tiefe geistliche

Erfahrungen von Jesus Christus gemacht haben, einfach abgeschafft werden sollte, nur weil sie nicht der theologischen Aussage der Bibel entspringt. Viele Christen halten vor der Hostie in stiller Betrachtung inne. Sie schauen auf die Hostie in der Monstranz und schauen in der Hostie das Geheimnis der Eucharistie, dass Christus sich für sie hingegeben hat. Sie schauen gleichsam auf die sichtbar gewordene Liebe Jesu Christi und meditieren sich in diese Liebe hinein. Dagegen ist nichts zu sagen. Doch wir Katholiken sind durchaus bereit, die theologischen Bedenken der evangelischen Christen ernst zu nehmen. Sie sind für mich Ansporn, theologisch so über das Geheimnis der eucharistischen Anbetung zu sprechen, dass es für evangelische Ohren zumindest verständlich ist. So wie es in der evangelischen Tradition viele Frömmigkeitsformen gibt, die eine Einübung in die Liebe Christi sind, so gibt es in der orthodoxen Frömmigkeit die Ikonenfrömmigkeit und in der katholischen Tradition die Spiritualität der eucharistischen Anbetung. Es ist eine Liturgie des Schauens, die die Liturgie der Eucharistie gleichsam meditativ fortsetzt.

Für mich besteht die Hoffnung des Lima-Prozesses darin, dass wir über die theologischen Themen von der spirituellen Erfahrung aus sprechen. Dann kommen wir einander näher. Dann öffnen mir evangelische Theologen die Augen für Dimensionen meines Glaubens, die mir bisher nicht in gleicher Weise bewusst waren. Und umgekehrt können evangelische Theologen von meinen Erfahrungen lernen. Es geht nur darum, die Darlegungen des andern mit großer Achtung und Ehrfurcht anzuhören und im andern immer auch seine Erfahrung zu respektieren.

13 Die Einigung über die Rechtfertigungslehre

AG: »Am 31. Oktober 1999 wurde in Augsburg von hochrangigen Vertretern des Lutherischen Weltbundes und der römisch-katholischen Kirche der langjährige Prozess der Verständigung über die Rechtfertigungslehre durch feierliche Unterschrift besiegelt und bekräftigt, so dass in dieser grundlegend wichtigen Glaubenswahrheit keine Differenzen mehr bestehen, die eine gegenseitige Verurteilung weiterhin begründen könnten.« So schreiben die Herausgeber der Referate des ökumenischen Arbeitskreises. Leider hat dieser Meilenstein in der katholisch-lutherischen Verständigung nicht lange gehalten. Sowohl von katholischer als auch von lutherischer Seite kamen nach der gemeinsamen Unterschrift immer wieder Einwände. So hat sich der ökumenische Arbeitskreis auf einer eigenen Tagung mit dem Thema der Rechtfertigung und vor allem mit der Formel Martin Luthers »*simul iustus et peccator* – Gerecht und Sünder zugleich« beschäftigt. Dabei haben sie festgestellt, dass man sich auf gemeinsame Grundlinien einigen kann. Die katholische und lutherische Sicht betreffen nur verschiedene Akzentuierungen. »Uns Christen liegt es nahe, in bestimmten konkreten Situationen unserer gläubigen Existenz einmal stärker über die eigene Schwäche zu klagen angesichts der erlebten Macht der Sünde – ein anderes Mal dankbar zu jubeln über die Größe und Macht des lebendigen Gottes, der uns im Heiligen Geist den Beistand geschenkt hat, der Anfechtung durch das Böse zu widerstehen« (»Gerecht und Sünder zugleich«, hg. von Theodor Schneider und Gunther Wenz, Freiburg 2001, 449).

Die Theologen beider Konfessionen haben sich redlich bemüht, aufeinander zu hören und zum einen die verschiedenen Sichtweisen theologisch zu bedenken, zum andern den Erfahrungshintergrund zu beschreiben. Die verschiedene Erfahrung und die je eigene Tradition führen zu jeweils anderer Akzentuierung. Solche Differenzen dürfen sein. Sie müssen nicht eingeebnet werden. Wir dürfen uns als Sünder und als Gerechte jeweils anders erfahren, je nachdem in welcher Situation wir sind. Wichtig ist auch hier, nicht zu fragen, wer Recht hat, sondern welche Erfahrung hinter den verschiedenen Formulierungen steht.

Ich war sehr beeindruckt, als ich die vielen Referate zu diesem Thema gelesen habe. Und ich war dankbar, dass die Theologen beider Konfessionen so ehrlich miteinander gerungen haben. Da habe ich immer die große Achtung vor der Theologie und Erfahrung des anderen gespürt. Zugleich wurde deutlich, dass jede Formulierung immer einen kirchengeschichtlichen Hintergrund hat. Martin Luther hat in eine bestimmte Situation hineingesprochen und Wichtiges an der Botschaft Jesu zu Gehör gebracht. Das Konzil von Trient hat versucht, sich davon abzugrenzen und die alte Tradition hochzuhalten. Wichtig ist, immer genau hinzuhören, welche Sehnsucht und welche Erfahrung mit der jeweiligen Formulierung getroffen wird. Als ich diese Referate las, merkte ich, dass mir das Problem »zugleich gerecht und sündig« nicht so wichtig ist. Wichtiger ist mir die existenzielle Bedeutung der Rechtfertigung allein aus dem Glauben. Welche Erfahrung steht hinter dieser Aussage? Und wie weit ist sie eine »Frohe Botschaft« für mich? Wie weit kann diese Botschaft mir etwas von der heilenden und befreienden Liebe Jesu Christi vermitteln?

Für mich besteht die befreiende Botschaft von der Rechtfertigung allein aus dem Glauben in der Erfahrung, die der heilige Paulus angesichts des Kreuzes Jesu Christi gemacht hat. Paulus war ja voller Eifer, alle Gebote Gottes zu erfüllen und so ein gerechtes Leben zu führen. Zugleich hat er den Zwiespalt zwischen seinem Wollen und seinem tatsächlichen Leben erfahren, in Jesus Christus, der am Kreuz für uns gestorben ist, hat er die bedingungslose Liebe Gottes erfahren. Noch bevor ich die Gebote Gottes halte, hat mir Gott in Jesus Christus seine Liebe erwiesen. Und am Kreuz hat mir Christus gezeigt, dass alles an mir angenommen ist, dass ich mit meiner Schuld bedingungslos von Gott geliebt bin, weil die Liebe Gottes sich am Kreuz als stärker erwiesen hat denn alle menschliche Schuld. In uns ist eine ähnliche Haltung, wie sie Paulus vor seiner Bekehrung hatte. Wir möchten es Gott gerne recht machen. Wir möchten uns vor Gott beweisen, damit er uns annimmt. Doch die grundlegende Erfahrung des Paulus und letztlich von uns Christen ist: dass wir vor aller Leistung von Gott geliebt sind. Das heißt allerdings nicht, dass wir die Hände in den Schoß legen und nicht an uns und unserer Besserung arbeiten. Aber diese Arbeit ist Antwort auf die bedingungslose Liebe Gottes. Weil wir Gottes Liebe erfahren haben, streben wir danach, dieser Liebe mit unserem rechtschaffenen Leben zu antworten. Auch Paulus spricht davon, dass der Glaube in der Liebe wirksam sein muss (vgl. Galater 5,6).

Paulus hält diese Spannung aufrecht. Auf der einen Seite verkündet er uns, dass wir durch Jesus Christus bedingungslos geliebt sind. Auf der anderen Seite aber ruft er uns auf: »Angesichts des Erbarmens Gottes ermahne ich euch, meine Brüder, euch selbst als lebendiges und heiliges Opfer darzubringen, das Gott gefällt« (Römer 12,1). Und er fordert die Christen auf, einander zu lieben, das Böse zu verabscheuen und am Guten festzuhalten (vgl. Römer 12,9). Wer nicht bereit ist, auf die bedingungslose Liebe Gottes in Jesus Christus mit einem neuen Lebenswandel zu antworten, nicht all das zu tun, was griechische Askese auch vom Menschen verlangte, der hat Christi Liebe nicht verstanden, der hat auch die Rechtfertigung allein aus dem Glauben nicht in ihrer eigentlichen Bedeutung erfasst.

Für mich ist es eine befreiende Botschaft, die Paulus uns da verkündet. Denn ich kenne in mir und in vielen, die ich geistlich begleite, die Tendenz, mir innere Normen zu setzen, wie ich zu sein hätte, was ich alles tun müsste, um vor Gott wohlgefällig zu sein. Nicht nur wir Christen kennen diese uns versklavenden Tendenzen. Auch in unserer Gesellschaft nehmen wir sie wahr. Da zwingen sich Menschen, um ihrer Gesundheit willen sich strengen Diätkuren zu unterwerfen. Sie setzen sich unter Druck, täglich so und so viel zu laufen oder die oder jene spirituelle Technik zu praktizieren, um spirituell weiterzukommen. Die Rechtfertigung aus dem Glauben befreit uns von der Zwanghaftigkeit, mit der heute viele Menschen nach Wegen aus der Selbstablehnung suchen. Sie zeigt uns: »Du bist gut so, wie du bist. Du bist bedingungslos angenommen. Alles, was in dir ist, darf sein. Halte es Christus hin. Dann kann seine Liebe es verwandeln.« Aber zugleich ist in uns ja auch die Sehnsucht, zu wachsen, innerlich weiterzukommen. Wenn wir die Grunderfahrung gemacht haben, dass wir bedingungslos angenommen sind, dann sollen wir auch unserer Sehnsucht trauen, zu wachsen. Und wir sollten überlegen, was uns helfen kann, der Liebe Christi in uns immer mehr Raum zu geben, damit sie mehr und mehr unser Verhalten bestimmt.

JZ: Vielleicht ist es doch möglich, nach all diesem zu zeigen, von einer anderen Seite her, was mit der Rechtfertigungslehre im Sinn der Reformation gemeint sein könnte? Da muss ich ein wenig ausholen. Denn wer von der »Rechtfertigungslehre« zu reden hat, betritt ein steiniges Gelände. Was darunter zu verstehen sei, weiß nur selten noch ein Laie auch in der evangelischen Kirche, geschweige denn der normale Bürger dieser Epoche. Was für Gefühle dabei wach werden, wagt der Christ, der sie empfindet, kaum zu sagen. Was das Wort bedeutet, verbirgt sich unter dem Gegenteil dessen, was es eigentlich sagen sollte. Deshalb ist es gut, das Wort aufzuräumen, nämlich es mit seiner eigentlichen Bedeutung an den Platz zu bringen, den es in der Theologie einnehmen sollte. Die Rechtfertigungslehre, darüber ist kaum eine Diskussion möglich, ist das erste Hauptstück eines evangelischen Glaubens. Sie ist der Inbegriff der Wahrheit Gottes und des Menschen, die entscheidende Kostbarkeit, für die der Glaube der Dank ist, der *articulus stantis et cadentis ecclesiae*, der Grundgedanke, mit dem die Kirche steht und fällt und an dem nichts abzumarkten ist. Sie stellt zunächst fünf Sätze in die Welt:

Der erste: Alles steht und fällt mit Jesus Christus. Nichts geht ohne ihn, nichts an ihm vorbei. Er ist für uns gestorben. Mit ihm gelten wir alle als gestorben. Er ist auferstanden. Mit ihm werden wir von unserer Sünde frei und leben. Das Leben und die Gerechtigkeit vor Gott erlangen wir allein durch Jesus Christus.

Der zweite: Von der Person, dem Wort, dem Werk und Weg des Jesus Christus erfahren wir durch das Evangelium. Im Evangelium gründet die Predigt der Kirche. Der Grund für unsere Gewissheit ist allein das Wort, die Heilige Schrift.

Der dritte: Die Predigt wirkt den Glauben. Der Glaube bestimmt uns, auf die Gewinnung von Leben und Gerechtigkeit mithilfe unseres eigenen Tuns zu verzichten. Auch der Glaube selbst ist keine Wirkung unseres Wollens oder Tuns. Er ist reines Geschenk. Alles, auf das es ankommt, gelingt allein durch den Glauben.

Der vierte: Wir Menschen sind von unendlichem Wert. Diesen Wert empfangen wir aus der Liebe Gottes. Wir sind mit Gott versöhnt. Wir haben Frieden. Wir sind so, dass wir Gott als unserem Gegenüber »gerecht werden«. Diese Gerechtigkeit empfangen wir nicht durch irgendein Anrecht, sondern allein durch die Gnade.

Der fünfte: Wir werden von Gott nicht nur als gerecht angesehen, wir sind es wirklich. Wir sind ein neues Geschöpf. Es ist uns nun möglich, auf dieser Erde Verantwortung zu übernehmen und liebend zu wirken. Den Sinn und das Maß unseres Handelns, seine Kraft und Wirksamkeit – damit kehren wir zum Anfang zurück – gewinnt unser Glaube allein aus Jesus Christus.

Nun haben wir mit der Rechtfertigungslehre drei Schwierigkeiten, um die es hier gehen soll. Die erste: Wer sich nicht in den ganzen vielfältigen Zusammenhang, in dem sie steht, einarbeitet und eindenkt, dem wird das Wort »Rechtfertigung« nicht viel sagen. Denn im Umkreis dieses Worts stellt sich das Dasein als Rechtsstreit dar. Da ist ein Richter vorzustellen, eine Anklage, ein Anwalt, ein Gesetz. Da sind Schuld, Urteil, Lohn und Strafe. Da sind Sühne oder Freispruch. Wie in ein riesiges Panorama malt die Bibel an den Horizont der Welt das Bild einer Gerichtsverhandlung. Nun sollte man meinen, dies könne einer Menschheit, der die Gerechtigkeit zu einem ihrer heißesten Probleme geworden ist, begreiflich sein. Wer Gerechtigkeit für alle die Ausgebeuteten, Erniedrigten und Hungernden so leidenschaftlich fordert wie die gegenwärtige Christenheit, der hat den im Auge, der das Recht verweigert, und den, der das Recht schützt oder schafft. Er kann das Geschehen in der Welt durchaus als Rechtsstreit verstehen.

Soweit, so gut. Aber nun bedeutete das Wort Rechtfertigung zu Zeiten Luthers, auf den es zurückgeht, etwas gänzlich anderes als heute. Wenn damals ein Täter zum Tode verurteilt wurde, so wurde das Recht an ihm »fertig gemacht«, das heißt: Er wurde hingerichtet. Er wurde »rechtfertig«. Dem Recht war Genüge getan. Durch den Tod war die Schuld getilgt. Sagen wir heute dagegen, ein Mensch sei gerechtfertigt, so sagen wir, es habe sich seine Unschuld herausgestellt. Er sei zu Unrecht angeklagt. Das Wort ist also ganz und gar ungeeignet, heute auszudrücken, was es damals meinte. Denn es geht um unsre neue Unschuld, die gewirkt ist durch den Tod des Christus, an dem das Recht »fertig gemacht« wurde. Wir sollten uns also dringend ein anderes Wort einfallen lassen. Als vor einigen Jahren sich die evangelische und die katholische Kirche über die Rechtfertigungslehre einigten, hätte diese Einigung ein großes Ereignis sein können. Damals kamen einige durchaus gebildete Journalisten zu mir und fragten, was denn das sei, Rechtfertigung, was daran so wichtig sei und was sie damit anfangen sollten.

Am Ende ging diese große Gelegenheit, den Menschen unseres Landes zu sagen, was denn an der Verkündigung der Kirche eigentlich zentral sei, ungenützt vorüber. Nichts war danach gewesen. Das Wort »Rechtfertigung« sagte nichts.

Die zweite Schwierigkeit besteht darin, dass die Rechtfertigungslehre uns Protestanten praktisch für das Ganze des Evangeliums steht. Für den Weg vom Unglauben zum Glauben. Vom Glauben zur Gerechtigkeit. Von der Gerechtigkeit zum richtigen Tun. Sie steht uns oft und leicht für den Anfang und das Ziel und alles, was dazwischen geschieht. Aber damit, so bin ich überzeugt, unterläuft uns ein folgenschwerer Fehler. Denn sie hat gerade bei Paulus nur den Sinn eines Zugangs. Eines Einstiegs. Sie sagt: Durch dieses enge Tor musst du einmal hindurchgegangen sein. Danach kannst du erfahren, was an dir wirklich geschieht. Was anders wird und anders ist. Die Rechtfertigungslehre schildert die Bedingungen, die Voraussetzungen, aber noch nicht, was danach folgt, wenn durch sie die richtigen Entscheidungen gefallen sind. Sie sitzt gerade für uns Protestanten leicht an der falschen Stelle. Wir stellen diese Frage erst einmal zurück und nehmen sie unten wieder auf.

Aber die besondere Schwierigkeit besteht nach meiner Meinung darin, dass diese Lehre nirgends im Neuen Testament erscheint außer bei Paulus. Sie ist die Interpretation, mit deren Hilfe Paulus seine neuen Gemeinden in den Glauben einführt. Aber kann Paulus so allein für uns zuständig sein, wenn, was er sagt, sich nicht im Wort, Werk oder Weg des Mannes von Nazareth selbst wiederfindet? Wir fragen also: Begegnen wir ihr, wenn wir Jesus bei seiner Arbeit an den Menschen seines Landes zusehen? Wie sich die Rechtfertigungslehre zwischen Jesus und den Menschen seines Landes abgespielt hat, das könnte das kritische Prinzip sein, an dem sich die Rechtfertigungslehre des Paulus zu bewähren hätte.

Begleiten wir also Jesus auf seinen Wegen ein Stückweit. Er geht auf irgendeinen geschundenen Menschen zu, sieht sein Leiden, berührt ihn, sagt ihm ein aufrufendes, ein helfendes Wort und entlässt ihn geheilt und in Frieden mit Gott und mit sich selbst. Heilung geschieht bei Jesus teils so, dass der von seiner Schuld in sich Gespaltene sich mit sich selbst aussöhnen kann, wie es der »großen Sünderin« geschah, zu der Jesus sagt: »Geh in den Frieden!«, teils so, dass er über die Kluft, die ihn von Gott trennt, hinübergehoben wird wie jener Gichtbrüchige, teils so, dass der Leidende seinen schwachen Willen in den stärkeren Willen dessen, der ihm gegenübersteht, hinübergibt wie der Mann am Teich Betesda, aber auch so, dass die Macht eines dunklen Geistes und seines Zwanges von ihm genommen wird wie jenem Mann in den Gräbern bei Gerasa. Jesus war für die Menschen seiner Zeit ein »Heiler«. Das war die Arbeit, die er täglich tat. »Wohin er kam«, so wird erzählt, »warf man ihm die Kranken vor die Füße, und er heilte sie.« Und wenn er sich aus dieser Arbeit lösen konnte, trat er in ein Schiff oder stieg auf einen Berg und erzählte Gleichnisse, in denen er den Sinn solcher Heilungen, solcher Neuanfänge deutete als Anfänge des Gottesreiches in den Menschen.

Immer wieder geschieht aber nun das, was uns hier wichtig ist. Ich stelle mir vor, wie Jesus von dem Zöllner Matthäus zum Essen eingeladen wird und wie mit ihm seine Jünger und seine Freunde, aber auch allerlei andere Leute ins Haus drängen, Arme und Reiche, krumme Gestalten und Korrekte, Sünder und Gerechte. Ich stelle mir vor, wie er diesem Zustrom nicht widersteht, sondern sie alle willkommen heißt zu dem Fest, das er mit ihnen feiern will. Wen lässt Jesus zu? Jeden, der kommt. Er stellt keine Bedingungen. Er verlangt keine Gesinnungsänderung, keine Bescheidung, kein Bußbekenntnis, keine Beichte, keine Wiedergutmachung, keine Bestrafung. Er sagt zu jedermann: Lass, was dich belastet, vor der Tür liegen und komm! Lass, an was du verzweifeln willst, vor der Tür. Leg ab, was du getan hast, Gutes und Böses. Es spielt keine Rolle. Nichts, was du getan hast, interessiert mich. Was mich interessiert, bist du selbst. Komm, ich will mit dir feiern! Wenn dich dein Gewissen belastet oder deine Vergangenheit, dann höre auf die Einladung. Die Einladung zum Mahl, die ich ausspreche, ist die Vergebung der Sünden. So einfach ist das. Und so schwierig in seiner Einfachheit für eine geordnete Religion. Zu hören: Komm, es ist alles gut, ist der Anfang, von dem aus alles gut wird. Zu hören: Es ist alles gut, es wird alles gut sein, das und nichts anderes ist das Evangelium.

Hätte ich einem Kreis von Kindern die Rechtfertigungslehre zu erklären, so würde ich diese Szene ausmalen. Etwa so: Da steht Jesus in der Tür und empfängt seine Gäste. Nun kommt ein Gerechter, ein Ehrenmann, und Jesus sagt zu ihm: Du bist willkommen. Aber lass hier draußen liegen, was du hier nicht brauchst: dein Renommee, deinen Rang, deine Position, deine Qualitäten, deine Orden und Ehrenzeichen. Leg es hier hin. Es gilt nichts. Und dann komm! Danach kommt ein anderer. Ein schlechter Mensch, der die Schuld eines langen Lebens mit sich herumträgt. Und Jesus sagt: Freund, komm! Lass alles hier draußen liegen, was du getan hast. Es soll zwischen uns nicht gelten. Lege alles ab. Allen Schmutz, alle Gemeinheiten. Alle deine Ausreden. Alle deine Angst. Komm herein und feiere mit uns. Du bist so, wie Gott dich haben will, wenn du mit uns am Tisch bist. Dann kommt ein Dritter. Der schleppt seine Mahlzeiten in seinen Taschen mit. Zur Sicherheit. Man kann ja nie wissen. Und Jesus sagt zum ihm: Das brauchst du hier nicht. Hier drinnen gibt es genug. Lass das hier draußen liegen und nimm es nachher nach Hause mit.

Und danach sind sie alle ihre Last los und gehen als fröhliche Menschen hinein. Die Gerechten sind von ihrer Gerechtigkeit befreit und die Ungerechten von ihrem Unrecht. Sie alle dürfen leben. Sie dürfen dazugehören. Die Einladung und das Befolgen der Einladung und der Willkommensgruß Jesu ist zusammen die Vergebung der Sünden und das Ende der Angst. Sie dürfen glücklich sein. Und zu ihnen allen sagt Jesus: Macht euch keine Sorgen derer wegen, die draußen stehen bleiben und mit strenger Miene fragen: Wie kommt euer Meister dazu, mit solchem Gesindel zu Tisch zu sitzen? Sie werden mich töten wollen, weil es ihrem Gesetz widerspricht, was ich tue. Aber diesen Tod, mit dem ich eure Befreiung bezahle, nehme ich auf mich. Für euch alle.

AG: Diese Begrüßung an der Tür zum festlichen Raum also nennst du die »Rechtfertigung«. Den Gästen wird eine Freiheit geschenkt, eine Entlastung, aufgrund derer sie ihrem Platz am Tisch Jesu »gerecht werden«.

Nun haben wir, die Konfessionen, uns darüber geeinigt, dass diese Rechtfertigungslehre uns nicht trennt, sondern verbindet. Es kommt wohl darauf an in der Zukunft, dass wir uns darüber auslassen, was wir im Einzelnen tatsächlich darunter gemeinsam verstehen wollen.

14 Die Rechtfertigung und die mystische Erfüllung

JZ: Was nun mir, dem evangelischen Christen, die evangelische Rechtfertigungslehre diskussionswürdig macht, ist der Platz, den sie in der evangelischen Theologie einnimmt.

Gehen wir wieder zu Paulus hinüber. Was folgt bei ihm der Rechtfertigungslehre? In unserer Szene mit Jesus folgte ihr die Mahlzeit. Bei Paulus folgt ihr eine Mystik von Wachstum und Wandlung, von Erleuchtung, von Gestaltwerdung in die Gestalt Christi, von Geistempfang, von Kirche und Sakrament. Wer nach der Rechtfertigungslehre Schluss macht und sagt: Jetzt ist alles gut, lebt an viel Wichtigem vorbei.

Denn Paulus redet nach Römer 1–3 oder nach dem Galaterbrief weiter. Er sagt: Es bleibt nicht bei diesem Anfang. Er spricht von der Kraft, mit der wir »stark werden am inneren Menschen«. Er sagt: Euer Ort ist in Christus. »Durch Gottes Berufung lebt ihr in Christus.«

Er sagt auch das Umgekehrte: Christus ist in euch. Er fragt: »Erkennt ihr nicht, dass Christus in euch ist?« Oder: »Ich lebe, aber nun nicht ich, sondern Christus lebt in mir.« Er sagt das starke Wort: »Wenn jemand in Christus ist, dann ist er ein neues Geschöpf.« »Alles ist neu geworden.« Oder er sagt: Nun nimmt Christus in euch Gestalt an. Eure Gestalt wird ihm ähnlich. Er ruft den Galatern zu: »Ihr lieben Kinder, die ich noch einmal mit Ängsten zur Welt bringe, bis Christus in euch Gestalt gewinnt!« Oder den Römern: »Gott hat uns dazu bestimmt, dass wir dem Ebenbild seines Sohnes ähnlich werden sollen.«

Er sagt: Ihr seid dazu bestimmt, zu wachsen. Nämlich immer weiter, bis ihr das erwachsene Alter des Christus erreicht habt. Ihr seid zudem dazu berufen, euch zu wandeln. Er sagt zu den Korinthern: »Der Herr ist der Geist. Wo der Geist des Herrn ist, da ist Freiheit. Nun aber spiegelt sich in uns allen der Lichtglanz des Christus auf unserem offenen Gesicht, und wir werden verwandelt in sein Bild von einem Aufleuchten zum anderen.« Oder: »Wie wir das Bild des irdischen Menschen getragen haben, so werden wir auch das Bild des himmlischen tragen.« Er sagt: »Euch ist Gottes Geist gegeben.« »Dieser Geist hilft unserer Schwachheit auf.« Und er fragt: »Wisst ihr nicht, dass ihr Gottes Tempel seid und der Geist Gottes in euch wohnt?«

Er sagt auch: Ihr seid erleuchtet. »Gott, der das Licht aus der Finsternis aufleuchten ließ, hat einen hellen Schein in unsere Herzen gegeben, damit durch uns (für andere!) der im Angesicht des Christus erscheinende Lichtglanz sichtbar werde.« Er sagt weiter: Der Christus in euch verbindet euch zu einer Gemeinschaft! »Ihr seid der Leib Christi und seine Glieder, jeder nach seinem Teil.« Und über unser tägliches Tun sagt er: »Wir leben im Geist. Also lasst uns unser praktisches Tun nach dem Maß seines Geistes gestalten.«

All dies zusammen nennen wir die »Mystik des Paulus«. Sie ist die eigentliche Botschaft, die der Rechtfertigungslehre folgt. Aber wie ist es denn zu verstehen, dass wir, was wir hier hören, so sehr in den Hintergrund oder ins Abseits verdrängen, als handle es sich dabei nicht um das Innerste und Wesentlichste des christlichen Glaubens? Und wie mag es geschehen, dass Paulus bei uns missachtet wird als der, der uns Menschen klein macht und zu Sündern erklärt, während er Dinge sagt, die uns Menschen eine Würde und eine Größe geben, wie es kaum je ein Philosoph oder religiöser Denker in der Welt gewagt hat?

AG: Was du über die Mystik des Paulus sagst, kann ich nur bestätigen und bestärken. Gerade im Dialog mit spirituell suchenden Menschen sollten wir die mystischen Texte und die mystischen Erfahrungen des Paulus meditieren, so dass wir heute an diesen Erfahrungen teilhaben können. Für mich ist es einmal die Geistmystik, wie sie Paulus im 8. Kapitel des Römerbriefes und im 2. Kapitel des 1. Korintherbriefes entfaltet: Uns hat Gott das Geheimnis seiner Herrlichkeit und Liebe enthüllt »durch den Geist«. »Der Geist ergründet nämlich alles, auch die Tiefen Gottes. Wer von den Menschen kennt den Menschen, wenn nicht der Geist des Menschen, der in ihm ist? So erkennt auch keiner Gott – nur der Geist Gottes. Wir aber haben nicht den Geist der Welt empfangen, sondern den Geist, der aus Gott stammt, damit wir das erkennen, was uns von Gott geschenkt worden ist« (1 Korinther 2, 10–12). Wir sind durch den Geist eingetaucht in Gott. Wir haben teil an seinem Geheimnis, an seiner Liebe, an seinem Wesen. Wenn Paulus von Geist spricht, dann spricht er über unsere Würde, nicht über unsere Sünde. Dann richtet er uns auf und zeigt uns unseren Rang, den nämlich, an Gott selbst Anteil zu haben.

Genauso faszinierend ist für mich die Christusmystik des Paulus. Immer wieder spricht er davon, dass wir in

Christus sind und dass Christus in uns ist. Ich werde nie fertig, den Satz zu meditieren, den Paulus den Galatern schreibt: »Ich bin mit Christus gekreuzigt worden; nicht mehr ich lebe, sondern Christus lebt in mir« (Galater 2,19f.). Die Exegeten haben diesen Text oft einseitig von der Rechtfertigungslehre her gedeutet und haben die mystische Erfahrung übersehen. Wie hat Paulus sich selbst erlebt, wie hat er die Beziehung zu Jesus Christus erfahren, dass er so einen Satz formulieren konnte? Das ist für mich ein Geheimnis. Es sind nicht nur die Worte Jesu, die in mir leben, sondern Christus selbst ist meine innerste Wirklichkeit geworden. Wenn ich in mich hineinhorche, dann stoße ich eben nicht nur auf meine Fehler und Schwächen, auf meine Sünde und Schuld, sondern auf dem Grund meiner Seele entdecke ich Jesus Christus, der mich liebt, der sich für mich hingegeben hat, der in mir lebt, um all mein Denken und Fühlen mit seinem Geist zu durchdringen und zu verwandeln.

JZ: Aber kehren wir noch einmal zurück nach Galiläa. Nach der »Rechtfertigung«, der Entlastung und Befreiung, die an den Gästen Jesu an der Tür zum Fest geschehen ist, geht es ja auch bei Jesus weiter. Zunächst versammelt er sie um den Tisch. Vielleicht auch in einem Kreis, während sie alle, auch er selbst, auf der Erde sitzen. Er zeigt ihnen so, was aus ihnen werden soll: Ein geschwisterliches Gottesvolk. Er stellt sie vor die Tatsache, dass irgendein Fremder neben ihnen sitzt und nun zum Bruder wird. Und sie verstehen, dass sie selbst in die Rolle der Gastgeber einzutreten hätten für jeden, der einer Gemeinschaft bedarf.

Er tut ein Zweites: Er nimmt das Brot, bricht und verteilt es. Das hat er regelmäßig bei solchen Mahlzeiten getan. In der Geschichte von seiner Erscheinung in Emmaus erkennen die beiden Jünger ihn »an der Weise, wie er das Brot brach« (Lukas 24,31). Dieses Brotbrechen muss also eine feste Sitte gewesen sein. Und vielleicht sagte er dazu auch wie beim heiligen Mahl: »Das bin ich, nimm und iss!« Er nimmt die Menschen also nicht nur bei sich auf, er geht vielmehr in sie ein und gibt ihnen seine lebendige Kraft. Seine unmittelbare Gegenwart.

Er tut ein Drittes: Er gibt ihnen den Mut, an den Sinn und Auftrag ihres Lebens zu glauben. Er erzählt ihnen Geschichten während des Essens. Er erzählt von einem Acker, in den er die Saat seines Wortes wirft, und fügt hinzu: »Der Acker ist der, der mein Wort hört und versteht« (Matthäus 13,28). Der Acker seid ihr. In euch will die Saat aufgehen. Aus euch will die Frucht wachsen, das Reich Gottes. Ihr seid also nicht, wie vielleicht mancher behauptet, der letzte Dreck, ihr seid Erde. Fruchtbare Erde. Das Reich Gottes wächst in euch. Er sagt es auch so: »Das Reich Gottes ist inwendig in euch« (Lukas 17,21).

Ein Viertes: Er nimmt ihnen ihre Angst vor ihrer Umwelt: Fürchtet euch nicht vor denen, die euch draußen widerstehen werden, die euch angreifen oder vielleicht töten werden, wie sie auch mich vorhaben zu töten. Er gibt ihnen den Mut, zu sein, was sie nun sind, und zu tun, was daraus folgt, wenn sie nach dem Fest wieder auf die Straße hinaustreten. Auf den in ihnen und durch sie wirkenden Geist sollen sie vertrauen. Auf das große Zielbild vom »Reich Gottes« sollen sie zugehen und darauf vertrauen, dass sie in ihm willkommen sein werden, wie sie hier, in dieser Hütte, willkommen waren. Und das alles folgt auf die »Rechtfertigung« unter der Tür.

AG: Deine behutsame Weise, die für viele Christen doch abstrakte Rechtfertigungslehre verständlich zu machen, indem du sie an das Verhalten Jesu zurückbindest, gefällt mir sehr gut. Für uns beide und letztlich für alle Christen steht Jesus Christus im Mittelpunkt. Die Lehre des Paulus – und die kirchlichen Auslegungen der Paulusbriefe – will nichts anderes, als uns den Geist Jesu Christi näher zu bringen. Aber dem Geist Jesu begegnen wir ganz konkret, indem wir sein Verhalten meditieren, indem wir seine Worte in uns hineinfallen lassen und indem wir zuschauen, was er tut, wie er den Menschen begegnet. Im Verhalten Jesu geschieht Rechtfertigung. Indem Jesus die Menschen nicht verurteilt, sondern sie aufrichtet, ihnen ihre Würde zeigt, sie ermutigt und ihnen den Glauben an die Liebe Gottes zurückgibt, geschieht das, was Paulus mit seinen theologischen Darlegungen ausdrücken möchte.

Wenn wir die Rechtfertigungslehre mit der Person Jesu Christi verbinden, so wie sie uns die Synoptiker und Johannes beschreiben, und wenn wir sie im Gesamt der Bibel mit den vielen anderen Aussagen zusammenbringen, überwinden wir die Differenzen zwischen katholischer und evangelischer Lehre. Denn wenn wir auf Jesus schauen, dann schauen wir auf die gleiche Person und auf das gleiche Geheimnis der menschgewordenen Liebe Gottes. Unsere Brillen sind zwar immer noch etwas anders. Wir sehen die Gestalt Jesu mit unseren verschiedenen Brillen immer in einem anderen Licht. Aber diese Brillen sind dann nicht mehr typisch evangelisch oder katholisch. Es sind einfach die persönlichen Brillen, die wir alle vor den Augen haben. Aber wenn wir mit vielen Brillen auf die eine Person Jesu Christi schauen und einander erzählen, was wir sehen, so wird uns die Gestalt Jesu Christi in ihrer ganzen Fülle aufgehen und alle die Differenzen treten in den Hintergrund.

JZ: Wir könnten nun versuchen, auf unsere drei Fragen, die wir am Anfang des vorigen Kapitels gestellt haben, die Antwort zu finden. Zunächst könnten wir nach dem Wort suchen, das an die Stelle der »Rechtfertigung« träte, und könnten von einer Befreiungslehre sprechen, einer Entlastungslehre, einer Eröffnungs- oder Zugangslehre. Wir könnten von einer Lehre von der »engen Pforte« sprechen oder wie immer wir den Rang dessen einschätzen, was sie uns sagen will. Vielleicht wäre sie danach besser begreiflich.

Vielleicht auch kämen wir dem, was auf diese Eröffnungslehre folgt, näher, wenn wir danach erklärten, was wir Gnade nennen. *Gratia. Charis.* Die Wortfamilie, die dieses Wort umgibt, spricht von Begnadigung, aber auch von Grazie, vom Graziösen, vom Leichten und Schwebenden, dem, was kommt, ohne dass es verdient oder bewirkt werden könnte. Sie spricht vom Dank, wie die Italiener sagen: Grazie! Aber auch von einem Geschenk an den Geist, vom Charisma, von dem Geschenk der Sprache und der Fähigkeit, zu deuten. Der Fähigkeit, ein Geheimnis zu bewahren oder auszusprechen. Von Begabungen, von Freundlichkeit, von Liebeskraft. Von der Fähigkeit zu tun, was niemand fordern kann: Leiden auf sich zu nehmen um eines anderen willen. Und wie immer man Gnade oder einen begnadeten Menschen oder das Gnadenhafte seines Verhaltens beschreiben mag.

Mit dem Wort Gnade könnte es möglich sein, nicht nur zu bezeichnen, was wir von Gott in der Rechtfertigungslehre empfangen, sondern das Wesen alles dessen, was uns durch das Evangelium insgesamt zukommt oder zugesprochen wird. Dieses Wort könnte dicht miteinander verbinden, was die Rechtfertigung und was das geistliche Leben, das ihr folgt, gemeinsam ausmacht.

AG: Für uns Christen ist alles Gnade. Jede religiöse Erfahrung. Jede Lösung von Schuld oder Versagen. Jedes Gelingen eines Worts. Jede Handvoll Mut, es mit dem Leben aufzunehmen. Dass uns eine Sonne aufgeht oder dass wir die Zuversicht und Hoffnung auf Leben bewahren angesichts des Todes – alles ist Gnade. Nichts, sagt das Evangelium, kommt zu einem guten Ende, wenn nicht die Gnade Gottes mit im Spiel ist. Es wird immer die Gnade allein sein, neben der andere Faktoren kaum mitwirken, wenn unser Leben vor Gott, vor den Menschen und vor uns selbst zu einem guten, einem erlösenden Ende führen soll.

Kann man für die Gnade danken? Ja, auf die Weise nämlich, dass man »sie tut«. Danken heißt lateinisch »die

Gnade tun«. Denn auch unser Dank kann nicht erzwungen werden. Er geschieht, wo das Herz voll ist. Gelingt er aber, so fängt unser Dasein an, gesegnet zu sein.

JZ: Und was kann ein Mensch gewinnen mit all dem? Es ist jener »Mut zum Sein«, den Jesus als Sorglosigkeit bezeichnet. Mut, in der Welt zu stehen. Sich dem unberechenbar Lebendigen auszusetzen, Mut, zu widerstehen, wo deformiert oder zerstört wird, Mut, seinen Glauben dem Anspruch von Mächten aller Art entgegenzustellen. Mut, ein »Liebhaber des Lebens« zu sein in dem Sinn, in dem der Dichter des Buches der »Weisheit Salomos« dies von Gott sagt.

Dieser Mut kommt zu uns, wo das Evangelium ein Leben so prägt, wie die Saat in den Acker fällt. Diesen Mut können wir einbringen, wo immer Menschen sich an etwas festzuhalten suchen, das nicht fest ist. Es ist jene überlegene Leichtigkeit, die Jesus auch mit Seligkeit bezeichnet, als ein freies Gehen auf einem zukunftsgewissen Weg.

AG: In den letzten Jahrzehnten hat sich in dieser entscheidenden Kontroverse eine Annäherung ergeben. In der katholischen Kirche waren es vor allem Yves Congar, Karl Adam, Erich Przywara, Hans Urs von Balthasar, Heinrich Fries, Karl Rahner, Hans Küng, die diese Wende im interkonfessionellen Streit bewirkten. In seiner Doktorarbeit unter dem Titel »Rechtfertigung. Die Lehre Karl Barths – eine katholische Besinnung« (1957), die er mit 29 Jahren in Paris einreichte, zeigte Hans Küng auf, wie nahe in Wahrheit die Rechtfertigungslehre der katholischen Kirche bei der evangelischen steht, und dieses Buch ist bis heute ein Standardwerk für den evangelisch-katholischen Dialog geblieben.

JZ: Hans Küng untersuchte darin das Rechtfertigungsdekret des Konzils von Trient, das im 16. Jahrhundert die Gegenreformation einleitete, daraufhin, worin denn die folgenreichen Differenzen zwischen evangelischer und katholischer Kirche in dieser Sache bestünden. Sein Ergebnis, das damals alle Seiten verblüffte, war dies: Es bestehe, aufs Ganze gesehen, in der Rechtfertigungslehre eine bemerkenswert grundsätzliche Übereinstimmung etwa zwischen der Lehre des wichtigsten evangelischen Theologen dieses Jahrhunderts, Karl Barth, und der katholischen Theologie. Karl Barth selbst schrieb damals an Hans Küng in einem Geleitbrief, der der Dissertation beigegeben ist: »Wenn das, was Sie als Lehre der römisch-katholischen Kirche entfalten, ihre Lehre tatsächlich ist, dann muss ich gewiss zugeben, dass meine Rechtfertigungslehre mit der ihrigen übereinstimmt.« Und er entschuldigte sich für seine massiven Angriffe gegen die Beschlüsse des Konzils von Trient so, dass er sagte, dann habe er »den Vätern dieses Konzils sehr unrecht getan und könne nur noch nach Trient wallfahren und sagen: ›*Patres, peccavi*‹«. Das heißt: »Ihr Konzilsväter, ich habe euch unrecht getan!«

Zehn Jahre nach Hans Küngs Buch machte Otto Hermann Pesch einen parallelen Versuch in seinem Buch »Theologie der Rechtfertigung bei Martin Luther und Thomas von Aquin«, München 1967. Er prüfte, wie weit die Übereinstimmung gehe zwischen der Gnadenlehre der beiden Theologen. Sein Resümee: »Was den behandelten Fragenkreis betrifft, ist zwischen Luther und Thomas ein gegenseitiges Anathema (das heißt eine gegenseitige Verurteilung) weder nötig noch verantwortbar.«

Im Jahr 1972 tagte in Malta die »Evangelisch-lutherische / römisch-katholische Studienkommission« mit dem Thema »Das Evangelium und die Kirche«. Sie teilte in ihrem Abschlussbericht mit: »In der Interpretation der Rechtfertigungslehre zeichnet sich ein weitgehender Konsens ab. Auch die katholischen Theologen betonen …, dass die Heilsgabe Gottes für den Glaubenden an keine menschlichen Bedingungen geknüpft ist. Die lutherischen Theologen betonen, dass das Rechtfertigungsgeschehen nicht auf individuelle Sündenvergebung beschränkt ist, und sehen in ihm nicht eine rein äußerlich bleibende Gerechterklärung des Sünders. Vielmehr wird durch die Rechtfertigungsbotschaft die im Christusgeschehen realisierte Gottesgerechtigkeit dem Sünder als eine ihn umfassende Wirklichkeit übereignet und dadurch das neue Leben des Glaubenden begründet. In diesem Sinne kann die Rechtfertigung als Gesamtausdruck des Heilsgeschehens verstanden werden.« Das heißt: In der Rechtfertigungslehre verdichtet sich, was die Liebe Gottes für uns Menschen bewirkt, zu einer alles Übrige einfassenden Ganzheit. Und von daher ergibt sich für die Malta-Konferenz, »dass kirchliche Ordnungen und Riten nicht als Heilsbedingungen auferlegt werden dürfen, sondern nur als freie Entfaltung des Glaubensgehorsams gelten können«. Was im Übrigen hier im Parteichinesisch eines konfessionsverbindenden Theologendeutsch, gegen seine praktische Wirksamkeit in den Kirchen wohlverpackt, zu Papier gebracht wurde, verdiente, den Christen aller Konfessionen einmal in normaler Sprache nahegebracht zu werden.

AG: Im Jahr 1986 tagte die »Gemeinsame ökumenische Kommission des Rates der Evangelischen Kirche in Deutschland und der deutschen Bischofskonferenz«. In dem Dokument, das von diesen Gesprächen berichtet, steht zu lesen: »Was das Verständnis der Rechtfertigung des Sünders angeht, so treffen die beiderseitigen … Verwerfungsaussagen des 16. Jahrhunderts nicht mehr mit kirchentrennender Wirkung den Partner von heute. Dieses Fazit hat umso mehr Gewicht, als der historische Einblick in den damaligen Streit zeigt, dass er in vielen Einzelpunkten … sogar den Gegner von damals nicht in dem traf, was er wirklich meinte. Heute jedenfalls haben beide Partner gelernt, einander selbstkritisch zuzuhören. Darum versteht jeder besser, was der andere meint, kämpft nicht länger gegen Scheingegner und achtet darauf, sich so auszudrücken, dass der Partner ihn auch dann nicht missversteht, ja seine besonderen ›Anliegen‹ anerkennen kann, wenn er auch selbst sich seiner Denk- und Sprechweise nicht anzuschließen vermag … Die Rechtfertigungslehre … (behält) für immer eine spezifische Funktion: im Bewusstsein der Christen zu halten, dass wir Sünder allein aus der vergebenden Liebe Gottes leben, die wir uns nur schenken lassen, aber auf keine Weise, wie abgeschwächt auch immer, ›verdienen‹ oder an von uns zu erbringende Vor- und Nachbedingungen binden können. Die ›Rechtfertigungslehre‹ wird damit zum kritischen Maßstab, an dem sich jederzeit überprüfen lassen muss, ob eine konkrete Interpretation unseres Gottesverhältnisses den Namen ›christlich‹ beanspruchen kann. Sie wird zugleich zum kritischen Maßstab für die Kirche, an dem sich jederzeit überprüfen lassen muss, ob ihre Verkündigung und ihre Praxis dem, was ihr von unserem Herrn vorgegeben ist, entspricht.«

JZ: Martin Luther hat in seiner Vorlesung über den Galaterbrief von 1531 ein kühnes Wort gesagt: »Wenn wir das erlangen, dass anerkannt wird, Gott allein aus lauter Gnade rechtfertige durch Christus, dann wollen wir den Papst nicht nur auf Händen tragen, sondern ihm auch die Füße küssen«.

Na ja. Ich würde keinem Papst die Füße küssen. Ein Papst, der sein Amt kennt, wird das auch nicht von mir erwarten. Aber ich würde auf alle anderen strittigen Fragen mit der Zuversicht zugehen, dass sie sich lösen ließen, wenn dieses Votum unseres Kirchenvaters Luther Geltung hätte.

Noch einmal: Die Rechtfertigungslehre wurde in der evangelischen Theologie an einen Platz gerückt, von dem doch sehr die Frage ist, ob er für sie der richtige sei. Sie geht ja auf Paulus zurück. Paulus war ursprünglich ein Fundamentalist im Sinne jüdischer Gesetzesfrömmigkeit. Das heißt: Er hatte sich vorgenommen, fehlerfrei und tadellos das jüdische Gesetz mit allen seinen Ausfächerungen zu erfüllen und dadurch ein Gerechter zu werden, einer, der als Lehrer der Gerechtigkeit das Recht haben würde, aufzutreten. Als er Christus begegnete, wurde ihm klar, dass er mit seiner bisherigen Vorstellung von Gerechtigkeit nichts mehr anfangen konnte, weil sie auf einer grundsätzlichen Selbsttäuschung beruhte. Er konnte nur in rationaler Ehrlichkeit den ganzen Knoten dieser Gesetzesfrömmigkeit durchschlagen und sagen: Ich verlasse alles, worauf ich mich verlassen hatte, und verlasse mich allein auf die Gnade Gottes, die mir hier begegnet.

Aber Paulus war damit nicht allein. In den jüdischen Gruppen, die sich zu christlichen Gemeinden zusammenschlossen, geschah dasselbe. Die persönliche Krise des Paulus spiegelte sich in der sogenannten judaistischen Krise der ersten Zeit. Und so schreibt Paulus an seine Leser in Rom und in Galatien Briefe, in denen er für sie denselben Befreiungsschlag führt, den er für sich selbst geführt hatte: Lasst alles los, mit dem ihr euch selbst bestätigen, bewähren oder retten wollt. Verlasst euch auf die Gnade Gottes! Glaubt an Christus! Und damit schiebt Paulus nicht nur das jüdische Streben nach Gerechtigkeit auf die Seite, sondern überhaupt alle Versuche von Menschen irgendwo auf dieser Erde, die eigene Würde, das eigene Recht, die eigene Vollkommenheit auf irgendeine Weise mit den eigenen Kräften erreichen zu wollen.

Für Paulus war diese Lehre vom Glauben und von der göttlichen Gnade das Tor, das ihn in die Freiheit führte. Und er empfahl dem Leser, vor dieser Tür alles abzulegen, allen naiven Stolz, alle Rechthaberei, alle Selbstgerechtigkeit, alles vorschnelle Selbstwertgefühl, aber auch allen inneren Zwang, mit dem er sich um Gehorsam gegenüber irgendeinem Gesetz bemühte: Lass es alles liegen. Geh einfach mit leeren Händen durch dieses Tor. Du wirst Christus begegnen. Du wirst Freiheit finden. Du wirst Erfüllung und Leben finden. Dieses freie Eintreten durch das Tor zur Christus-Wirklichkeit meint die Rechtfertigungslehre. Sie sagt: Nicht, was du tust, bringt dich in Ordnung. Was du wert bist, misst sich an dem, was du bist. Was du aber bist, das bist du in den Augen Gottes, der dich liebt.

Was aber folgt nun für Paulus, wenn er die Tür durchschritten hat? Für ihn folgt die Lehre von der Taufe, das heißt der Inkorporation in Christus. Es folgt die Lehre vom Geist, der uns erfüllen werde. Und da redet er nicht mehr vom bloßen Sünder, der der Mensch sei, sondern vom geisterfüllten, erleuchteten, begnadeten, gewandelten Kind Gottes. Da redet er vom Geist des Christus und von seinem Leib, der Kirche, von dem Menschen, der in Christus ist und in dem Christus ist, der seinen Weg mit Christus geht, der berufen ist, das Werk des Christus auf dieser Erde zu tun. Und das alles führt über die Rechtfertigungslehre weit hinaus. Natürlich gibt es keinen Weg dorthin außer dem durch das enge Tor, aber es gilt dort nicht mehr die Rechtfertigungslehre allein. Was dem Protestantismus widerfahren ist, das ist, dass er das Tor, die Rechtfertigungslehre, zum ganzen Haus erklärt hat und dass er, was in dem Haus der Christusmystik zu finden gewesen wäre, sich nie wirklich zu eigen gemacht hat, sondern unter dem Tor stehen blieb.

15 Die Enzyklika »Ut unum sint«

AG: Im Jahre 1995 veröffentlichte Papst Johannes Paul II. die Enzyklika »*Ut unum sint.* Über den Einsatz für die Ökumene«. Bei der Beschreibung der ökumenischen Gespräche finden sich in dieser Enzyklika wesentliche und für die ökumenischen Bemühungen hilfreiche Aussagen. So fordert der Papst seine eigene Kirche auf, mit aller Entschiedenheit das ökumenische Bemühen zu intensivieren. Die Einheit versteht der Papst als *Koinonia,* als Gemeinschaft der verschiedenen Kirchen. Nicht die Rückkehr nach Rom sei das Ziel, sondern die Gemeinschaft in Christus. Der Papst stellt fest, »dass sich die Form der Primatsausübung ändern könne und müsse, damit dieses Amt der

Einheit der Christenheit dient«. Er bittet die kirchlichen Verantwortlichen und die Theologen, »über dieses Thema mit mir einen brüderlichen, geduldigen Dialog aufzunehmen« (Peter Neuner, Konzil und Restauration, in: Hoffnungswege. Wegweisende Impulse des Ökumenischen Rats der Kirchen aus sechs Jahrzehnten, hrsg. von Hans Georg Link, Frankfurt/Main 2008, 126).

Papst Johannes Paul II. verweist auf seinen Vorgänger Papst Johannes XXIII., der an die Einheit aller Christen glaubte. Und er zitiert sein Wort: »Das, was uns verbindet, ist viel stärker als das, was uns trennt« (Ut unum sint 18). Der Papst fordert die Christen auf, immer mehr gemeinsam zu beten und im gemeinsamen Gebet den Mut zu schöpfen, »um der ganzen schmerzlichen menschlichen Realität der Spaltungen entgegentreten zu können, und sie werden sich miteinander in jener Gemeinschaft der Kirche wiederfinden, die Christus trotz aller menschlichen Schwachheiten und Begrenztheiten unaufhörlich im Heiligen Geist aufbaut«. Und dann kommt der Papst auf die Wichtigkeit des Dialogs zu sprechen, der mehr ist als Gedankenaustausch. Er ist ein »Austausch von Gaben und Geschenken«. Damit der Dialog gelingt, »muss jede Seite bei ihrem Gesprächspartner einen Willen zur Versöhnung und zur Einheit in der Wahrheit annehmen«. Der Dialog muss zugleich mit einer Prüfung des eigenen Gewissens verbunden sein. Der Papst bekennt: »Wir sind uns demütig bewusst, gegen die Einheit gesündigt zu haben, und von der Notwendigkeit unserer Bekehrung überzeugt.« Der Papst fordert zur gemeinsamen Zusammenarbeit bei politischen, sozialen und wirtschaftlichen Fragen auf und lobt die Arbeit des Ökumenischen Rates der Kirchen, der auf diesem Gebiet Großartiges leiste (ebd. 34). Eine gemeinsame Eucharistie ist für den Papst zwar noch nicht möglich. Aber er erinnert mit Freude daran, »dass die katholischen Priester in bestimmten Einzelfällen die Sakramente der Eucharistie, der Buße und der Krankensalbung anderen Christen spenden können, die zwar noch nicht in voller Gemeinschaft mit der katholischen Kirche stehen, aber sehnlich den Empfang der Sakramente wünschen, von sich aus darum bitten und den Glauben bezeugen, den die katholische Kirche in diesen Sakramenten bekennt. Umgekehrt können sich in bestimmten Fällen und unter besonderen Umständen auch die Katholiken zum Empfang derselben Sakramente an die Geistlichen jener Kirchen wenden, in denen sie gültig gespendet werden« (ebd. 35 f.). Auch wenn der Papst hier in aller Vorsicht formuliert, öffnet er mit diesen Worten doch ein Tor für den Kommunionempfang evangelischer Christen in der katholischen Eucharistie und für den Empfang des Abendmahls durch katholische Christen.

Die Enzyklika *Ut unum sint* hatte in der Öffentlichkeit keine allzu große Wirkung. Im Jahre 1995 herrschte keine Aufbruchsstimmung in der Ökumene. Dennoch sollten die Worte des Papstes ernst genommen werden und uns daran erinnern, nicht nachzulassen in unserem Streben nach Einheit im Glauben und nach der Einheit der Kirchen untereinander, wie immer auch diese Einheit aussehen mag.

VI
Was uns noch immer trennen will

16 Das Amt und die Sukzession

JZ: Über das Amt und die Amtsnachfolge denken wir, gewiss nicht nur du und ich, sondern auch die Verantwortlichen beider Kirchen sehr verschieden. Ich will versuchen, so einfach wie möglich den Gegensatz zu verdeutlichen.

Ich möchte vom Neuen Testament ausgehen. Dabei wird sofort deutlich, dass es in den ersten Gemeinden der beginnenden Jesusbewegung etwas wie eine Struktur für den Aufbau von Ämtern nicht gab, dass »Amt« vielmehr eine spezielle Begabung meinte, mit der einer den Menschen in der Gemeinde hilfreich sein konnte.

Fest steht, dass Jesus selbst weder Bischöfe noch Älteste, noch Diakone eingesetzt hat. Fest steht auch, dass es rund 100 Jahre gedauert hat, bis es zu einer genaueren Unterscheidung zwischen einem Klerus und den Laien kam. Was Paulus einen »Bischof« nennt, ist ungefähr das, was wir heute einen Gemeindeleiter nennen, und hat mit dem übergeordneten Amt eines Bischofs im heutigen Sinn und seiner besonderen Würde nichts zu tun.

Was gibt es im Neuen Testament nicht? Es gibt keinen Hinweis auf einen irgendwie gearteten sakralen Charakter eines Amtes, der den ordinierten Christen vom nicht ordinierten in irgendeiner Weise abhöbe. Die Ämter, die das Neue Testament kennt, dienen schlicht der Gemeindegründung, der Gemeindeleitung und der Verkündigung. So wurde auch das »Brotbrechen«, die Eucharistie, ohne oder mit Beteiligung eines Amtsträgers »hin und her in den Häusern« gefeiert.

In Jerusalem ist zunächst ein Zwölferkreis führend, und ihm stand offenbar Petrus vor. Danach war es ein Rat von Dreien, danach einige Presbyter, deren führende Gestalt Jakobus war. Die griechisch sprechenden Christen in Jerusalem schufen sich ein eigenes Leitungsteam von sieben Presbytern, die man später als »Diakone« einstufte. In den paulinischen Gemeinden waren es die »Apostel, Propheten und Lehrer«, dann die »Bischöfe und Diakone«. Im 2. Jahrhundert bildete sich das System eines leitenden Bischofs, dem Priester und Diakone nachgeordnet waren. Die Gemeindeverfassungen waren teils presbyterisch, teils völlig frei und charismatisch angelegt. Endlich steht auch fest, dass es keinen Primat gab. Es gab zwar herausgehobene Einzelne wie Petrus, Jakobus oder Paulus, aber keine Amtsgewalt des einen über den anderen.

Und Jesus selbst? Er wendet sich gegen Autoritäten und das Herausheben von Personen mit unmissverständlichen Worten: »Ihr sollt euch nicht Rabbi nennen lassen, denn einer ist euer Meister, ihr aber seid alle Brüder. Ihr sollt niemanden unter euch Vater nennen auf Erden, denn einer ist euer Vater, der ist im Himmel! Ihr sollt euch nicht Lehrer nennen lassen, denn einer ist euer Lehrer: Christus!« (Matthäus 23,8–10).

Es ist schon bemerkenswert, mit welcher Leichtigkeit unsere beiden Kirchen in ihrer Geschichte sich über diese doch kaum misszuverstehenden Weisungen Jesu hinweggesetzt haben.

Nun haben sich die kirchlichen Ämter in den ersten Jahrhunderten gewandelt. Noch die apostolischen »Legaten« in den Briefen an Timotheus und Titus meinen faktisch den Leiter einer Gemeinde oder einer Gruppe von Gemeinden, und es gab weder Priesterweihe noch Bischofsweihe, noch einen *Character indelebilis*, noch auch die herausgehobene Position eines Bischofs. Eine Stufe weiter hat sich das Amt des Bischofs in den Briefen des Ignatius um 170 nach Christus entwickelt und noch eine Stufe weiter bei Cyprian im 3. Jahrhundert. Die Entwicklung zu fest umrissenen Ämtern hat rund 400 Jahre gedauert. Sie kam zum Abschluss erst in der spätrömischen Reichskirche. Und das heißt: Die Endgestalt einer Lehre von den Ämtern wurde erst von der stark vom Staat abhängigen und an seine Strukturen gebundenen Kirche formuliert.

Bei Luther wurde das Amt des Predigers von unten her begründet. Er schrieb 1523 eine Schrift »Dass eine christliche Versammlung oder Gemeinde Recht und Macht habe, alle Lehre zu beurteilen und Lehrer zu berufen, ein- und abzusetzen – Grund und Ursache aus der Schrift.« Das Amt wird bei ihm demokratisch begründet, es wird zu einem Delegat der Gemeinde. Nach evangelischer Auffassung ist ein Bischof nicht durch eine besondere Weihe hervorgehoben, sondern ein ordinierter Pfarrer mit Sonderauftrag.

AG: Wenn wir über Ämter und über die Sukzession ins Gespräch kommen, ist zunächst die Sehnsucht auszudrücken, die hinter der katholischen Lehre zu diesen Themen steckt. Es ist die Sehnsucht, dass das Heil nicht allein vom einzelnen Priester abhängt, sondern letztlich auf Christus selbst zurückgeht, dass das, was der Priester tut, in der Vollmacht Jesu Christi geschieht. In der Hand des Priesters – so meinen die Kirchenväter – berührt uns die Hand Jesu Christi, der uns in den Sakramenten sein Heil vermittelt, die Vergebung der Sünden zuspricht und uns mit dem Öl seiner Liebe salbt, damit unsere Wunden durch die Begegnung mit ihm heil werden.

Dass die Ämter auf Jesus Christus und auf die Apostel zurückgehen, dass ein Bischof dem andern die Hand aufgelegt hat und jeder Bischof so in der Nachfolge der Apostel steht, kann man historisch nicht beweisen. Dahinter steckt aber auch die Sehnsucht, dass das, was die Kirche tut, wirklich auf Jesus Christus zurückgeht. Die frühen Christen waren überzeugt, dass Christus, der Auferstandene, selbst in ihrer Mitte ist, wenn der Bischof sie mit dem österlichen Gruß begrüßt: »Der Friede sei mit Euch!« Die katholische Kirche beansprucht für sich, dass die Bischöfe in ununterbrochener Sukzession zu den Aposteln stehen. Die reformatorischen Kirchen verstehen die Sukzession geistlich, als Kontinuität mit der Lehre und dem Geist der Apostel.

Im ökumenischen Gespräch ist man sich inzwischen sehr nahegekommen. So spricht man heute von der Apostolizität der Kirche. Die apostolische Sukzession (durch ununterbrochene Handauflegung bis zu den Aposteln hin) ist ein »Zeichen der Apostolizität der Kirche, nicht diese selbst« (Rahner/Fries, 116, genaue bibliografische Angabe siehe S. 151). Und sie ist ein Zeichen neben anderen Zeichen. Daher sollte sich jede Kirche um die innere Verbindung mit den Aposteln mühen. Es ist eine ständige Herausforderung, wie wir in unserem kirchlichen Miteinander, in unserer Lehre und Praxis der Urkirche gerecht werden, wie sie uns die Briefe des Apostels Paulus und die Apostelgeschichte des Lukas schildern.

Wenn wir über die Sukzession und die Anerkennung der Ämter sprechen, dann geht es nicht um Rechthaberei. Jede Sicht hat etwas für sich. In jeder Sicht steckt eine Erfahrung und ein Wille. Und diese Sehnsucht ist ernst zu nehmen. Da die erforschbare Geschichte allein immer aus Bruchstücken besteht, ist ein Festhalten an der genauen historischen Sukzession heute sicher problematisch. Trotzdem steckt dahinter der Wunsch, dass der Geist Gottes von einem Bischof zum andern übergegangen sei. Es ist die Sehnsucht nach einer geschichtlichen Kontinuität. Allerdings wissen wir, dass die rein historische Sukzession noch keine Treue zur Botschaft Jesu und der Apostel bedeutet. Aber auch eine rein spirituelle Sukzession kann leicht behauptet werden. Die katholische Sicht ist immer inkarnatorisch. Sie sehnt sich nach Fleischwerdung, nach Konkretisierung. Allerdings bin ich mir bewusst, dass man diese Konkretisierung nicht absolut setzen darf.

Wir können im Gespräch einander näherkommen, wenn wir uns über unsere Erfahrungen austauschen. Alles Dogmatische ist immer auch zu relativieren. Wichtiger als die dogmatische Festlegung ist die Sehnsucht, die dahintersteckt, und die Erfahrung, die ein solcher Lehrsatz vermitteln möchte. Es ist die Erfahrung, dass die Kirche nicht eine moderne Erfindung ist und dass wir das Christliche nicht beliebig verändern können, sondern in der Treue zu den Aposteln und zu den Ursprüngen der Kirche bleiben müssen. Wenn dieses Ringen um die Treue zur Urkirche uns bewegt, wird das andere nicht mehr so wichtig sein.

> »Alle Christen sind ins Priestertum berufen. Alle sind sie beauftragt und bevollmächtigt, den Dienst des Christus an der Welt auszuführen und weiterzutragen. Es gibt eine fließende Vielfalt besonderer Dienste in der Kirche.«
>
> (Papst Pius XII. in *Mystici corporis* 1943)

> »Es gibt auch Charismatiker außerhalb des Amts der Kirche. Sie sind nicht bloße Befehlsempfänger des Amtes, sondern können die sein, durch die Christus seine Kirche unmittelbar leitet.«
>
> (Karl Rahner)

JZ: Nach evangelischer Auffassung sind drei Wege in die Nachfolge der Apostel möglich:

1) Ein ordinierter Amtsträger ordiniert einen Nachrückenden zum Träger des Amtes.
2) Die Glieder der Gemeinde, die nicht selbst Träger des Amtes sind, beauftragen einen der ihren mit der Wahrnehmung des Amtes und segnen ihn, wie es in Apostelgeschichte 13,1–3 geschieht.

3) Die Amtsträger oder/und die Gemeinde anerkennen die Vollmacht eines in der Freiheit des Geistes wirkenden Laien.

Im Grunde sind die evangelische und die katholische Auffassung so weit nicht auseinander, wie es zunächst scheint, und es wäre für die katholische Kirche durchaus möglich, die Apostolizität des evangelischen Amts anzuerkennen. Sie würde sich selbst von der hoffnungslosen Verpflichtung, die historische Lückenlosigkeit der Handauflegungen zu beweisen, frei machen. Es nützt jedenfalls nicht viel, fest im Sattel zu sitzen, wenn der Sattel nicht festsitzt. Aber das wisst ihr selbst.

Was an Gegensätzen bleibt, sind historisch bedingte Abstände. Auf jeden Fall ließen sich unter der Bedingung, dass die Heilige Schrift offen auf dem Tisch läge, die Amtsauffassungen der meisten christlichen Kirchen so weit annähern, dass sie einander gegenseitig anzuerkennen vermöchten.

AG: Ich möchte auf deine Gedanken zum Thema Amt und Sukzession gerne mit einem Wort von Karl Rahner antworten, der sich in seinem Alter vehement für die Einheit der Christen eingesetzt und die Kirchenleitungen mit seinen theologischen Einsichten gedrängt hat, doch nicht immer auf dem Trennenden zu beharren: Wenn von katholischer Seite bei jemand Bedenken bestehen sollten, die Ämter beiderseitig anzuerkennen, »so müsste er gefragt werden, wie er eigentlich die sichere Gültigkeit der Ordination in der bisherigen römisch-katholischen Kirche erklärt, wenn er doch nicht einfach sicher ausschließen kann, dass jemals die sakramentale Sukzession … unterbrochen worden ist. Jeder katholische Theologe muss in solchen nicht ausschließbaren Fällen voraussetzen, dass solche Ordination doch gültig sei, weil sie unangefochten im Ganzen der einen sakramental immer wirksam bleibenden Kirche als gültig anerkannt sind. Warum soll etwas Ähnliches nicht in den Fällen angenommen werden dürfen, um die es sich hier handelt? Ordinationen sind letztlich eben gültig, ... weil sie innerhalb der einen Kirche als gültig erachtet werden und je nach den verschiedenen Situationen als gültig anerkannt werden müssen!« (Rahner/Fries, S. 137 f.).

Rahner argumentiert hier von der katholischen Theologie aus. Die Gültigkeit des Amtes hängt auch nach redlicher katholischer Theologie nicht von der Sukzession ab, sondern davon, ob die Weihe innerhalb der Kirche, das heißt im Einklang mit der Kirche, gespendet wird. Von daher dürfen wir Katholiken uns im Dialog mit den evangelischen Kirchen nicht auf die Sukzession versteifen. Der Grund der Gültigkeit ist nicht eine rein historische Tatsache, sondern der Geist Jesu, in dem innerhalb der Kirche das Sakrament der Weihe gespendet wird. Für mich hat Rahner damit einen guten Weg gezeigt, wie wir – in theologischer Redlichkeit – die Ämter in den Kirchen gegenseitig anerkennen können.

Die Frage nach dem Papsttum können wir heute sicher noch nicht klären. Es wird sicher darauf ankommen, dass das Papsttum sich so ändert, dass es nicht mehr um eine rechtliche Macht geht, sondern um den Dienst der Einheit. Wie dieses Papsttum aussehen kann, sehe ich heute noch nicht. Aber ich habe die Hoffnung, dass auch in dieser Frage eine Annäherung möglich ist. Es wird sicher nicht darum gehen, dass alle den Papst anerkennen und sich ihm unterwerfen. Es geht zuerst um Respektierung seines Dienstes für die Einheit der Kirchen. Dann werden wir irgendwann gemeinsam Wege finden, mit diesem Amt so umzugehen, dass es nicht mehr Grund der Spaltung zu sein braucht.

17 Der Primat

AG: Als Katholik habe ich keine Probleme mit den Dogmen der Kirche, auch nicht mit dem Dogma von der Unfehlbarkeit des Papstes. Die Frage ist nur, wie ich die Dogmen jeweils verstehe. Und da ist es wichtig, immer auch die Zeitbedingtheit der Sprache und zugleich ihre Bildhaftigkeit zu berücksichtigen. Wenn wir in ein Gespräch über den Primat des Papstes eintreten, so müssen wir auf die Erfahrungen achten, die jeder damit gemacht hat, die Verletzungen, die er erlitten hat, und auf die Hoffnungen, die er damit verbindet. Es geht nicht um Rechthaben, sondern um den Sinn des Primates. Welchen Sinn kann ein Primat, der seine geschichtlichen Prägungen und Übertreibungen durchgemacht hat, heute für die Kirche und für die Welt als Ganze haben?

Zunächst ist der Primat des Papstes nicht von Anfang an in der Kirche präsent. In den ersten Jahrhunderten war die oberste Instanz der Kirche durch die ökumenischen Konzilien vertreten. Dort wurde festgelegt, was für die ganze Kirche maßgebend war. Die Ostkirchen haben seit jeher bestimmten Bischöfen eine besondere Ehrenstellung zugebilligt, so auch dem Bischof von Rom. In der Westkirche wurde der Primat des Papstes erst in der zweiten Hälfte des 4. Jahrhunderts theologisch bedacht. Verfestigt wurde dann der Primat durch die Petrusverehrung der Germanen. Im 11. Jahrhundert erreicht der Gedanke des Primats seinen ersten Höhepunkt, der schließlich dann im Anschluss an das Erste Vatikanische Konzil im 19. und Anfang des 20. Jahrhunderts immer zentralistischer verstanden wurde. Heute sehen wir, dass diese zentralisierende Tendenz zeitbedingt ist. Wenn wir heute über den Primat sprechen, so kann es nicht darum gehen, das Verständnis des 19. und 20. Jahrhunderts festzuschreiben, sondern nach den ursprünglichen Zielvorstellungen zu fragen, die zum Entstehen des Primats geführt haben, und nach dem theologischen und spirituellen Sinn, den er heute für die katholische Kirche und vielleicht auch für die anderen Kirchen haben kann.

Gegenüber der geschichtlichen Wahrheit gilt es die theologische Dimension des Primats zu sehen. Der theologische Sinn des Primats ist, dass der Papst der Einheit der Kirche dient. Diese Einheit ist aber vor allem geistlich zu verstehen. Der Papst soll dafür sorgen, dass die Kirche in der Gemeinschaft Jesu Christi sich dem Wort der Bibel verpflichtet fühlt. Und er soll dazu beitragen, dass die Einheit in der Gemeinschaft der Christen gewahrt bleibt. Die Unfehlbarkeit, die zum Primat gehört, heißt nicht, dass der Papst aus sich heraus unfehlbar ist. Er ist genauso ein Mensch wie wir alle und als solcher fehlbar. Nur wenn er im Auftrag der ganzen Kirche und in Gemeinschaft mit allen Bischöfen eine Lehre verkündet, ist er unfehlbar. Die Unfehlbarkeit meint aber nicht, dass seine Worte absolut richtig sind, sondern dass die Kirche als Ganze nicht aus der Wahrheit herausfallen kann. Die Dogmen sind auf der einen Seite anzuerkennen. Auf der anderen Seite geht es immer um die Frage, wie die Dogmen zu verstehen sind. Sie sind letztlich ein Versuch, das Geheimnis Gottes und das Geheimnis der Erlösung in Jesus Christus in der Kirche aufrechtzuerhalten. Aber kein Dogma ist ein endgültiger Spruch, sondern nur der Versuch, die Richtung, in die wir denken sollen, anzugeben.

Problematisch ist für das ökumenische Gespräch letztlich immer das konkrete Verständnis des Primats, wie es sich in den letzten Jahrhunderten herausgebildet hat. Daher ist ein sinnvolles Gespräch nur möglich, wenn wir fragen, was denn eigentlich mit dem Primat gemeint ist. Dass der Bischof von Rom immer schon eine besondere Rolle in der Gesamtkirche spielte, ist unbestritten. Aber diese Rolle bedeutet nicht, dass er sich über andere stellt, sondern dass er in seiner Funktion der Einheit der Kirche dient. In diesem Sinn ist im ökumenischen Dialog eine Annäherung der Sichtweisen möglich. Wir müssen uns hüten, das historisch Gewordene zu ideologisieren, wie es in manchen katholischen Dogmatikbüchern des letzten Jahrhunderts der Fall war. Dass die Kirche ein Lehramt braucht, in dem kontroverse theologische Aussagen geprüft werden und in dem Richtwerte für das aufgestellt werden, was noch christlich ist und was nicht, ist heute jedem verständlich. Die Frage ist immer nur, wie das Lehramt diese Aufgabe erfüllt, ob es seine Macht absolutistisch ausübt oder ob es den Christen dient, die Aussagen des Glaubens besser zu verstehen. Die Kirche stand schon von Anbeginn an – schon bei Paulus und bei Johannes – in der Auseinandersetzung, was christlich ist und was nicht. Dieser Klärungsprozess gehört zum Wesen der Kirche. Allerdings wissen wir heute auch, dass in jeder Häresie ein Funken Wahrheit stecken kann. Die Gnosis war eine große Gefahr für die frühe Kirche. Die Kirche musste sich abgrenzen. Aber sie musste zugleich fähig sein – etwa im Johannesevangelium und dann später bei den großen Kirchenvätern Clemens von Alexandrien und Origenes – die Anliegen der Gnosis aufzugreifen und für die Kirche fruchtbar zu machen.

Als Katholik kann ich die Hoffnung der evangelischen Theologen gut verstehen und akzeptieren, dass der Primat des Papstes neu gedeutet wird als »Dienst an der universalen Einheit der Kirche« und dass er dem Primat des Evangeliums untergeordnet wird. Der Primat dient letztlich dem Primat des Evangeliums. Wie konkret die Ausübung des Primats aussehen soll, darum muss immer wieder neu gerungen werden. Darum wird innerhalb der katholischen Kirche gerungen. Und heute muss gerade im Gespräch mit den orthodoxen und den reformatorischen Kirchen neu darüber nachgedacht werden. Die Sehnsucht, die in der katholischen Primatslehre steckt, ist letztlich die Sehnsucht nach der Einheit der Kirche und der Kirchen und nach einer Klärung dessen, was wir heute als christlich verstehen und was wir als dem Evangelium entsprechend feststellen können.

Das verlangt auf der einen Seite, dass die katholische Kirche nicht die Akzeptanz aller Aussagen über das Papsttum von den anderen Kirchen verlangt: Es genügt nach Josef Ratzinger, dem heutigen Papst, »dass sie einer Lehre vom Papsttum zustimmen, wie sie im ersten Jahrtausend üblich war, und den Papst als Ersten der Ehre nach und als Vorsitzer der Liebe anerkennen« (Rahner/Fries 147). Zur Begründung schreibt Ratzinger: »Der Anspruch der Wahrheit darf nicht erhoben werden, wo er nicht zwingend und unverrückbar gilt. Es darf nicht als Wahrheit auferlegt werden, was in Wirklichkeit geschichtlich gewachsene Form ist, die mit der Wahrheit in einem mehr oder weniger engen Zusammenhang steht. Gerade wenn also das Gewicht der Wahrheit und ihre Unverzichtbarkeit ins Spiel gebracht wird, muss dem auch eine Redlichkeit entsprechen, die sich vor vorschneller Inanspruchnahme der Wahrheit hütet und nach der inneren Weite des Wahren mit den Augen der Liebe zu sehen bereit ist« (ebd. 147).

JZ: Ich kann dir da in den meisten Einzelfragen zustimmen. Ein Primat ist an sich weder etwas Böses noch etwas Unzweckmäßiges. Es fragt sich aber, wie man ihn gestaltet, welcherlei Vollmacht man ihm gibt, auf welche Weise er zustande kommt.

Ich muss sagen, und vielleicht ärgert sich der eine oder andere Protestant darüber: Ich persönlich hätte nichts gegen einen leitenden Bischof der Gesamtchristenheit. Selbst Luther sagt so. Aber er müsste in seiner Amtsführung eingefügt sein in die Linie der übrigen Bischöfe. Er müsste einem zentralen Konzil verantwortlich sein, das die Lehre der Kirche berät und verantwortet. Er dürfte natürlich nicht nach Art eines Bundespräsidenten auf Repräsentation eingeschränkt, sondern müsste wirklich der geistige Leiter der Kirche sein. Er würde aber nach meiner Meinung weder unfehlbar noch unabsetzbar sein. Seine Amtsführung müsste in einer Weise organisiert sein wie sie in unserer heutigen Zeit der Trennung der Gewalten in Legislative, Exekutive und Judikative vorgegeben ist und wie sie in den letzten Jahrhunderten viel zur Humanisierung des Regierens beigetragen hat. Es scheint mir bedenklich, dass es im Vatikan eine solche Ämterteilung nicht gibt. Es scheint mir ein Rest von Mittelalter zu sein, der Zeit zumindest vor Montesquieu, der die Gewaltenteilung in seiner berühmten Schrift »*L'esprit des Loix* – Vom Geist der Gesetze« 1748 grundlegte.

Dieser von einem solchen Bischof geleiteten Weltkirche wäre die Freiheit gegeben zu jeweils völlig verschiedenen, regional, geschichtlich oder soziologisch geprägten Gestalten konkreter Kirche.

Und wenn ein Ort gewählt werden müsste für eine solche Leitung der Gesamtkirche, dann hätte ich nicht die geringsten Bedenken dagegen, dass dies Rom wäre, dass es der Vatikan wäre, sofern er darauf verzichtete, ein eigener Staat zu sein.

Ich kann bislang noch keinen Weg sehen, auf dem eine solche Führungsstruktur für die Kirche in Stand und Wesen versetzt werden könnte. Ich fürchte, ich mache damit der katholischen Kirche ein Angebot, das ihr zu fremd ist als dass sie heute schon darauf eingehen könnte.

Denn »Primat« meint im Sinne der katholischen Lehre die unbeschränkte gesetzgebende, richterliche und ausführende Vollmacht des Bischofs von Rom über die ganze Kirche in allen ihren Gliederungen. Dieser Gedanke begann sich in den ersten Jahrhunderten der Kirche im Westen des Mittelmeerraums allmählich herauszubilden; er blieb danach innerhalb wie außerhalb der Kirche umstritten, bis er sich mit dem Vierten Laterankonzil von 1215 durchsetzte. Auch danach blieb er in der Diskussion, bis das Erste Vatikanische Konzil von 1870 ihn zum Dogma erhob. Er legte fest, alle Gewalt liege beim Papst, es gebe keine Instanz, die über ihn zu richten hätte, weder eine staatliche noch eine kirchliche, und das gelte selbst dann, wenn er sich als unwürdig erweisen sollte.

Der Widerspruch, den die Reformation erhob, erfolgte am deutlichsten in den »Schmalkaldischen Artikeln« von 1537. Dort nannte Luther die päpstliche Autorität eine Sache »menschlichen Rechts«. Man dürfe sich durchaus vorstellen, dass ein Bischof von Rom an der Spitze der Christenheit stehe, aber dies wäre eine menschliche Ordnung, die auch geändert werden könne. Er schreibt:

»Ich setze den Fall, dass der Papst sich dazu verstehen könnte, dass er nicht aus göttlichem Recht oder auf Grund von Gottes Gebot der Oberste wäre, sondern damit die Einigkeit der Christenheit gegen Abspaltung und Ketzerei umso besser erhalten würde; dann müsste man ein Haupt haben, an das sich die anderen alle hielten. Ein solches Haupt würde dann von Menschen erwählt, und es stünde in menschlicher Wahl und Gewalt, dieses Haupt zu ändern und abzusetzen, etwa so, wie das Konzil zu Konstanz mit den Päpsten verfuhr, wo sie drei absetzten und den vierten wählten. Ich setze also, sage ich, den Fall, der Papst und der römische Stuhl wollte sich darauf verstehen und dies annehmen; aber das ist unmöglich; er kann das nicht tun.« (II.4)

Du sagst, der Primat diene der Einheit der Kirche. Papst Paul VI., bei dem ich einmal in Privataudienz war, sagt anders. Er sagt: »Das Papstamt ist das größte Hindernis für die Einheit der Christen.« Er meinte wohl: das Papstamt in seinem heutigen Stand.

Nicht abschließend geklärt ist bis heute, wie der Papst und das Konzil zueinander stehen sollen. Denn eigentlich kann es bei der straffen Fassung des Primats, in der er heute gilt, neben dem Papst ein Konzil mit eigenem Recht nicht geben, es sei denn, ihm komme die einzige Aufgabe zu, den Entscheidungen des Papstes zuzustimmen. Dem aber widerspricht, was wir während des Zweiten Vatikanischen Konzils beobachten konnten, auf dem die Väter des Konzils durchaus selbstständig gearbeitet, argumentiert, diskutiert und beschlossen haben. Es wird vielleicht eines Tages notwendig sein, diese beiden Pole der Führung gegeneinander in die Waage zu bringen, aber zur Stunde ist das noch nicht geschehen. Dabei müsste gerade das Interesse der nicht katholischen Kirchen darauf gerichtet sein, dass eine Ausgewogenheit nicht nur zwischen Papst und Konzil, sondern auch zwischen dem Papst und dem Bischofskollegium, dem Papst und den Teilsynoden wie zwischen dem Priesteramt und den Laien erreicht wird.

»Vom Papst meine ich, wenn er das Evangelium zulassen wollte, dass ihm – um des Friedens und der allgemeinen Einheit willen mit denjenigen Christen, die schon unter ihm sind und in Zukunft sein werden – seine Superiorität über die Bischöfe, die er aus menschlichem Recht hat, auch von uns zuzugestehen ist!«, schrieb Philipp Melanchthon in einer Zusatzerklärung zu den »Schmalkaldischen Artikeln« Martin Luthers 1537.

Wie ein Abschied von dem Gedanken eines monarchischen Primats liest sich indessen die sogenannte Lima-Erklärung von 1982. Dort wird zwischen der evangelischen, der katholischen und anderen Kirchen festgestellt, die bischöfliche, die presbyterische und die kongretionalistische Verfassungsform müssten nebeneinander in einer wiedervereinigten Kirche Raum und Recht haben. Und ähnlich liest es sich auch in dem »Bericht der gemeinsamen römisch-katholischen/evangelisch/lutherischen Kommission« von 1984. Ein von der gemeinsamen Arbeitsgruppe der römisch-katholischen Kirche und dem Ökumenischen Rat der Kirche erarbeitetes Studiendokument von 1990 sagt: »Der Papst kann *Primus inter pares* (Erster unter Gleichrangigen) genannt werden.« Dabei sprechen die Lutheraner von einer »petrinischen Funktion«. Die Anglikaner urteilen, ein universaler Papst werde in einer wiedervereinigten Kirche erforderlich sein, und dieses Amt werde angemessenerweise dem Bischof von Rom zuerkannt werden.

AG: »Römisch-petrinischer Primat einerseits, kollegial-konziliare Struktur anderseits sind die beiden tragenden Elemente universalkirchlicher Struktur im katholischen Verständnis. Sie bringen beide in je verschiedener und sich ergänzender Weise Einheit und Universalität der Kirche zum Ausdruck. Letzten Endes spiegelt sich in ihrem Zueinander und auch ihrer gegenseitigen Spannung eine Polarität, die auf den verschiedensten kirchlichen Ebenen bis hin zur Ortskirche wiederkehrt: persönliche Letztverantwortung eines Einzelnen und konkretes Getragensein durch die *Communio* und auch die gemeinschaftliche Entscheidungsfindung aller. Im Grunde waren in der Geschichte der katholischen Kirche diese beiden Elemente immer wirksam. Aber die ständige Dynamik der Kirchengeschichte lebte gerade davon, dass dieses Verhältnis selten eines der ausgewogenen Balance war, oder wenn, dann ein höchst labiles. Die Geschichte dieses Verhältnisses ist eine Geschichte der Schwerpunktverschiebungen und Spannungen« (so Klaus Schatz SJ. in seinem Aufsatz »Primat und Kollegialität« in der Zeitschrift Communio, Juli-August 1998).

In Rom selbst scheint sich in diesen Tagen eine Veränderung im Verständnis des Primats anzubahnen. Dort hat die Welt-Bischofssynode im Oktober 2001 dem Papst 67 *Propositiones* übergeben, einen Katalog von Leitsätzen und Wünschen, die darauf abzielen, die nationalen Bischofskonferenzen gegen Rom aufzuwerten. Dieser Text leitet klar den Weg zu einer Dezentralisation ein, nach der der Papst kein absoluter Monarch mehr sein wird, sondern sich auf eine Art von »Kronrat« zu stützen hätte.

JZ: Was meine persönliche Meinung betrifft: Ich halte es nicht für ein Erfordernis eines evangelischen Glaubens, dass eine einzige für die Leitung der Kirche zuständige Gestalt auf dieser Erde irgendeinen Stuhl besteigt. Wenn andererseits ein Papst den freien Dialog zwischen den verschiedenen Kräften in der Kirche, der Basis, den Amtsträgern, der theologischen Wissenschaft, den Bischöfen, den Kirchentagen, den Synoden, den Konzilien und den Kirchenleitungen fördert, lebendig und sichtbar macht, statt ihn zu ersticken, so wäre ich durchaus geneigt, einen einzelnen, herausragenden Bischof der Kirche anzuerkennen, gleichgültig, welcher der bisherigen Konfessionen er angehörte.

18 Die Unfehlbarkeit

AG: Es ist völlig klar, dass nicht jede Äußerung des Papstes oder eines Konzils unfehlbar ist, sondern dass sie nur auf dogmatische Aussagen reduziert ist, die bewusst *ex cathedra*, das heißt gemeinsam mit den Bischöfen als Glaubenswahrheit verkündet wird. Damit sollte man heute sicher vorsichtig umgehen. Es ist nicht nötig, irgendetwas zu dogmatisieren. Die Theologie hat die Aufgabe, die dogmatischen Sätze der Kirche auszulegen. Mit der Formulierung eines Dogmas ist es nie getan. Es geht immer darum, das Geheimnis der Erlösung durch Jesus Christus zu verstehen. Dogmatische Sätze legen nicht fest, sondern öffnen einen Horizont, in dem wir dem Geheimnis Gottes und dem Geheimnis Jesu Christi und unserer Heilung und Befreiung durch Jesus Christus nachspüren sollen. Und das kann immer nur im Rückgriff auf die Aussagen der Heiligen Schrift und ihrer Auslegung im Laufe der Kirchengeschichte geschehen. Daher habe ich persönlich keine Probleme mit der Unfehlbarkeit. Sie hindert mich nicht am freien Denken, sondern fordert es geradezu heraus.

Der heutige Papst selbst hat in der Diskussion mit seinem Kollegen Hans Küng im Jahre 1971 um die Unfehlbarkeit gemeint: »Aus dem Gefängnis des römischen Schulsystems herauszukommen ist eine Aufgabe, von der nach meiner Überzeugung die Überlebenschance des Katholischen abhängt« (zitiert in Karl J. Kuschel, Hans Küng –

eine Nahaufnahme, München 2008, S. 309). Wenn wir auf die Unfehlbarkeit innerhalb des römischen Schulsystems schauen, dann wird sie zu einer Fessel, die wir möglichst bald abwerfen müssen. Nur wenn wir ausbrechen aus dem starren dogmatischen Denken, bleibt in der »Unfehlbarkeit« die Sehnsucht wirksam, dass die Kirche als Ganze in den entscheidenden Dingen des Glaubens nicht aus der Wahrheit fallen wird.

JZ: Unfehlbarkeit. Dazu muss, meine ich, nicht mehr viel gesagt werden. Es ist ja begreiflich. Irgendetwas wirklich Festes sollten wir Menschen in dieser Welt finden, etwas ganz Sicheres, Fragloses. Irgendeinen festen Boden unter den Füßen, irgendeine Mauer ums Haus. Das Leben ist so voll Unsicherheiten und Gefahren. Unsere Beziehungen sind so brüchig. Der Sinn des Lebens ist so unklar. Wer uns etwas Festes und Verlässliches anbieten kann, soll unser Mann sein. Nur leider ist das Leben so eingerichtet, dass es Sicherheiten nicht kennt, und mit nichts ist die Macht des Bösen, die vor dem Haus steht, in Schach zu halten – es sei denn mit dem Evangelium von Jesus Christus selbst.

AG: Dieses Dogma von der Unfehlbarkeit des Papstes wird heute in weiten Kreisen der katholischen Theologie und des katholischen Episkopats als ein Unglück empfunden, das man nur widerstrebend hinnimmt. Es hatte die Exkommunikation des damals bedeutendsten katholischen Theologen, Ignaz von Döllinger, zur Folge und wohl auch den Entzug der Lehrbefugnis für einen der bedeutendsten heute lebenden katholischen Theologen, Hans Küng. Beide konnten dieser neuen Lehre nicht zustimmen, weil es weder irgendeine Stelle der Heiligen Schrift gibt, die dieses Dogma belegen könnte, noch die Geschichte der Kirche, der Konzilien, der Päpste oder der Theologie für ein solches Dogma in Anspruch genommen werden oder als Beleg gelten können. Dass es auch anders geht, dass nämlich ein Konzil in wirklichen Dialogen zwischen einem Papst und einer Kirchenversammlung zu seinen Ergebnissen kommt, zeigte das Zweite Vatikanische Konzil unter Papst Johannes XXIII.

JZ: Die Schriftstelle, die in der Formulierung des Unfehlbarkeitsdogmas zitiert wurde, ist neben Matthäus 16,18 die Stelle Lukas 22,32, in der Jesus zu Petrus sagt: »Ich habe für dich gebeten, dass dein Glaube nicht wanke; wenn du dich aber dereinst bekehrt hast, dann stärke deine Brüder!« Ich vermute, dass kaum ein evangelischer Christ nicht dankbar dafür sein wird, wenn ein berufener Zeuge Gottes ihn in seinem Glauben stärkt. Er wird sich freilich sträuben anzuerkennen, dass diese Stärkung mit seiner Entmündigung bezahlt werden müsse. Ist nicht auch ein Amt denkbar, das sich als geschwisterlicher Dienst versteht? Johannes XXIII., der große, überzeugende Papst, hat auf unfehlbare Äußerungen ausdrücklich verzichtet, und er ist der Liebe und Dankbarkeit von vielen Millionen Christen innerhalb und außerhalb der katholischen Kirche begegnet.

Wer also ist unfehlbar? Sind es die Konzilien? Man könnte in der Tat sagen, was die Patriarchen der orthodoxen Kirchen dem Papst schon vor dem Ersten Vatikanischen Konzil entgegenhielten: »Weder ein Patriarch noch ein Konzil können unter uns eine neue Lehre einführen; denn die Hüterin der Religion ist das *Corpus* der Kirche selbst, das heißt das Volk.« Das zur Sprache befugte kirchliche Organ ist daher für die Orthodoxie die ökumenische Synode, deren Autorität auch Patriarchen, Päpste und Bischöfe unterstehen. Das Primäre ist für die Ostkirchen also die Kirche als der Leib Christi, das Sekundäre das Konzil. Aus den Beschlüssen eines Konzils geht die Lehre der Kirche hervor. Diese freilich kann als irrtumslos verstanden werden.

Und so wird man bis heute nichts anderes sagen können als Luther vor dem Reichstag in Worms. Als dort der kaiserliche Sprecher von ihm forderte, er möge die Irrtumslosigkeit der Konzilien zugestehen, antwortete er: »Wenn ich nicht überzeugt werde durch die Zeugnisse der Schrift oder durch klare Vernunftgründe – denn weder dem Papst noch den Konzilien allein glaube ich, da es feststeht, dass sie öfters geirrt und sich selbst widersprochen haben –, so bin ich gebunden durch die von mir angeführten Schriftzeugnisse, und da mein Gewissen in Gottes Wort gefangen ist, so kann und will ich nichts widerrufen, da gegen das Gewissen zu handeln weder sicher noch lauter ist.«

> »Ich lebe in aller Freiheit in der Kirche, aber ich wünsche mir, dass sie auf wirksame Weise zum Zeichen der befreienden Liebe Gottes auf dem so oft dramatischen Weg der Menschheit wird.«
>
> (Yves Congar in *Un peuple messianique*, Paris 1975, S. 8)

VII
Wie wir mit Abendmahl und Eucharistie umgehen

19 Anselm Grün: Was mir die Eucharistie bedeutet

AG: Seit meiner Kindheit hat mich die Eucharistiefeier immer fasziniert. Ich kann mich noch gut an meine Erstkommunion mit zehn Jahren erinnern. Es hat mich im Herzen tief berührt, Christus in der Gestalt des Brotes empfangen zu können. Als Kind habe ich nichts von der Lehre der Transsubstantiation verstanden. Aber es war mir klar, dass ich da nicht einfach nur Brot empfange, sondern Christus selbst. Mein kindliches Herz war berührt, dass Christus mit mir eins werden möchte, dass ich für ihn so wichtig bin, dass er sich für mich hingibt. Und ich empfand den Augenblick nach der Kommunion als heiligen Augenblick. Gott ist herabgestiegen, um in mir zu wohnen. Das hat mich als Kind fasziniert und mich mit Ehrfurcht und Liebe erfüllt.

Als Mönch und Theologe habe ich nicht nur täglich Eucharistie gefeiert, sondern auch immer wieder nachgedacht und in meinen Schriften auszudrücken versucht, was mir die Eucharistie bedeutet. Sie ist für mich heiliges Mahl, in dem ich eins werde mit Christus, mit den Brüdern und Schwestern, mit denen ich dieses Mahl feiere, aber auch eins mit allen Menschen auf der ganzen Welt und mit der Schöpfung, deren verwandelte Gaben ich in der Eucharistie empfange. Und die Eucharistie verstand ich immer mehr als heiliges Spiel. Das, was im Evangelium verkündet wird, das geschieht in der Kommunion an mir. Da komme ich wie der Gelähmte, den die Angst manchmal hemmt, und erfahre in der Kommunion die Zusage: »Steh auf, nimm dein Bett und geh!« (Markus 2,9). Jesus berührt in der Kommunion meine Augen, damit ich den Mut finde, meine Wahrheit anzuschauen und die Wirklichkeit der Welt wahrzunehmen, wie sie ist. Jesus steigt – wie damals bei den Jüngern auf dem See – in mein Boot ein, so dass sich die inneren Turbulenzen meiner Seele legen.

Wichtig sind mir die Rituale der Eucharistie geworden. Bei der Gabenbereitung halte ich in der Schale mit den Hostien meinen Alltag und den Alltag der Menschen mit ihrer Zerrissenheit, mit allem, was mich und sie aufreibt und zerreibt, Gott hin, damit er unser aller Leben verwandelt. Ich halte im Kelch das Leid der Welt Gott hin, damit Christi Liebe, die am Kreuz sichtbar geworden ist, alles Leid verwandelt. Und im selben Kelch mit Wein halte ich unsere Liebe hin, die so oft vermischt ist mit Besitzansprüchen, mit Zweifeln, mit aggressiven Gefühlen. Ich halte unser aller Liebe hin, damit Gottes Liebe sie durchdringt. In dieser Gebärde wird mir klar, dass es immer um uns und unsere Verwandlung geht.

Ein wichtiges Ritual ist für mich das Brotbrechen geworden. Es symbolisiert für mich Tod und Auferstehung Jesu und zugleich den Schlüssel, wie wir umgehen sollen mit allem, was uns widerfährt und durchkreuzt. Wir brechen den Leib Christi, der für uns am Kreuz zerbrochen wurde, damit wir nicht zerbrechen an allem, was uns durchkreuzt, sondern immer mehr aufgebrochen werden für das Geheimnis seiner Liebe und aufgebrochen werden für unser wahres Selbst. Und wir brechen den Leib Christi im Vertrauen, dass er alles Brüchige und Gebrochene in uns miteinander verbindet und heilt. Und dann tauche ich ein Stück des Brotes in den Kelch als Zeichen der Auferstehung, als Zeichen dafür, dass Gott unser verwundetes Leben eintaucht in seine göttliche Liebe und unsere Sterblichkeit mit seiner Unsterblichkeit vermischt – wie die syrische Kirche an dieser Stelle betet. Es gibt für mich nur diese Alternative, mit dem Leid umzugehen, das mich durchkreuzt. Entweder ich halte an meinen Vorstellungen von mir, von meinem Leben und von Gott fest. Dann werde ich zerbrechen, wenn das Leben nicht so geht, wie ich mir das vorgestellt habe. Oder aber ich lasse meine Vorstellungen von mir, von meinem Leben und von Gott zerbrechen, dann werde ich aufgebrochen für mein wahres Selbst und für den unbegreiflichen Gott. Dann kann ich aufbrechen zu einem neuen Leben, das Gott mir zutraut.

Heute ist für mich die Eucharistie das größte Zeichen der Hoffnung, das ich kenne. In ihr feiern wir die Hoffnung, dass es nichts in uns gibt, was nicht verwandelt werden kann, keine Erstarrung, die nicht zu Lebendigkeit, keine Dunkelheit, die nicht in Licht verwandelt zu werden vermag, kein Scheitern, das nicht zu einem neuen Anfang und keine Verzweiflung, die nicht zur Sehnsucht wird und kein Grab, in dem nicht schon das Leben ist.

JZ: Ich möchte dich in dieser zentralen Frage zuerst einmal bitten in großer Ruhe darzustellen, wie du sie stellst und wie du sie beantwortest. Ich will dann gerne sehen, was ich dazu sagen kann.

AG: Im Gespräch über die Eucharistie und das Abendmahl geht es nicht darum, dass wir Katholiken den Protestanten unsere eucharistische Frömmigkeit aufdrängen. Jeder soll seine eigene Tradition weiter pflegen, aber zugleich offen sein für das, was die anderen mit ihrer Feier der Eucharistie oder des Abendmahles verbinden. Entscheidend ist hier die Ehrfurcht vor der Erfahrung des andern. In Gesprächen über die Eucharistie spüre ich meine eigene Empfindlichkeit. Mir ist die Eucharistie heilig. Daher fühle ich mich verletzt, wenn man im ökumenischen Gespräch meine Haltung zur Eucharistie nicht ernst nimmt oder sie auf eine banale Ebene zu reduzieren sucht. Ich habe große Ehrfurcht vor dem Abendmahlsverständnis der lutherischen Kirche. Wenn ich daran teilnehme und die Frömmigkeit der Menschen sehe, dann ist für mich auch klar, dass da Jesus Christus anwesend ist und dass er sich den Menschen in den Gaben von Brot und Wein reicht. Aber wenn man die Wandlungstheorie lächerlich macht und die Eucharistie auf bloße Erinnerung an Jesus Christus reduziert, fühle ich mich verletzt.

Wenn ich die Erfahrungsberichte der eucharistischen Mystik des Mittelalters – die vor allem Frauenmystik war – lese, dann wird mein Herz davon berührt. Und ich spüre, dass ich das, was mir heilig ist, nicht profanieren darf. Daher bitte ich die evangelischen Mitchristen um Geduld, dass wir Katholiken etwas vorsichtig sind mit der gemeinsamen Eucharistiefeier. Ich habe keine Probleme, die evangelischen Christen in der katholischen Eucharistiefeier einzuladen. Denn ich vertraue darauf, dass dann, wenn die Eucharistie würdig gefeiert wird, die Teilnehmer das Geheimnis der Kommunion spüren. Ob sie theologisch dieses Geheimnis gleich deuten wie ich, interessiert mich nicht. Aber dass ihnen das Geheimnis aufgeht, das ist für mich entscheidend. Umgekehrt habe ich auch keine Bedenken, in einem evangelischen Abendmahl zur Kommunion zu gehen, wenn ich das Gefühl der Ernsthaftigkeit habe. Aber wenn dieses Gefühl nicht da ist, muss ich auf mein Herz hören und mich dann auch zurückhalten. Sonst würde ich etwas tun, was meinem Innersten widerstrebt. Dann würde ich meiner eigenen eucharistischen Spiritualität nicht gerecht.

Es ist für mich ein Unterschied, ob wir einander eucharistische Gastfreundschaft gewähren oder ob wir alle theologischen Differenzen beiseiteschieben und lauthals verkünden, dass wir schon eins seien und dass wir deshalb immer gemeinsam Eucharistie feiern dürften. Der Zeitpunkt für eine offizielle Erklärung zur Abendmahlsgemeinschaft – so wie sie 1973 in der Leuenberger Konkordie zwischen den lutherischen, unierten und reformierten Kirchen beschlossen wurde – ist noch nicht da. Es ist sicher sinnvoll, noch weiter im theologischen Gespräch zu bleiben und das Gespür für die spirituelle Tradition der anderen Kirchen zu vertiefen. Eucharistie sollte aber vor allem nicht zu einer Demonstration missbraucht werden. Wenn eucharistische Gastfreundschaft gewährt wird, soll es nicht als Protest gegen die Kirchenleitungen geschehen, sondern als Ausdruck des Glaubens, dass die Erfahrung der Gemeinschaft in vielen Gottesdiensten größer ist als die theologischen Differenzen. In solchen Gottesdiensten ist es angemessen, dass die Gläubigen, wenn sie sich dazu innerlich angetrieben fühlen, zur Kommunion gehen, auch wenn sie einer anderen Konfession angehören. Aber man sollte niemand zur Kommunion drängen. Und vor allem sollte man niemandem ein schlechtes Gewissen machen, wenn er sich von seinem Gewissen her nicht dazu gedrängt fühlt, beim Gottesdienst einer anderen Konfession zur Kommunion zu gehen. Die Eucharistie ist etwas so Intimes und Wertvolles, dass sie nicht für andere Zwecke missbraucht werden darf. Es muss jedem Einzelnen überlassen werden, seinem Gewissen zu folgen. Das Gewissen ist auch für die katholische Kirche die höchste Norm. Daher gilt der Grundsatz, dass ein katholischer Priester einem evangelischen Christen, der seinem Gewissen folgt und in der katholischen Eucharistie zum Tisch des Herrn geht, die Kommunion nicht verweigern darf. Das Gewissen ist die höchste Norm, höher als alle Gesetze. Aber das Gewissen ist etwas so Persönliches, dass man es nicht für die andern zur Norm machen kann.

Und ich bitte um Verständnis, wenn die katholische Kirche manchmal so rigide an ihren Normen festhält. Die Normen dürfen nie absolut genommen werden. Sie wollen nur in der Öffentlichkeit etwas schützen, über das wir uns nicht nur theologisch, sondern vor allem spirituell noch näherkommen sollen. Sie wollen die Ehrfurcht vor der Eucharistie bewahren. Aber Normen dürfen von den Einzelnen auch überschritten werden, wenn die Gemeinschaft zwischen den feiernden Katholiken und Protestanten so tief erfahren wird, dass ein Fernbleiben von der Kommunion die anderen nur verletzen würde.

Theologisch wird von katholischen Bischöfen oft argumentiert, dass die Eucharistie Ausdruck der kirchlichen Gemeinschaft sei. Solange die kirchliche Gemeinschaft noch nicht verwirklicht ist, dürfe es auch keine eucharistische Gemeinschaft geben. Dieses Argument ist ernst zu nehmen. Aber zugleich gibt es auch das andere Argument: Eucharistische Gemeinschaft und Abendmahlsgemeinschaft sind ein »Weg, um zur Kirchengemeinschaft zu gelangen« (Rahner/Fries 140). Daher müssen wir die Spannung aushalten: Auf der einen Seite gibt es noch Verständnisschwierigkeiten und vor allem auch oft gravierende Unterschiede in der Frömmigkeitspraxis. Die müssen ernst genommen werden. Solange wir im Gespräch darüber sind und »voneinander hören«, wird das Verständnis für Erfahrungen, die die anderen Konfessionen damit machen und wie sie sie deuten, wachsen. Auf der anderen Seite gibt es genügend Gelegenheiten und Gründe, die Christen anderer Konfessionen zur eucharistischen Gemeinschaft einzuladen. Es ist noch nicht die Zeit, alles gemeinsam zu feiern. Aber es ist durchaus die Zeit für eucharistische Gastfreundschaft bereits gekommen. Doch da die Eucharistie etwas Heiliges ist, braucht es den ehrfürchtigen Umgang mit der gegenseitigen Einladung. Wenn ich mich gedrängt fühle, das Abendmahl zu empfangen, um meine ökumenische Gesinnung zu beweisen, dann wehrt sich mein Gewissen dagegen. Doch wenn es für mein Gewissen stimmt, dann kann mich auch eine kirchliche Anordnung nicht daran hindern. Auch hier gilt für mich die katholische Lehre, dass das Gewissen die oberste Norm ist und niemals eine von außen gegebene Norm.

20 Was in der katholischen Eucharistie geschieht

AG: Mit wenigen Worten lässt sich über die Eucharistie in der Tat nicht viel sagen. Aber wir blicken hier auf eine intensive und gründliche Diskussion zurück, in der viele Missverständnisse und Vereinfachungen ausgeräumt werden konnten.

So war ein alter Streitpunkt zwischen den Konfessionen der, was die Eucharistie im Kern ist: Nur Mahl oder auch Opfer. Diese Kontroverse scheint mir beigelegt zu sein. »Opfer« heißt ja nicht, dass wir Gott uns zum Opfer bringen, sondern dass wir die Hingabe Jesu, die am Kreuz für uns alle sichtbar geworden ist, feiern. Die Hingabe Jesu für jeden von uns ist das Fundament, auf dem wir unser Lebenshaus bauen dürfen. Viele Menschen, die sich wertlos fühlen, erleben in der Hingabe Jesu den Grund ihres eigenen Wertes. Sie sind Jesus so viel wert, dass er sein Leben für sie aufs Spiel gesetzt hat. Letztlich ist es also die Feier der Liebe Jesu Christi, die in seinem Tod sichtbar wird, die mit dem Begriff Opfer gemeint war.

Ein anderer Streitpunkt ist die Frage nach der Wandlung der Gaben von Brot und Wein in den Leib und das Blut Jesu Christi. Die katholische Kirche erklärt die Wandlung als Wesensverwandlung. Sie spricht von Transsubstantiation. Dabei dienen ihr die Kategorien von Substanz und Akzidenz, die Thomas von Aquin in der aristotelischen Philosophie entwickelt hat, um das Geheimnis der Verwandlung zu beschreiben. Diese philosophischen Anstrengungen, die innerhalb der katholischen Dogmengeschichte immer auch umstritten waren, wollen einfach die Realpräsenz Jesu Christi in Brot und Wein festhalten. Sie wollen nichts anderes, als die Worte Jesu in unseren philosophischen Verstehenshorizont hinein übersetzen. Heute sind wir uns der Relativität solcher Deutungsversuche bewusst. Doch eines ist festzuhalten: Im Brot und Wein ist Jesus selbst kraft seines wirkenden und wirksamen Wortes und seines Geistes als tiefste Wirklichkeit leibhaft-real unter uns gegenwärtig (vgl. Jorissen, Art. Transsubstantiation, im Lexikon für Theologie und Kirche, Band 10, Freiburg 2001, 181).

Wichtiger als die theoretischen Deutungsmöglichkeiten der Realpräsenz Jesu Christi ist das, was gefühlsmäßig Katholiken und Protestanten mit der Eucharistie verbinden. Die katholische Frömmigkeit ist überzeugt, dass sich Christus selbst im Brot und Wein uns gibt. Und im verwandelten Brot bleibt Christus unter uns gegenwärtig. Daher werden die Hostien im Tabernakel aufbewahrt. Eine Form eucharistischer Frömmigkeit ist die eucharistische Anbetung. Die Hostie wird in der Monstranz ausgesetzt und davor beten die Katholiken. Für Protestanten hat diese eucharistische Anbetungsfrömmigkeit etwas Magisches an sich. Für uns ist sie einfach Ausdruck der Nähe Jesu Christi. Wir haben das Bedürfnis, Jesus nicht nur im Geist zu schauen, sondern wir brauchen konkrete Zeichen seiner Gegenwart. Die Verwandlung des Brotes in den Leib Christi hat jedoch auch einen Zusammenhang mit der ganzen Schöpfung.

Teilhard de Chardin erzählt von einer Erfahrung, die er in einer Dorfkirche während der eucharistischen Anbetung hatte. Er sah, dass das Weiß der Hostie sich in die ganze Welt ausbreitete. Für ihn war das ein Zeichen, dass die verwandelte Hostie ein Bild ist für die verwandelte Schöpfung. Durch die Menschwerdung Jesu Christi ist die ganze Welt von Christi Liebe durchdrungen. Ich schaue auf die Hostie und schaue in ihr gleichsam wie in einem Spiegel auf die Menschen. Ich glaube, dass Christus auch in jedem Menschen ist und ihn mit seinem Geist durchdringt. Und ich glaube, dass die ganze Welt von Christus durchdrungen ist. Das, was der Kolosserbrief vom kosmischen Christus schreibt, wird in dieser Anbetungsfrömmigkeit konkretisiert. Es ist letztlich eine Frömmigkeit des Schauens. Wir wollen an Christus nicht nur glauben, sondern im Schauen eins werden mit ihm. Und wir wollen im Schauen auf die Hostie ein neues Schauen auf die Mitmenschen und auf die Schöpfung einüben.

Innerhalb der katholischen Kirche gab es in der Geschichte verschiedene Sichtweisen. Die griechischen Kirchenväter sprechen weniger von der Verwandlung der Gaben von Brot und Wein. Für sie ist das Geschehen der Eucharistie wichtig. Im Geschehen geschieht das, was damals geschehen ist, als Jesus sich für uns in seinem Tod am Kreuz hingab und uns in der Auferstehung neues Leben schenkte. Das Heilsgeschehen wird gegenwärtig. Die Germanen dachten weniger geschichtlich, sondern konkret. Für sie war die Wandlung der Dinge wichtig. Die Kirche hat mit ihrer Lehre von der Transsubstantiation auf die Sehnsucht der Germanen geantwortet. Die Frage ist, ob wir heute noch die gleiche Sehnsucht haben wie damals im 12. Jahrhundert. Von meiner eigenen spirituellen Geschichte her kann ich sagen, dass es mir wichtig ist, dass Brot und Wein nicht nur Leib und Blut Jesu bedeuten, sondern auch sind, wie immer ich das philosophisch oder theologisch auch deuten mag. Sie sind nicht nur Bilder für Jesu Gegenwart, sondern seine reale Gegenwart.

Bei der Frage der Wandlung ist mir noch ein anderer Gedanke wichtig. Die Verwandlung von Brot und Wein in den Leib und das Blut Jesu Christi darf nicht isoliert gesehen werden. Vielmehr ist die Eucharistie die Verwandlung unseres Lebens. Wir halten in der Gabenbereitung im Brot und Wein unser eigenes Leben Gott hin, damit er es mit seinem Geist durchdringe und verwandle. Im Brot halten wir die Tretmühle unseres Alltags hin, all das, was uns Tag für Tag aufreibt und zerreibt. Im Brot, das aus vielen Körnern bereitet ist, halten wir unsere innere Zerrissenheit Gott hin. Und wir bitten ihn, dass er seinen Heiligen Geist sende, um unseren Alltag zu durchdringen, damit alles von Christus erfüllt werde.

Aber fragen wir doch, was die gegenwärtige katholische Theologie wirklich sagt. Und fragen wir den wichtigsten unter ihren Vertretern, Karl Rahner, den stärksten Denker dieser Theologie im 20. Jahrhundert. Er sagt uns, was er über das Sakrament denkt, im Heft »Was ist ein Sakrament«, das er 1971 gemeinsam mit dem evangelischen Theologen Eberhard Jüngel herausgebracht hat. Dort lesen wir: »Auch auf katholischer Seite besteht alles andere als eine einheitliche und überall rezipierte Schultheologie über die Sakramente. Es ist vieles offen, und auch die geschichtliche Frage nach der Einsetzung der Sakramente durch Christus ist zwischen den Konfessionen insofern dieselbe geworden, als der evangelische Vorwurf an die katholische Lehre, die anderen fünf Sakramente seien nicht von Christus eingesetzt, heute auch Taufe und Abendmahl betrifft, die auch der evangelische Ausleger nicht mehr wagen wird, auf ausdrückliche Stiftungsworte des geschichtlichen Jesus zurückzuführen. Beide müssen heute gemeinsam einen Ausgangspunkt neu suchen.« Und: »Ich meine, dieser Ausgangspunkt sei die theologische Eigenart des in der Kirche gesprochenen Worts.« Es kommt wohl darauf an, zu einem Sakramentsbegriff zu kommen, »der das Sakrament innerhalb einer Theologie des Worts als ein ganz spezifisches Wortereignis versteht«. Wenn ein evangelischer Theologe etwa sagen kann, das Sakrament sei ein in ein Zeichen gefasstes Wort, so kann hier kaum noch eine Differenz festgestellt werden. Zudem gehört es zu den Aussagen des Konzils, auch schon im Wort der Verkündigung sei eine echte Gegenwart des heilschaffenden Herrn zu sehen.

Es gibt, so Rahner, verschiedene Ebenen des Worts: Ein Wort katechetischer Information hat nicht denselben Charakter wie dasjenige, das den Tod des Herrn proklamiert oder das einem Menschen die Vergebung seiner Schuld zuspricht. So ist auch das Sakrament eine Ebene des an ein Zeichen gebundenen Worts. Wort Gottes im strengen Sinn kann es überhaupt nur als Gnadenereignis geben, da die Gnade, durch die allein es gehört werden kann, gleichzeitig die Heilswirklichkeit ist. So spricht auch Papst Paul VI. unbefangen von einer wahren Gegenwart Christi im Predigtwort.

Für ein evangelisches Verständnis ist das Ursakrament der Kirche Jesus Christus selbst. Bisher galt, für ein katholisches Verständnis sei das Ursakrament die Kirche. Rahner spricht aber bei der Kirche nur von einem Grundsakrament, das in Unterscheidung und Unterordnung stehe zu Christus als dem geschichtlichen Ur-Sakrament, und ich sehe nicht, warum ein evangelischer Christ diese Unterscheidung so nicht sollte mitvollziehen können.

JZ: Richtig.

AG: Die Kirche ist ein »Geschöpf des Worts«. Von hier aus ist Rahner überzeugt, die Einsetzung der Sakramente durch Christus könne in einer Weise gelöst werden, die ohne zu große Subtilitäten und ohne historische Unwahrscheinlichkeiten auskommt. Die Sakramente sind, einfach gesagt, von Christus eingesetzt, weil und insofern die Kirche als solche von ihm herkommt. Die Sakramente wie die Kirche sind Geschöpfe des Worts, das in Christus an uns ergeht.

JZ: Im Übrigen sehe ich im heiligen Abendmahl eine Art von Haus, in dem viele Zimmer sind. Da wohnt der eine in diesem, der andere in jenem Raum. Für den einen ist das Abendmahl einfach die Erfahrung einer Gemeinschaft. Für den anderen ist es eine Einkehr in die eigene Seele. Für den dritten eine mystische Erfahrung der Christus-Gegenwart. Für den vierten ist es ein Symbol der Gottesnähe. Für den fünften eine Erfahrung der Lebendigkeit seiner eigenen Seele. Für den sechsten ist es die Erfahrung der kosmischen Gegenwart des Christus. Für den siebten ist es eine Feier des Einvernehmens mit seinem eigenen Schicksal. Jeder aber kann diese Feier auf seine Weise angemessen mitbegehen. Ich möchte vorschlagen, dass wir diese vielen Ebenen der Erfahrung offen halten für die Bekundung des Christus.

21 Jörg Zink: Was für mich das evangelische Abendmahl bedeutet

JZ: Nichts trennt evangelische und katholische Christen bislang so konkret, so tief ins praktische Leben eingreifend wie die Eucharistie, das heilige Abendmahl. An kaum einer anderen Stelle sagt die katholische Kirche so entschieden »Halt!« wie hier. Aber ich verstehe diese Zurückhaltung aus der spirituellen Sensibilität katholischer Christen, wie ich den Wunsch evangelischer Christen verstehe, dem Gemeinsamen einen sichtbaren Ausdruck zu geben.

Ich selbst habe als junger Student im Jahre 1946, nach der Rückkehr meiner Generation aus Krieg und Gefangenschaft, eine Messe mitgefeiert, die von einem katholischen Abt, einem orthodoxen Bischof und einem führenden Mann der evangelischen Kirche, Hans Asmussen, gemeinsam ausgerichtet wurde. Wir waren damals der begeisterten Meinung, damit sei ein Stück Mittelalter zu Ende gekommen, ein Stück einer verhängnisvollen Konfessionsgeschichte, und es gehe nun alles gradlinig auf die gemeinsame Kirche zu. Ich konnte seit damals nicht mehr anders, als die Messe mitzufeiern, wo immer ich sie erlebte, und Katholiken zum evangelischen Abendmahl zu bitten, wo immer ich Katholiken in einer evangelischen Abendmahlsfeier sah.

Aber es ist mit der Begeisterung eine schwierige Sache. Die Begeisterung nimmt ungern Tatsachen wahr. Zu den Tatsachen gehört im Zusammenhang mit dem christlichen Glauben auch jene religiöse Sensibilität, die du geschildert hast und für die ich meine evangelischen Mitchristen um ihr Fingerspitzengefühl bitte.

Denn wir Protestanten haben hier etwas an Nachdenklichkeit nachzuholen. Was meinen wir denn wirklich, wenn wir von »Realpräsenz« des Christus in Brot und Wein reden? Können wir dem zustimmen, was die Kongregation für die Glaubenslehre in Rom in ihrer Verlautbarung »über einige Aspekte der Kirche als *communio*« sagt und was als Ergebnis gemeinsamer Gespräche formuliert worden ist?

Die Eucharistie ist die Quelle und schöpferische Kraft, aus der die Gemeinschaft der Glieder der Kirche hervorgeht, gerade weil sie ein jedes von ihnen mit Christus selbst eint. Wie stellen Protestanten sich die Einung mit Christus vor? Das ist die endscheidende Frage, um die es geht. Die Konvergenzerklärung »Lima-Papier« von 1982 sagt immerhin zweierlei. Zum einen: »Was Christus gesagt hat, ist wahr, und diese Wahrheit wird sich jedes Mal erfüllen, wenn die Eucharistie gefeiert wird«, und zum zweiten: »Die Kirche bekennt Christi reale, lebendige und handelnde Gegenwart in der Eucharistie.« Damit kommt zweierlei zusammen: Die Wirklichkeit ist worthaft und: Das Wort ist Wirklichkeit.

Und hier wird es nun für mich existenziell. »Die Wirklichkeit ist worthaft« und »das Wort ist Wirklichkeit«. Und zwar in dieser Reihenfolge. Das ist meine Sicht der Welt und meine Sicht meines Glaubens.

Die Wirklichkeit ist worthaft. Das meint: Alles, was ist, hat die Eigenart, mich anzureden. Eine Landschaft spricht mich an. Ein Mensch. Eine Nachricht. Ein Geschehen. Alles, was ich wahrnehme hat selbst eine Stimme, die zu mir spricht. Alles, was ist, »geht mich an«. Springt mich an. Meint mich. Ich bin ein Hörer von allem, was ist. Und ich gebe der Stimme, die mich aus aller Wirklichkeit anspricht, meine Antwort. Ich antworte mit meiner Tat, mit meiner Überzeugung, mit meinem Wort. Mit meinem Opfer. Mit meinem Glauben. Ich antworte als der konkrete Mensch, der ich bin mit allen meinen Kräften. Ich bringe meine ganze Wirklichkeit der Wirklichkeit dieser Welt entgegen. Ich spreche zu allem, was ist. Ich drücke mich allem gegenüber mit meinem Wort, mit meinem Zeichen aus. Da die Wirklichkeit worthaft ist, spielt alles Wirkliche zwischen außen und innen, zwischen der Wirklichkeit und mir, hin und her.

Aber der zweite Satz, ebenso wichtig wie der erste, lautet: Das Wort ist Wirklichkeit. Und dieses Hin und Her, dieses Wortspiel ist die Wirklichkeit. Aber damit hat das Wort ein Gewicht an Sein, an Wahrheit, an Wirklichkeit, an Tatsächlichkeit. Das Wort, das hin- und hergeht, ist die eigentliche Wirklichkeit. Das Wort ist mehr als das Gerede. Es ist auch mehr als das Gerede einer Kirche oder eines Pfarrers. Mehr als das Gerede von Massenmedien, von öffentlicher Kampfrede, öffentlichen Lügen. Denn mit all dem wird nicht auf etwas Wirkliches Antwort gegeben. Ein Wort, das eine Antwort ist auf die Anrede durch eine Wirklichkeit, ist selbst Wirklichkeit. Es wird in der Welt gesprochen, und es bleibt in der Welt, auch wenn niemand es aufnimmt oder wiederholt. Es ist einmal gesprochen worden und hat die Wirklichkeit verändert, und es bleibt als verändernde Kraft erhalten. Wäre das Wort nur eben Gerede, so hätte ich kein Bedürfnis, mit meinem Wort und den Worten anderer mein Leben hinzubringen. Dann wäre ich lieber ein Bauer, der mit seinen Hühnern oder Kühen redet und sich im Übrigen dem zuwendet, was wächst, ohne zu reden.

Und nun sind wir beim Sakrament. Was ist denn ein Sakrament? Es ist ein Wort, das an mich ergeht in Gestalt eines Zeichens oder eines Bildes oder eines stillen Geschehens. In Gestalt anderer Menschen, in Gestalt einer heiligen Anrede durch Gott, die mir sagt: Tu das! Wenn aber das so ist, dann gibt es unendlich viel mehr Sakramente als die beiden, die die evangelische Kirche feiert, aber auch als die sieben, die der katholischen Kirche wichtig sind. Und vielleicht hat Augustin Ähnliches gedacht, als er sagte, es könne auch hundert Sakramente geben. Oder wenn ich sage: Im Grunde sei das ganze Dasein eines Menschen ein einziges Sakrament. Eine Anrede an ihn durch Gott in all ihren Zeichen, in den Dingen, den Ereignissen um ihn her, und eine Antwort, die alles, was ist, von ihm erwartet. Ein Sakrament ist die reale Präsenz Gottes in allem, was mir begegnet. Und es ist meine Antwort, die darin besteht, dass ich real anwesend bin in dem, was ich dann tue oder sage.

Noch einmal: Ich kann nicht annehmen, Gott rede mich in seinem Wort an, und dabei meinen, dieses Wort müsse abstrakte Theorie sein. Abstrakte Wahrheit. Vielmehr ist das Wort Gottes so konkret, so lebendig und so nahe wie seine Inkarnation in Jesus Christus. Ich muss sagen: Die Inkarnation des Wortes Gottes in Jesus Christus ist für mich der Ausgangspunkt und die konkrete Erfüllung des christlichen Glaubens. Inkarnation meint: Der Geist Gottes schwebt nicht irgendwie herüber wie ein barockes Engelchen. Er ist in den Sachen. Er wirkt in den Ordnungen. Er lebt in den Menschen. Der Geist Gottes lebt im Schicksal des Jesus von Nazareth. Der Geist Gottes ist anschaubar, sobald ich mich aus dem Gehäuse meines Ego herausbewege unter die Dinge und die Menschen. Und er wird erfahrbar, sobald ich mich aus dem großen Gefäß dieser Welt auf mich selbst zurückwende und auf das höre, was der Geist in mir selbst spricht.

»Im Anfang war das Wort. Und das Wort ward Fleisch und wohnte unter uns und wir sahen seine Herrlichkeit« (Johannes 1,1.14). Das ist der Ursprungspunkt eines Glaubens, der sich unter Menschen, unter lebendigen Wesen, unter den Elementen der Dinge bewegt. Und das ist das Sakrament: ein Geheimnis, das an meinen Geschmackssinn, an mein schauendes Auge, an meine zugreifende Hand und an meinen Platz, der mir zwischen anderen Menschen gegeben ist, führt. Ich glaube nicht nur die Gnade Gottes, ich habe sie nicht irgendwie in einem sinnlichen Raum, sondern ich bin von ihr umgriffen, fühle das und danke von ganzem Herzen für diese wunderbare, mich ansprechende und mich in sich aufnehmende göttliche Wirklichkeit.

22 Was lehrt die evangelische Kirche über das Abendmahl?

JZ: Nach Auskunft der Bibel vergegenwärtigt das Abendmahl den gekreuzigten Christus und die durch ihn gewirkte neue Gemeinschaft der Menschen mit Gott. Grund und Ausdruck dieser neuen Gemeinschaft ist die Vergebung der Sünden. Die neue Gemeinschaft wird im Essen und Trinken erfahren dadurch, dass es Christus selbst ist, der sich in diesem Mahl seinen Gästen schenkt.

Den biblischen Hintergrund dieser Lehre bilden die neutestamentlichen Berichte über das letzte Mahl Jesu: Markus 14,12–25; Matthäus 26,17–30; Lukas 22,7–23; 1. Korinther 11,23–25; 1. Korinther 10,16–22 und Johannes 6,22–59. Aus ihnen geht hervor, was im Übrigen evangelischerseits über das Abendmahl gesagt wird.

Die ältesten Gedanken über das heilige Mahl lesen wir im 1. Korintherbrief: Das Abendmahl ist Teilhabe am Leib und Blut Christi (1. Korinther 10,16). Es gibt Teil an den geistlichen Kräften Jesu dem, der es empfängt (1. Korinther 10,3f.). Es verkündigt den Tod Jesu so, dass die, die es empfangen, darin ihre Befreiung und Versöhnung mit Gott erfahren (1. Korinther 11,24f.; 2. Korinther 5,20). Darüber hinaus verkündigt es die Zukunft der Kirche im Reich Gottes und die Herrschaft des Christus (1. Korinther 11,26). Es ist Wegzehrung für die Kirche, bis sie ihr Ziel erreicht.

Bei Lukas und Paulus finden sich Anweisungen, das Mahl zu wiederholen. Im Gegensatz dazu lesen wir bei Matthäus und Markus den Hinweis Jesu, er werde es nicht mehr feiern, bis er es aufs Neue feiern werde im Reich Gottes (Matthäus 26,29 und Markus 14,25). Die zentrale Aussage, die neue Gemeinschaft zwischen Gott und Mensch sei durch den Tod Jesu eröffnet worden, ist zugleich das Zentrum der Deutung der beiden Elemente Brot und Wein. Sie steht »vielen«, das heißt hier: allen, offen.

Bei Johannes tritt an die Stelle des Abendmahls die Auslegung der Speisung der 5000 in Johannes 6. Dort sagt Jesus: »Wer mein Fleisch isst und mein Blut trinkt, der bleibt in mir und ich in ihm.« In der Passionsgeschichte des Johannes kommt das Abendmahl nicht vor.

Das Neue Testament sagt also grundsätzlich: Das Abendmahl ist von Jesus gestiftet. Es wird in seinem Namen vollzogen. Es konstituiert die Gemeinschaft der Christen und stellt sie dar. Was im Abendmahl sich wandelt, ist die Beziehung zwischen den Menschen und Gott. Zwischen den Menschen selbst und ihrer Gemeinschaft. Und zwar durch die Vergebung der Sünden.

In der Reformationszeit kam es zu scharfen Auseinandersetzungen zwischen verschiedenen Gruppen. Das Luthertum betonte die Realpräsenz des Christus, und zwar in seiner göttlichen und seiner menschlichen Natur, »in, mit und unter« den Elementen Brot und Wein. Dieser gegenwärtige Christus wird auch von denen gegessen und getrunken, die nicht glauben. Sie essen dabei »sich selbst zum Gericht« (1. Korinther 11,27).

Für die reformierten Kirchen vor allem der Schweiz wird der gekreuzigte und auferstandene Herr »im Heiligen Geist« präsent und lässt sich in Brot und Wein darreichen. Ihn empfängt nur, wer glaubt. Die Elemente sind leibliche Zeichen, die die heilschaffende Gegenwart des Christus einbringen.

Diese Vorstellung von der Gegenwart Christi in Brot und Wein wurde von den Lutheranern 1973 als Basis für Kanzel- und Abendmahlsgemeinschaft mit den Reformierten anerkannt. Zugleich erwies sich die gemeinsame evangelische Abendmahlslehre als nicht kirchentrennend im Vergleich mit der katholischen.

Die innerevangelische Einigung geschah 1973 in der »Leuenberger Konkordie«. Was dort beschlossen wurde, lässt sich in ein paar kurzen Sätzen so sagen:

Das Abendmahl macht die neue Gemeinschaft zwischen Gott und den Menschen erfahrbar. Es zeigt nichts anderes, als was die Wortverkündigung ausspricht, aber auf besondere Weise. Es hat den Charakter eines Bekenntnisses insofern, als der Einzelne den Wunsch haben muss, teilzunehmen.

Die »Leuenberger Konkordie« formuliert das so, wie es danach gemeinsame Lehre der evangelischen Kirchen ist:

»Im Abendmahl schenkt sich der auferstandene Jesus Christus in seinem für alle dahingegebenen Leib und Blut durch sein verheißendes Wort mit Brot und Wein. Er gewährt uns dadurch Vergebung der Sünden und befreit uns zu einem neuen Leben aus dem Glauben. Er lässt uns neu erfahren, dass wir Glieder an seinem Leib sind. Es stärkt uns zum Dienst an den Menschen. Wenn wir heute Abendmahl feiern, verkündigen wir den Tod Christi, durch den Gott die Welt durch sich selbst versöhnt hat. Wir bekennen die Gegenwart des auferstandenen Herrn unter uns. In der Freude darüber warten wir auf seine Zukunft in Herrlichkeit« (Lk II,2b).

Problematisch dabei bleibt das »Essen der Ungläubigen«. Hier liegt eine der Schwachstellen der evangelischen Abendmahlslehre. Denn wer kann sicher wissen, dass er zu den Gläubigen gehört und nicht vielleicht mehr zu den Ungläubigen, dass er also das Abendmahl zu seinem Heil isst und nicht etwa zu seinem Gericht? Wenn dazu die evangelische Vorstellung tritt, der Mensch sei auch danach noch immer zugleich Gerechter und Sünder, so wird die Verwirrung an dieser Stelle unauflöslich.

Nach der »Leuenberger Konkordie« stellt die Studie »Lehrverurteilungen – kirchentrennend?« des Ökumenischen Arbeitskreises evangelischer und katholischer Theologen 1986 fest, weder bei der Frage der Gegenwart Christi im Abendmahl noch bei den Vorstellungen von der Weise dieser Gegenwart bestünden kirchentrennende Gegensätze zwischen evangelischer und katholischer Kirche.

Was aber bestehen bleibt, ist das breite und praktisch allgegenwärtige Problem, ob ein typisch moderner Mensch die Grundvorstellungen, die dem Abendmahl zugrunde liegen, noch verstehen könne. Was die Kirche sich unter Sünde und Schuld vorstellt, was sie über das Opfer und die Sühne sagt, was sie unter der Bildhaftigkeit von Fleisch und Blut versteht, scheint doch einer breiten Mehrzahl von Menschen dieser Zeit im Grunde unverständlich zu sein und auch durch geduldige Interpretation kaum verständlicher zu werden. Es wäre dazu wohl eine ganz neue Wahl von Ausdrucksmitteln und Begriffen nötig. Die aber haben wir bislang nicht. An dieser Stelle bleiben beide Kirchen nach meiner Sicht der Dinge in einem Dickicht von Illusionen.

Andere Fragen scheinen leichter lösbar: Kann ein heiliges Mahl gefeiert werden, wenn kein Wein zur Verfügung steht? Kann es gefeiert werden mit Körben voll Traubenbeeren, wie es gelegentlich eines Kirchentages mit Tausenden von Menschen geschieht? Kann es mit Traubensaft gefeiert werden, wenn man es mit Alkoholkranken zu tun hat? Oder gar: Kann es mit Tee gefeiert werden, wie wir es in der Kriegsgefangenschaft gefeiert haben, als es außer Wasser und Tee kein Getränk gab? Oder waren die Abendmahlsfeiern der Gefangenen keine gültige Eucharistie?

Dürfen evangelische Christen an der katholischen Messe teilnehmen? Oder Katholiken am evangelischen Abendmahl? Was muss gegeben sein? Der ernsthafte Wunsch heutiger Menschen mindestens. Der Respekt vor der Glaubensweise der anderen Konfession? Die Anerkennung der fremden Weise des Feierns? Oder noch mehr?

AG: Wie hältst du es selbst? Das ist mir wichtig zu hören.

JZ: Das kann ich nur ungefähr beschreiben, je nach Situation, nach Menschenkreis, nach Stimmung und nach Offenheit der gegenwärtigen Gemeinde. Ich fühle mich zu keiner Regel verpflichtet. Ich werde immer neu entscheiden, wie ich es halten will. Mir ist, was ein im Augenblick versammelter Menschenkreis will oder zulässt, wichtiger, als was eine Kirchenleitung erlaubt oder ein Lehrer der Kirche lehrt. Ich werde niemals einen Menschen vom Abendmahl ausschließen, der es mit mir feiern will. Und ich werde ohne irgendwelche theologischen Hemmungen an einer katholischen Eucharistie teilnehmen, wenn die Stunde es nahelegt. Und ich werde mich zurückhalten und auf die Teilnahme verzichten, wenn irgendein Mensch aus dem feiernden Kreis daran Anstoß nähme.

AG: Und stört es dich nicht, wenn ein Katholik die Eucharistie mit dem Wort Transsubstantiation erklärt?

JZ: Ich wüsste nicht, warum es mich stören sollte. Mit dem Begriff »Substanz« meint die katholische Theologie ja nicht, was wir heute unter einer chemischen Substanz verstehen, sondern etwas, das hinter der chemischen Substanz an göttlicher Schaffenskraft steht. Sie meint eine konkrete, von Gott geschaffene Wirklichkeit im Gegensatz zu der bloßen »Bedeutung«, die Menschen einer Sache beilegen können. Der eigentliche Gegensatz zur »Transsubstantiation« wäre etwa das Wort »Signifikation«, das heißt, nicht eine Wandlung in der realen Wirklichkeit, sondern eine Wandlung der Zeichenhaftigkeit, die wir Menschen vornehmen oder wahrnehmen. Wenn ich von »Real-Präsenz« rede, dann meine ich, die Veränderung, die durch die Gegenwart Christi im Brot geschieht, gehe dem Verstehen des Menschen voraus. Wenn ich von der Zeichenhaftigkeit der Gegenwart Christi im Brot rede, dann meine ich darüber hinaus, für den Menschen, der das Brot zu sich nimmt, habe sich die Bedeutung gewandelt, die der Mensch dem Brot beilegt.

Womit also wirkt das Sakrament? Mit dem, was Gott dem Brot mitgibt oder mit dem, was der empfangende Mensch in ihm sieht? Oder gehört nicht beides zusammen? Ist es vielleicht ein einziger Vorgang, der von Gott her geschieht und das Verstehen des Menschen bewirkt? Gehören, wenn man schon von Transsubstantiation reden soll, nicht Transsubstantiation und Transsignifikation unlösbar zusammen? Wobei aber doch sehr fraglich bleibt, ob die Rede von der »Substanz« für ein Verstehen von

Wirklichkeit heute noch taugt und ob man nicht doch eine andere Weise der Deutung als die mithilfe einer überholten Philosophie versuchen sollte.

Nun kommt aber etwas Weiteres hinzu: Hinter dem Abendmahl steht eine Geschichte. Ich kann das Abendmahl eigentlich nur erklären, indem ich erzähle. Dann steht eine Geschichte vor meinen Augen, und sie betrifft mich. Sie will mich wandeln. Ich muss verstehen, dass von Gott her etwas an mir geschieht, an mir, dem einzelnen, heutigen Menschen, und zwar durch das, was die erzählte Geschichte zu mir bringt. Die Wirklichkeit, die die Geschichte erzählt, kommt zu mir, in Bilder und Symbole gehüllt. Sie erzählt von einer Runde von Menschen, von einem intimen Raum, von einem Tisch, von einem Gastgeber und von Gästen, von Brot und Wein. Und mir wird dabei klar, dass sich kein Symbol ganz in einen rationalen Klartext übersetzen lässt. Dass das Symbol vielmehr den Versuch einer Deutung erlaubt, wenn ich verstehen will, was es mir zeigt.

Diese Deutungen aber, die in meinem Kopf und in dem meines Nachbarn versucht werden, unterscheiden sich. Wichtiger aber als die Deutung, die ja der Wirklichkeit, die das Symbol meint, immer nur der Spur nach folgen wird, ist, was dabei an mir geschieht. Und so sind sowohl die Transsubstantiationslehre als auch alle anderen eben Versuche der Deutung eines Vorganges, den wir weder bewirken noch in Gedanken fassen können. Es ist eine Geschichte, die sich in sichtbaren Zeichen niederschlägt und die danach zu meiner eigenen Lebensgeschichte werden will. Und ich sehe nicht, warum Katholiken und Protestanten darin nicht zur Übereinstimmung finden könnten. Und zwar so, dass nicht nur der Glaube beider mitzufeiern vermag, sondern durchaus auch die Gedanken, die ihnen dabei durch den Sinn gehen. Denn für die Gedanken gibt es nicht nur Argumente, es gibt eine Wirklichkeit, die wir gemeinsam schauen und gemeinsam wahrnehmen.

23 Was kann uns zur Gemeinsamkeit helfen?

JZ: Was aber sagt das Wort und was bringt das Sakrament zum Ausdruck? Können wir das nicht während einer Eucharistie mit unseren eigenen Worten so sagen, dass der Teilnehmer diese Stimme des Sakraments zu hören beginnt? Dass er sich angeredet weiß? Und dass er sich bereit machen kann, dem Sakrament zu antworten? Vielleicht so, dass wir die vorgeschriebenen Einsetzungsworte durch unsere Anrede ergänzen und sagen:

Das ist Christus.
Er spricht: Nimm und iss!
Ich bin das Brot. Ich komme zu dir.
Ich bin bei dir. Ich bin in dir.
Wie Gott in dir ist und wirkt.
Du wirst leben in Ewigkeit.

Und so:

Das ist Christus.
Er spricht: Ich bin der Wein.
Ich will in dir wirken. In dir reifen,
bis du ganz in Gott bist.
Lebendig wie ich. In Ewigkeit.

Und vielleicht könnten wir bei einer heutigen Eucharistie, deren Bedeutung ja auch vielen Christen fremd geworden ist, in einer kurzen Deutung darlegen, worin der Gewinn ihrer Feier bestünde. Man könnte ihnen etwa sagen: Du gehörst zu einem eng verbundenen Menschenkreis. In ihm hast du einen festen Platz. Du kannst als Angehöriger dieses Kreises immer wieder, nach jedem Versagen, neu anfangen. An diesem Tisch gewinnst du nicht nur Nahrung, sondern auch Verstehen und Einsicht, Glauben und lebendige Kraft. Du wirst geheilt und gestärkt an dein tägliches Werk entlassen. Du hast eine Zukunft. Alles läuft auf das Gottesreich hinaus und du wirst dabei sein. Du nimmst die segnenden Kräfte Gottes mit dir in jeden deiner Tage. Du lebst im Frieden mit Gott. Gott ist bei dir. Er ist in dir. Und du bist bei Gott, bist in Gott.

Einen Schritt von hier aus in die Praxis der Eucharistie geht der Bischof der altkatholischen Kirche, Joachim Vobbe im Bonifatiusboten vom 10. Juni 2001:

»Was uns durch die Gespräche von Lima 1982 gemeinsam ist, ist nicht nur die zentrale Rolle der Wortverkündigung, sondern auch die von Katholiken geforderte Realpräsenz und auch die ›Epiklese‹, die Herabrufung des Heiligen Geistes auf die Gaben, der sie zu Leib und Blut Christi macht. Es gibt also bereits eine einheitliche liturgische Grundregel auf sehr hohem Niveau. Das pauschale Argument, eine durch kirchliche Amtsträger und durch Handauflegung vollzogene Ordination sei allein deswegen ungültig, weil vielleicht die Sukzession unterbrochen wurde, muss dadurch aus dem Weg geräumt werden, dass überhaupt ›gültig‹ und ›ungültig‹, Vokabeln aus dem Bereich des Kirchenrechts, aus dem ökumenischen Wortschatz gestrichen werden … Können denn getaufte Christen, die in ihrer Kirche an den Auferstandenen in den eucharistischen Gaben … glauben, dies ›ungültig‹ tun?«

Bischof Vobbe fordert »schon bald« die gegenseitige gastweise Einladung zur Eucharistie, und zwar mit folgenden Grundsätzen:

1) Ein Ordinierter leitet die Feier.
2) Es wird mit den Gaben würdig umgegangen.
3) Der Einladende ist Christus, und wir haben nicht das Recht, Getaufte von der Kommunion auszuschließen.

»Die gemeinsame kirchliche Tradition kennt das ›*oikonomia*-Prinzip‹, das Prinzip pastoraler Großzügigkeit. Würde es hier verantwortlich angewendet, so gäbe es der Eucharistie etwas von ihrer Dynamik aus der Zeit der frühen Kirche zurück. Eucharistie ist ja nicht nur Zielpunkt, sondern auch Motor der Einheit.«

In seinem Vortrag »Abendmahl und Eucharistie. Das Sakrament der Einheit in den entzweiten Kirchen«, den

Fulbert Steffensky 1999 auf dem Evangelischen Kirchentag in Stuttgart gehalten hat, greift er voraus und macht uns Mut: »Es ist Zeit, dass wir Gott gehorchen. Es ist Zeit, dass wir an eine Einheit glauben, die in ihm selbst ihren Grund hat. Ich sage es auch von uns als Volk Gottes: Wir sind dafür verantwortlich, dass wir uns nicht in falschen Fragen selbst fesseln. Geht zum Abendmahl, ihr Katholiken! Geht zur Kommunion, ihr Protestanten! Ihr werdet sehen, dass ihr es tun könnt! Am Ende leuchtet nur das ein, was man wirklich tut.«

Zusammenfassend möchte ich sagen: Das Gespräch über das heilige Mahl muss weitergehen. Mit langem Atem. Mit viel Geduld und Offenheit. Bis es eines Tages selbstverständlich sein wird, dass wir es gemeinsam feiern. Und wer darf dann teilnehmen?

Wenn ich so frage, fällt mir eine unserer Töchter ein. Als sie mit ihren sieben Jahren zusammen mit uns Eltern zu einem Abendmahl ging, feierte sie nicht nur selbst mit großem Ernst und wacher Aufmerksamkeit mit, sondern fütterte auch ihren Teddybären mit einem Stückchen Brot und hielt ihm den Kelch an den Mund. Und wenn wir bedenken, dass der Bär nicht irgendein Gegenstand ist, sondern ein Teil der Seele des Kindes, dann hat sogar die Beteiligung des Bären am Abendmahl einen guten und wichtigen Sinn.

Und wie siehst du das Ganze dieser Fragen? Was ist der gegenwärtige Stand?

AG: Bis jetzt ist die Tür zum gemeinsamen eucharistischen Mahl noch verschlossen. Es gibt zwar inzwischen genügend kleine Türen, durch die man zum gemeinsamen Mahl eintreten kann. Aber die Hauptpforte ist noch verschlossen. Hier sollten wir uns nicht mit dem jetzigen Zustand begnügen. Schon im Jahre 1977 haben die Vertreter des Reformierten Weltbundes und des Sekretariates für die Einheit der Christen in ihrer Erklärung »Die Gegenwart Christi in Kirche und Welt« erklärt: »Die Erneuerung der

Kirche durch die Eucharistie schließt eine ständige Mahnung zur Einheit der Kirche ein. Die Trennung der Kirchen genau an dem Punkt, wo die Kirche sich eigentlich in ihrer wahren Natur als die eine, heilige, katholische und apostolische Kirche zeigen sollte, ruft dringend nach einer Übereinkunft über den Sinn der Eucharistie und deren Beziehung zur Kirche.« Wir sollten uns nicht zufriedengeben, dass es noch unterschiedliche Auslegungen der eucharistischen Gegenwart Jesu Christi gibt. Der Optimismus, mit dem die Theologen aller christlichen Kirchen im Jahre 1982 in Lima über die Gemeinsamkeit in der theologischen Deutung der Eucharistie gesprochen haben, sollte heute wieder neu lebendig werden und nicht durch die Betonung der Unterschiede aufgelöst werden. Wir sollten die Mahnung der Lima-Konferenz berücksichtigen: »Solange sich Christen nicht in voller Gemeinschaft um denselben Tisch vereinen können, um vom selben Brot zu essen und vom selben Kelch zu trinken, wird ihr missionarisches Zeugnis auf der persönlichen wie gemeinschaftlichen Ebene geschwächt.«

Die früher so kontroverse Frage, ob die Eucharistie Opfer oder Mahl ist, ist meines Erachtens genügend geklärt. Über die Theologie des Gedächtnisses ist man sich auch bei der Frage nach der Realpräsenz Jesu Christi im Brot und im Wein nähergekommen. Auch beim Verständnis des Amtes, das für die katholische Theologie im Blick auf die Eucharistiefeier wichtig ist, hat man sich angenähert. In der katholischen Kirche muss ein Priester der Eucharistie vorstehen, nicht weil er die Gaben wandelt, sondern weil er repräsentiert, dass es Christus selbst ist, der der Gemeinde vorsteht. Im Dialog zwischen den Lutheranern und Katholiken konnte man sich auf die Formulierung einigen: »Nach katholischer wie reformatorischer Lehre ist das kirchliche Amt für die Verkündigung des Evangeliums und die Verwaltung der Sakramente eingesetzt.« Und auch im Gespräch zwischen den Reformierten und Katholiken kam man zu der gemeinsamen Feststellung:

»Nicht die Gemeinde bringt das Amt hervor und autorisiert es, sondern der lebendige Christus schenkt es ihr und fügt es in ihr Leben ein.« Bei allen gemeinsamen Formulierungen bleiben noch Unterschiede im konkreten Umgang mit dem Amt und in seiner theologischen Deutung. Aber für mich sind diese Unterschiede nicht so gravierend, dass man deshalb den Katholiken die Teilnahme am evangelischen Abendmahl verbieten müsste.

Freilich, ganz so konsequent untersagt die katholische Theologie die gemeinsame Eucharistie auch wieder nicht. Fulbert Steffensky fragt in seinem bereits zitierten Kirchentagsvortrag: »Wie gültig sind denn die katholischen Lehren über das Verbot der Teilnahme nicht katholischer Christen an der katholischen Messfeier? Und wer glaubt denn noch daran?« Er erzählt: »Vor einiger Zeit war ich auf einer Tagung. Das evangelische Abendmahl wurde gefeiert, und alle anwesenden katholischen Theologieprofessoren gingen zum Abendmahl«, und er fragt: Was tun sie, und welche Lehren lehren sie? Vor einiger Zeit war ich auf einer katholischen Tagung, auf der auch einige Bischöfe waren. Die Messe wurde gefeiert, und die Bischöfe luden mich ausdrücklich zur Kommunion ein. Ich bin nicht nur evangelisch, sondern aus römischer Sicht auch exkommuniziert. Was tun sie, und welche Lehren lehren sie? ... Ein italienischer Bischof lädt eine kleine Gruppe von Wissenschaftlern ein und bespricht mit ihnen moraltheologische Probleme. An einem Morgen hält der Bischof die Messe für seine Gruppe. Ein protestantisches Mitglied fragt ihn, ob er auch kommunizieren dürfe. Der Bischof antwortet: ›Wer viel fragt, bekommt viele Antworten.‹ Und der Professor darf kommunizieren. Was tut der Bischof, und welche Lehre lehrt er? Der Professor heißt Chrystoph Morin, er ist ein polnischer Mathematiker. Der Bischof heißt Johannes Paul II., Bischof von Rom und Papst. Ort des Geschehens: Castelgandolfo. Noch einmal meine Frage: Wird das Verbot des gemeinsamen Mahles nicht allmählich eine Lehre ohne Subjekte, die sie tragen und glauben? Ist dieses Verbot nicht ein inhaltsloses Ritual geworden? Unter den Theologen auf beiden Seiten muss man die strikt Verbietenden mit der Lupe suchen; unter den Theologinnen eh. Eine andere Frage ist allerdings, ob sie alle sagen, was sie denken und glauben.«

Steffensky fährt fort: »Der Skandal ist nicht, dass die eine Kirche noch nicht da wäre. Der Skandal ist die Behauptung, die Kirchen seien getrennt und darum dürfe man das Abendmahl nicht gemeinsam nehmen … Sollten wir uns wirklich von kirchlichen Behörden eine Wahrheit diktieren lassen, an die wir nicht mehr glauben, und ich sage dazu: an die die meisten Vertreter dieser Behörden nicht mehr glauben?«

JZ: Steffensky hat gewiss recht, auch dann, wenn mir die Inkonsequenz eines konsequenten Systems auch wiederum liebenswert scheint. Mir ist nach solcher Inkonsequenz die danach folgende theoretische Konsequenz nicht mehr wirklich einleuchtend.

VIII
Zielbilder der Kirche

24 Katholische Vorstellungen vom Wesen der Kirche in ihrer künftigen Gestalt

JZ: Sehr entscheidend scheint mir, was du und ich, was wir miteinander uns unter der Kirche vorstellen, in welcher Gestalt sie ihrer Bestimmung am nächsten komme. Willst du den Anfang machen mit deinen Vorstellungen?

AG: Wenn ich über mein Kirchenbild nachdenke, dann kommen mir die Gottesdienste am Jugendbekenntnissonntag in Erinnerung. Dort haben wir in den 1950er Jahren von der Kirche als »Haus voll Glorie schauet« gesungen. Im Theologiestudium hat mich dann die Sicht der Kirchenväter fasziniert. Für sie war die Kirche die Braut Christi und zugleich die Mutter, die immer wieder Gottes menschgewordene Liebe zur Erscheinung bringt. Doch diese für mich heute allzu romantische und spirituelle Sicht ist an der Realität meiner Kirchenerfahrung zerbrochen. Heute sind es – natürlich neben dem vom Konzil gemalten Bild des pilgernden Gottesvolks – vor allem zwei biblische Texte, die mir als Bild für die Kirche in den Sinn kommen:

Da ist einmal die sicher etwas idealistische Schilderung der frühen Kirche durch Lukas: »Alle, die gläubig geworden waren, bildeten eine Gemeinschaft und hatten alles gemeinsam. Sie verkauften Hab und Gut und gaben davon allen, jedem so viel, wie er nötig hatte. Tag für Tag verharrten sie einmütig im Tempel, brachen in ihren Häusern das Brot und hielten miteinander Mahl in Freude und Einfalt des Herzens. Sie lobten Gott und waren beim ganzen Volk beliebt« (Apostelgeschichte 2,44–47). Ich spüre in diesem Text die Faszination des Lukas, dass es möglich war, dass Juden und Griechen, Männer und Frauen, Arme und Reiche, Junge und Alte miteinander eine Gemeinschaft bildeten, in der man alles miteinander teilte. Und die Grundstimmung dieser Gemeinde ist die Freude und die Einfalt des Herzens, die innere Klarheit. Für mich ist das heute durchaus noch ein Bild, das mir einen Weg für die Kirche von heute weist. Einmal ist es die Gemeinschaft mit den Armen. Die Kirche hat heute die Aufgabe, Menschen verschiedener Kulturen und Rassen, verschiedener sozialer und spiritueller Herkünfte miteinander zu einen. Dabei soll sie nicht um sich selbst kreisen, sondern sich um den Tisch des Herrn scharen, miteinander Brot brechen und Gott danksagen. Wenn Christus, wenn Gott im Mittelpunkt der Kirche ist, dann wird sie auch heute für unsere Gesellschaft ein Segen sein.

Das zweite Bild, das mir in den Sinn kommt, ist das Bild vom himmlischen Jerusalem. Während meines Studiums in Rom habe ich an den Apsen der alten Kirchen das himmlische Jerusalem dargestellt gesehen. Am Kirchweihfest besingen wir in einem wunderbaren Hymnus das Geheimnis des himmlischen Jerusalems, das uns die Offenbarung des Johannes schildert: »Ich sah die heilige Stadt, das neue Jerusalem, von Gott her aus dem Himmel herabkommen, sie war bereit wie eine Braut, die sich für ihren Mann geschmückt hat. Da hörte ich eine laute Stimme vom Thron her rufen: Seht, die Wohnung Gottes unter den Menschen! Er wird in ihrer Mitte wohnen, und sie werden sein Volk sein, und er, Gott, wird bei ihnen sein. Er wird alle Tränen von ihren Augen abwischen. Der Tod wird nicht mehr sein, keine Trauer, keine Klage, keine

Mühsal. Denn was früher war, ist vergangen« (Offenbarung 21,2–4).

Wenn ich an die Kirche als Gemeinschaft denke, denke ich auch an bestimmte Kirchenräume, in denen ich mich zu Hause fühle: romanische Kirchen, die für mich wie ein Mutterschoß sind, gotische Kirchen, die mein Herz für den unbegreiflichen Gott öffnen, und barocke Kirchen, die die Fülle des Lebens darstellen. Kirche erfahre ich vor allem im Gottesdienst. Und da ist es nicht nur die Gemeinschaft der Versammelten. Für mich ist das Bild der himmlischen Kirche wichtig. Wir feiern hier Eucharistie, während die Gemeinschaft der Heiligen im Himmel das ewige Hochzeitsmahl feiert. Und während wir Mönche die Psalmen als Glaubende singen, die noch auf dem Weg sind und auf dem Weg immer wieder angefochten, singen die vollendeten Brüder und Schwestern mit uns die gleichen Psalmen als Schauende. So fühle ich mich verbunden mit der himmlischen Kirche.

Die Schau des Sehers Johannes ist für mich aber nicht eine weltentrückte Sicht der Kirche. Vielmehr steckt in diesem Bild die Verheißung, dass die Kirche der Ort ist, an dem Gott unter uns wohnt. Es geht also nicht zuerst um kirchliche Strukturen, sondern um die Wirklichkeit der Kirche als Wohnung Gottes unter den Menschen. Dort, wo Gott unter uns wohnt, wird unser Leben verwandelt. Gott ist der Gott Jesu Christi, der uns die Tränen von den Augen abwischt, der unsere Klage in Tanzen verwandelt, der unsere Trauer in Zuversicht wandelt.

Auch wenn diese beiden Bilder nicht auf den ersten Blick das ökumenische Ringen um die Einheit der Kirche ansprechen, so sind sie für mich doch eine Herausforderung im Dialog zwischen den Konfessionen. Denn sie zeigen die geistliche Dimension der Kirche auf. Nur wenn wir die spirituelle Faszination von Kirche wieder spüren, die die Christen der ersten Jahrhunderte wahrgenommen haben, können wir auch – angesichts der oft bedrückenden Erfahrung einer Kirche der Sünder – darauf hoffen, dass Gott seine Wohnung unter uns allen nimmt und unseren Blick über uns hinaus auf das Ziel unseres Lebens lenkt, auf die ewige Herrlichkeit, in der wir für immer eins sind in Christus und mit ihm den Vater preisen.

Für mich ist das Bild der Kirche, wie es das Zweite Vatikanische Konzil entworfen hat, entscheidend: Kirche ist das pilgernde Gottesvolk. Wir alle sind auf dem Weg. Die kirchlichen Strukturen sollen uns helfen, auf dem Weg zu Gott zu bleiben. Und wir alle stehen unter dem Wort Gottes, das uns in der Bibel zugesagt wird. Die eine Kirche, auf die wir uns im ökumenischen Gespräch zu bewegen, wird keine Einheitskirche sein. Es wird nicht die römisch-katholische Kirche sein, in die die anderen Kirchen zurückkehren. Vielmehr habe ich das Bild von Teilkirchen, die jeweils in ihrer verschiedenen Tradition bleiben, aber doch gemeinsame Organe haben. Dazu gehört der Primat, aber nicht in dem juristischen Sinn, wie ihn die katholische Kirche lange verstanden hat, sondern als Primat der Liebe, wie er in der frühen Kirche üblich war. Der theologische Sinn des Primats ist, dass der Papst der Einheit der Kirche dient. Diese Einheit ist aber vor allem geistlich zu verstehen. Der Papst soll dafür sorgen, dass die Kirche in der Gemeinschaft Jesu Christi sich dem Wort der Bibel verpflichtet fühlt. Und er soll dazu beitragen, dass die Einheit in der Gemeinschaft der Christen gewahrt bleibt. Das bedeutet für mich, dass sich die Gestalt des Papsttums ändert und auch das Verständnis seiner Aufgabe. Ich kann mich gut dem evangelischen Verständnis des Primates anschließen, dass der Primat letztlich dem Primat des Evangeliums dient, dass der Papst also die Aufgabe hat, den Dienst an der universalen Einheit der Kirche zu vollziehen und darüber zu wachen, dass Jesus Christus die Mitte der Kirche ist, das Zentrum unseres Glaubens.

Ein anderes Organ der Kirche besteht in den Ämtern. Der Bischof, der Priester, die Pfarrerin, der Diakon oder die Diakonin werden von der Kirche in ihr Amt bestellt, um den Menschen zu dienen. Im Amt soll deutlich werden, dass Christus selbst in der Mitte ist. Daher ist die geistliche Dimension des Amtes neu zu bedenken. Wer ein Amt versieht, braucht vor allem Demut und die Bereitschaft, sich ganz und gar vom Geist Jesu Christi leiten zu lassen.

Ein drittes Organ der Kirche sind die Sakramente und der Gottesdienst. In den Sakramenten – so sagt die frühe Kirche – berührt uns die Hand des geschichtlichen Jesus, um uns zu heilen, aufzurichten, mit seinem Geist zu erfüllen. Die Kirche ist der Raum, in dem Christus selbst an den Menschen handelt. Sie zelebriert sich nicht selbst, sondern feiert das Gedächtnis von Tod und Auferstehung Jesu. Indem die Kirche das Gedächtnis Jesu Christi feiert, wird er in ihr gegenwärtig und wirkt an uns das Heil, das er damals ein für alle Mal gewirkt hat. Insofern wird die Kirche in ihren Gottesdiensten der Ort, an dem wir dem lebendigen Christus begegnen und durch ihn Heilung und Erlösung erfahren.

Die Zukunft der Kirche sehe ich so, dass sich die vielen christlichen Kirchen gegenseitig anerkennen, dass sie ihre Vielfalt achten, dass sie sich aber nicht ausruhen in ihrer eigenen konfessionellen Enge, sondern miteinander im Gespräch bleiben, um sich gegenseitig herauszufordern, sich immer mehr dem Geist Jesu Christi zu öffnen. Das Gespräch dient dazu, wach zu bleiben und mit offenen Augen und Ohren immer neu auf die Botschaft Jesu Christi zu hören und zu erspüren, wie diese Botschaft heute der Welt verkündet werden kann, damit die Welt durch sie vom Heil Jesu Christi berührt wird. Das gemeinsame Gespräch bewahrt uns vor Selbstgenügsamkeit. Es verbindet uns Christen und lässt uns in aller Verschiedenheit doch das Geheimnis der Einheit erfahren.

Aber nun erzähle von deinen Vorstellungen!

JZ: Nachher gerne. Aber ich möchte am Wesensbild der katholischen Kirche noch ein wenig weiterdenken.

Zunächst: Auch das, so sage ich dankbaren Herzens, ist uns gemeinsam: Dass in beiden Kirchen Menschen leben und wirken können, die in Freiheit und mit Nachdruck nach vorn zu denken vermögen. Das Gespräch unter ihnen hat längst begonnen, und es ist so aussichtslos nicht, wie es manchmal scheinen will. Für mich als einen evangelischen Menschen gehören einige Väter und Mütter, Brüder und Schwestern in der katholischen Kirche zu den Zeichen einer großen Hoffnung. Freie Menschen, nachdenkliche, offene, geschwisterlich lebende. Wenn Katholiken von heute auf der evangelischen Seite ähnlich empfinden können, müssen sie es selbst sagen. Von den katholischen Freunden kann ich hier nicht alle aufzählen, ich will nur einige von ihnen zeigen und das, was sie zu sagen haben.

Yves Congar will ich nennen, den französischen Gelehrten. Wer ist das? In den Jahren nach dem Ende des Zweiten Weltkriegs fand in Frankreich ein wunderbares Erwachen statt: eine Bibelbewegung, eine liturgische Bewegung, das Apostolat der Arbeiterpriester.

Wenn Congar von der Kirche spricht, dann spricht er vom »Volk Gottes«. Dieser Gedanke ging danach in die Konzilskonstitution *Lumen gentium* ein mit dem Begriff »Leib Christi« und dem Begriff *Communio*. »Leib Christi« drückt nach Congar die Vorstellung aus von zahlreichen Gliedern, die von Christus als ihrem Haupt geleitet werden, und »Gottesvolk« drückt die Vorstellung aus von einer Vielfalt, die Gott selbst zusammenhält zu ihrer Einheit.

Damit stellt Congar die Kontinuität der Kirche mit der Geschichte Israels fest, dem wandernden Volk, das sein Ziel erst vor sich hat. Die Kirche ist ihm keine abstrakte Machtkonstruktion, die über den Menschen thront, sondern eine Gemeinschaft bekehrter Menschen. Ist sie das aber, so kann das Gespräch auch mit den Kirchen der Reformation beginnen. Dann rücken alle Zeichen von Institutionalismus in den Hintergrund, und nach vorn treten der messianische Auftrag der Kirche und ihre Hoffnung auf die Vollendung der Welt in Jesus Christus.

So auch entwarf Congar seine »Theologie des Laientums«. Der Laie ist ihm nicht mehr nur der Nichtkleriker, er ist der Berufene. Das drückt sich danach in dem Konzilsdekret über den Laien *Apostolicam actuositatem* aus: Die Laien sind Glieder des Volkes Gottes und stehen in der Sendung der Kirche. Denn die Kirche besteht nach Congar nicht darin, dass Christus zu den Ämtern herabsteigt, um schließlich über viele Stufen zum Volk Gottes zu gelangen, sondern darin, dass Christus die Gemeinschaft mit seinem Geist belebt, so dass innerhalb der Gemeinschaft die Ämter ihren Ort finden, um für die Gemeinschaft des Volkes Gottes zu wirken.

Mit alldem formuliert er die »katholischen (das heißt allgemeinen) Prinzipien des Ökumenismus«. Zwei Wege bleiben ihm dabei ausgeschlossen: der der Rückkehr der nicht katholischen Christen in die katholische Kirche und der, die Einheit der Christen bis ans Ende der Welt aufzuschieben. Er verband Katholizität mit Verschiedenheit und Vielfalt, wobei die Einheit ihren Sinn und Wert von der Vielfalt empfängt, die Vielfalt aber vom gemeinsamen Ursprung lebt und ihre Kraft gewinnt. Solange jedenfalls Menschen wie Yves Congar in der katholischen Kirche Recht und Stimme haben, halte ich die Hoffnung fest, dass sich in der festgemauerten Kirche von Rom etwas bewegen lässt und bewegen wird.

Karl Rahner will ich nennen. Ich saß einmal mit ihm zusammen in einem düsteren Raum im Vatikan, umstellt von altem, viel zu altem Gemäuer, bei verhängten Fenstern. Und ich saß einem leuchtenden, glühenden, lebendigen Menschen gegenüber, und ein anderer unter den Großen der katholischen Kirche saß dabei: Arrupe, der General des Jesuitenordens, ein kluger und weiser Mann. Das Gemäuer mit den alten dunklen Bildern konnte den beiden nicht die Freiheit nehmen, und es war kein Hindernis für ein vertrautes, brüderliches Gespräch, das sie mit meinem Freund Meinold Krauß und mir führten. Karl Rahner schrieb damals an dem bereits öfter zitierten Buch, das er 1983 zusammen mit Heinrich Fries herausgab, »Einigung der Kirchen – reale Möglichkeit«. Es erschien in Freiburg als der 100. Band der Reihe *Quaestiones disputatae*.

Rahner und Fries gingen von der Feststellung aus, in unserer heutigen Zeit stehe nicht weniger auf dem Spiel als die christliche Identität selbst und die ökumenische Bemühung sei für die Christenheit eine Frage auf Leben und Tod. In acht Thesen stellten sie ihren Entwurf vor:

1) Die Grundlage, die altkirchlichen Bekenntnisse, zu denen sich alle Kirchen bekennen, gilt.
2) In keiner Teilkirche darf bekenntnismäßig ein Satz verworfen werden, der in einer anderen Teilkirche ein verpflichtendes Dogma ist.
3) Die gegenwärtigen Konfessionen sind Teilkirchen und Glieder der einen Kirche.
4) Der Petrusdienst als Leitungsdienst der Kirche wird von allen anerkannt, nicht aber die Unterordnung unter den Jurisdiktionsprimat, und die Unfehlbarkeit des Papstes gefordert.
5) Die Ämter der einzelnen Teilkirchen werden von allen anerkannt.
6) Es muss zu einem gegenseitigen brüderlichen Austausch in allen Lebensdimensionen kommen.
7) Die Einsetzung von Bischöfen geschieht in allen Teilkirchen so, dass sie von den anderen anerkannt werden kann.
8) Zwischen den einzelnen Teilkirchen besteht Kanzel- und Altargemeinschaft.

Dabei setzt die sechste These voraus, »dass es zwischen den Teilkirchen eine Verschiedenheit gibt, dass sie aber ihren kirchentrennenden Charakter verloren habe«. Der Entwurf von Rahner und Fries drückt die Überzeugung aus, das Notwendige sei heute auch real möglich.

AG: Ich finde den Entwurf von Karl Rahner und Heinrich Fries nach wie vor richtungweisend. Zwei alte und verdiente Theologen haben darin gleichsam die Quintessenz ihres theologischen Ringens um die Zukunft der Kirche und der Kirchen zusammengefasst. In dieser Richtung sollten wir heute weiterdenken. Leider hat der Entwurf dieser beiden Theologen nicht die nötige Beachtung gefunden. Zunächst waren die Stimmen in den Medien wie *Frankfurter Allgemeine Zeitung* und *Neue Zürcher Zeitung* sehr positiv. Vor allem Eberhard Jüngel hat von evangelischer Seite her diesen Entwurf gewürdigt. Und auch Edmund Schlink sah in diesem Entwurf »einen kräftigen Impuls in der gegenwärtig so stagnierenden ökumenischen Luft«. Josef Ratzinger allerdings kritisierte diesen Entwurf scharf. Eilert Herms hat von evangelischer Seite einen Gegenentwurf erarbeitet, der aber bei Heinrich Fries – Karl Rahner war schon verstorben – nur Schmerz hervorgerufen hat, weil er von einem antirömischen Affekt geleitet war und das ökumenische Anliegen der katholischen Kirche verzerrt darstellte.

Lieber Jörg, du und ich, wir haben es nicht nötig, uns von antirömischen oder antireformatorischen Affekten leiten zu lassen. Wir sind wie Karl Rahner und Heinrich Fries von der Sehnsucht nach Einheit erfüllt. Und wir sind wie Eberhard Jüngel betroffen von dem »skandalösen Tatbestand, dass ein halbes Jahrtausend nach der Reformation evangelische und katholische Christen noch immer in getrennten Kirchen leben«. Uns geht es nicht um »Widerspruch und Selbstbehauptung«, sondern um die Liebe zu der einen katholischen und apostolischen Kirche, die jenseits der römischen oder lutherischen oder reformatorischen Kirche ist. Und wir sind von der Hoffnung geprägt, dass die Einheit der Kirchen heute schon möglich ist und nicht erst in ferner Zukunft. Wir bräuchten heute wieder den Mut von Männern wie Heinrich Fries, Karl Rahner, Eberhard Jüngel und Edmund Schlink.

»Heute ist es doch in manchen Punkten der Kontroverstheologie schon so, dass nur die höchste theologische Redekunst es für die Eingeweihten … fertig bringt, zu zeigen, worin eigentlich der Unterschied besteht … Um das Recht zu haben, in getrennten Kirchen zu leben, müsste man … sicher wissen, dass man eindeutig uneins ist in der Wahrheit.«

(Karl Rahner in seiner Stellungnahme zu Küng »Rechtfertigung«, zitiert bei Bernd J. Hilberath, »Einigung der Kirchen – (noch) eine reale Möglichkeit?«, in: Theologische Quartalschrift 185,4/2005)

JZ: Dieses Modell hat der evangelische Theologe Oscar Cullmann, der als evangelischer Beobachter auf dem Konzil gewesen war, 1986 mit seinem Buch »Einheit durch Vielfalt« aufgenommen. Er übertrug die Gedanken des Paulus über die Geistesgaben (1. Korinther 12,4–31) auf die Kirchen und urteilte, jede christliche Konfession habe ein Charisma, das sie »behalten, reinigen und vertiefen« müsse und nicht einer Gleichschaltung zuliebe entleeren dürfe. *Una Sancta* ist nach ihm nicht *Uniformitas Sancta.* Ähnlich hatte schon Paul Tillich das evangelische und das katholische Prinzip für vereinbar gehalten. Auch Edmund Schlink nahm in seiner »Ökumenischen Dogmatik« von 1983 diese neue positive Wertung der Verschiedenheit auf und bezeichnete sie als »kopernikanische Wende«. Es mag sein, dass der Entwurf von Karl Rahner und Heinrich Fries sehr weit in die Zukunft hinausdenkt, aber dort, in einer nicht allzu fernen Zukunft, könnte er durchaus reelle Chancen haben.

Einen dritten Schritt nach Congar und Rahner ging in der katholischen Theologie Hans Küng. Ich erinnere mich an eine gemeinsame Abendmahlsfeier, die ich vor Jahren einmal mit ihm zusammen in einer riesigen Messehalle auf dem Katholikentag gefeiert habe. Und ich denke an die wesentlichen und weit ausgreifenden Schritte, die er mit der katholischen Theologie im Lauf der Jahre in eine gemeinsame Zukunft für die Kirchen hinaus getan hat. Auch er wird eines Tages zu den anerkannten Großen seiner Kirche zählen. Er ging, wie schon dargestellt, in seiner Dissertation von einer Gegenüberstellung der Rechtfertigungslehre Karl Barths und des Tridentinischen Konzils aus und fand dabei die Methode einer »mehrsprachigen Theologie«. Er fand, es gebe über der Rechtfertigungslehre keine Trennung im Glauben. Karl Barth gab ihm Recht. Er schrieb in dem der Dissertation beigefügten Brief: »Ich begrüße – gleich Noah vom Fenster meiner Arche aus – Ihr Buch als ein weiteres deutliches Symptom dafür, dass die Sündflut der Zeiten, in denen katholische und protestantische Theologen nur entweder polemisch gegeneinander oder in unverbindlichem Pazifismus, meistens gar nicht, miteinander reden wollten, zwar noch nicht vorbei, aber immerhin im Sinken ist.«

Zwischen 1960 und 1973 folgt für Hans Küng eine Phase, in der er sich dem Thema »Kirche« zuwendet, mit kritischer Rückfrage an das Dogma von der Unfehlbarkeit des Papstes. Er greift auf das Neue Testament zurück und unterscheidet erstens eine legitime, evangeliumsgemäße Entwicklung der Kirche, zweitens eine tolerierbare, neben und außerhalb des Evangeliums verlaufende und drittens eine nicht zu tolerierende, dem Evangelium zuwiderlaufende. Und er fordert dabei eine stärkere Betonung der charismatischen Struktur und Lebensweise der Kirche.

Danach aber geht Küng einen weiteren wichtigen Schritt, indem er vom interkonfessionellen zum interreligiösen Dialog übergeht, vom Ökumenismus nach innen zum Ökumenismus nach außen. Er fordert eine kritische ökumenische Theologie, die zwei Dimensionen hat: unsere gegenwärtige Erfahrungswelt in all ihrer Veränderlichkeit und die jüdisch-christliche Tradition, die für uns auf dem Evangelium beruht und die in der ganzen Breite der Weltwirklichkeit zu entwerfen ist. Es geht ihm um die Überwindung der Moderne. Er sieht in der »Postmoderne« sich eine postkonfessionelle und interreligiöse Welt abzeichnen, in der sich langsam und mühselig eine multireligiöse ökumenische Weltgemeinschaft herausbildet. Diese Stoßrichtung in das Interreligiöse geht über das, was wir hier in diesem Buch zu bedenken haben, hinaus, aber es ist doch wichtig zu sehen, in welchem Rahmen sich das interkonfessionelle Spiel in unserer Kirche darstellt und wohin es letztlich abzielt. Das Ziel ist in unserer gefährdeten Welt eine ökumenische Theologie für den Frieden, eine frei und schöpferisch sich entfaltende Theologie im Dienst der Verständigung zwischen den Kulturen, den Völkern und den Religionen.

»Wer ist katholisch?
Wem, besonders an der katholischen, das heißt ganzen, allgemeinen, umfassenden, gesamten Kirche gelegen ist. Konkret: an der in allen Brüchen sich durchhaltenden Kontinuität von Glauben und Glaubensgemeinschaft.

Wer ist evangelisch?
Wem in allen kirchlichen Traditionen, Lehren und Praktiken besonders am ständigen Rückgriff auf das Evangelium … und an der ständigen, praktischen Reform nach der Norm des Evangeliums gelegen ist … Wahres Christsein bedeutet heute ökumenisches Christsein.«

(Hans Küng, »Katholisch – Evangelisch«, eine ökumenische Bestandsaufnahme in »Die Hoffnung bewahren«, Zürich 1990, S. 36)

25 Evangelische Gedanken über die Kirche

AG: Und was siehst du als Protestant, wenn du dir die Kirche vorstellst?

JZ: Ich sehe fünf Bilder. Bilder aus der Sprache des Neuen Testaments. Es ist ja bei allem religiösen Reden so, dass wir nicht ohne Bilder denken können. Nicht ohne Gleichnisse. Und im Grunde sind die Gleichnisse genauer als jede Beschreibung sonst. Ich sehe zum Ersten eine der Hütten in Galiläa, in denen Jesus seine Gäste, seine Jünger, seine Freunde und die Armen und Verlassenen von Galiläa zum Essen versammelt hat. In diesem Bild, mit dem Jesus seine eigene Ausstoßung aus dem heiligen Volk riskierte, indem er ein neues heiliges Volk schuf, letztlich dem Grund seiner Verurteilung, liegt für mich das Grund- und Urbild von Kirche. Mein Bild von der Kirche hat mit Macht nichts zu tun, auch nicht mit fehlerfreier Moral oder straffer Ordnung, es ist einfach das Bild einer Gruppe von Menschen der verschiedensten Art, die miteinander und mit Jesus zu Tisch sitzen und sich das Evangelium von der Liebe Gottes sagen lassen. Verwaltung des Sakraments und Verkündigung des Evangeliums, das sind ihre Funktionen. Die Menschen brauchen keinen Nachweis einer Berechtigung. Sie sind einfach eingeladen.

Es ist das Bild eines gemeinsamen Füreinandersorgens, ohne dass neben Jesus Christus noch Autoritäten nötig wären. Alle Einzelnen können leben und wirken, so lange sie ein Teil dieser Tischrunde sind. Dabei sind alle Ämter und Funktionen gleichwertig. Alle bilden miteinander das Priestertum. Ämter haben nur die Funktion, die Charismen der Einzelnen, die ihrem Priestertum dienen, zur Entfaltung zu helfen.

Das zweite Bild, das ich sehe, ist das vom wandernden Volk Gottes. Damit bindet sich die Kirche zurück in jene Vorgeschichte Israels, in der es als Verbund von freiheitsuchenden früheren Sklaven seinen jahrzehntelangen Weg zog, unterwegs zwischen Fremde und dem von Gott gegebenen Land. Die Kirche ist unaufhebbar an ihre eigene Herkunft in Israel gebunden, freilich so, dass die Zugehörigkeit zu diesem wandernden Gottesvolk an keine Nationalität mehr gebunden ist. Und von dort her wandert sie durch die Geschichte, nicht ohne diese Geschichte mitzuprägen und ihr das Ziel zu weisen.

An diesem Bild ist mir darum gelegen, weil insbesondere das Zweite Vatikanische Konzil sein Verständnis der Kirche vom Bild dieses wandernden Gottesvolks neu entworfen hat, und damit auch das geistige Weiterschreiten durch die Geschichte, die immer wieder nötige Reform der Kirche, wenn sie, statt auf ihrer Wanderung weiterzuschreiten, sesshaft geworden ist.

Das dritte Bild, das mir vor Augen steht, ist das von der »Stadt auf dem Berg«. »Die Stadt, die auf dem Berg liegt, kann nicht verborgen sein«, sagt Jesus. Dieses Bild sagt nicht, diese Stadt herrsche über die Niederungen rundum, sondern nur, sie werde sichtbar sein von allen Niederungen und von allen Höhen ringsum. Sie werde nie sich selbst genug sein können. Sie zeige sich. Sie stehe dem Einblick von allen Seiten offen und so habe sie die Freiheit, ihre Botschaft nach allen Seiten auszubreiten. Die Kirche zeigt sich. Sie steht im Austausch der Gedanken. Sie öffnet sich. Sie macht sich einsehbar. Sie macht sich prüfbar. Sie setzt sich dem Missverstehen aus und kann sich nicht jedem Urteil gegenüber erklären.

Das vierte Bild ist das von dem Haus, das aus lebendigen Steinen erbaut ist. Da steht ein Haus, vielleicht ein Tempel vor uns. Der besteht nicht aus massivem, hartem Material, sondern aus Menschen, die ihn miteinander konstituieren, seine Schönheit ausmachen, seine Statik bilden. Nicht alle Steine sind gleich. Aber alle sind nötig, damit das Haus fest steht. Dass es Raum bietet, damit es Heimat und Geborenheit schafft.

Das Wichtigste dieser Bilder aber ist das fünfte. Es ist das Bild von der leiblichen Erscheinung des Christus in dieser Welt. Die Kirche ist ihrem tiefsten Wesen nach Christus selbst, der im spirituellen Sinn Gegenwärtige. Die Kirche stellt ihn selbst so dar, dass er ihr Haupt ist und sie sein Leib. Das heißt, sie ist der Organismus, der überall dort in dieser Welt in Erscheinung tritt, wo Christus gegenwärtig ist. Darin liegt wiederum, dass es nicht genügt, die Kirche als die Gemeinschaft der Glaubenden zu bezeichnen. Sie sind ja nicht nur untereinander verbunden, sondern auch, nach Art eines Organismus, mit Christus. Die Einzelnen können also ihrem Mandat nur gerecht werden, wenn sie sich als ein Organ in einem Organismus verstehen. Als solche Organe sind sie nicht anderen Organen unterstellt, denn alle Organe sind insofern gleich, als sie ihre besondere Funktion ausüben.

Dieses Bild ist in der Reformation vor allem in der These vom allgemeinen Priestertum der Gläubigen aufgenommen worden, das heißt durch die Vorstellung, die Getauften seien miteinander verbunden vor allem durch ihre gemeinsame und ihre je eigene Verantwortung. Was aber nun eine zentrale Führungsrolle in der Kirche betrifft, die durchaus denkbar ist, ein Bischofsamt über alle Kirchen, so wird eine Kirche, die die Aufklärung mitvollzogen hat, nicht anders verfahren können als so, dass sie auch an ihrer Spitze die Gewalten teilt in Leitung, Gesetzgebung und Rechtsprechung.

Was aber die Kirche erst wirklich zur Kirche Jesu Christi macht, ist das Zielbild ihrer Hoffnung: die strikte Ausrichtung aller Strukturfragen und aller Funktionen auf das, was Jesus das »Reich« nennt. Die Umgestaltung unserer physischen Welt in ein leiblich-geistliches Ganzes, das den Willen Gottes und das Ziel seiner Schöpfung spiegelt. Wir hoffen zwar auch in der heutigen Situation auf eine bessere Kirche, vor allem aber hoffen wir auf das Reich, das allen unseren Kirchen vorausliegt.

Was aber die gegenwärtige und künftige Kirche zu einer funktionsfähigen Gemeinschaft macht, ist die Taufe als der Vorgang, durch den ein Mensch dem Organismus

»Leib Christi« eingefügt wird, dem Organismus, dessen Lebenskraft wir als den Geist Gottes bezeichnen.

Ich habe es gerne, wenn man sich Bilder vor Augen stellt und Bilder in Ruhe anschaut. Aber wenn du mich fragst, was ich mir unter der Kirche als Protestant vorstelle, dann muss ich vielleicht doch noch ein wenig genauer werden. Ich habe bisher ein wenig in der Gegend herumgemalt. Ich will noch weitere sieben Punkte nennen, die von meiner Meinung über die Kirche genauer reden sollen.

Der erste: Sie hat ihren Ursprung in der Selbstmitteilung Gottes, wie sie in Jesus Christus geschehen ist. Gott hat gesprochen. Und die Kirche ist das Geschöpf, das aus diesem Wort Gottes hervorging und bis heute hervorgeht. Das Wort, das Gott sprach und bis heute spricht, ist zugleich die Herkunft und der Auftrag der Kirche. So tritt sie uns als Bild des Glaubens entgegen, zugleich aber als praktische geschichtliche Erscheinung. Wir glauben sie, und wir erfahren sie täglich. Zwischen der sichtbaren Kirche und irgendeiner unsichtbaren zu unterscheiden oder gar zu trennen kann ihr ganzes Wesen und Sein verfälschen.

Der zweite: Das Grundbild, das die Bibel nennt, wenn sie von der Kirche spricht, ist Christus selbst. Der in seiner Kirche anwesende, der das kosmische Leben durchdringende und erfüllende. Dieser Christus ist der menschgewordene. Er ist das Zeichen von Gott, im Leib eines Menschen erschienen. Er ist »inkarniert«, das heißt »Fleisch geworden«. Er erscheint in Leib, Seele und Geist von Menschen. Wer der Kirche angehört, ist sein Ausdruck. Er oder sie stellt ihn dar. Und so kann das Neue Testament sagen: Die Kirche ist der sichtbare Leib des Christus. Noch klarer: Die Kirche ist Christus, wie er als Gemeinde existiert. Ein Leib ist nicht zu teilen und nicht zu trennen. Alle einzelnen Gestalten der Kirche haben teil an dem universellen Leib des Christus. Und zwar auch dann, wenn die Kirche sichtbar wird als Gemeinschaft in irgendeinem privaten Raum, als Ortsgemeinde, als sozialer Dienst, als

Studiengruppe, als Regionalkirche oder als Föderation von Kirchen. Immer gilt das Bild, das Symbol vom »Leib«, dessen Organe verschieden, dessen Leben und Wesen aber eins ist.

Der dritte: Wir nennen die Kirche heilig, allgemein, eins und apostolisch. Und wir kennen diese vierfache Bestimmung an zwei Merkmalen: Dass dort einerseits etwas gesagt wird, dass andererseits in Gleichnissen und Begehungen gefeiert wird. Dass einerseits aufgenommen, dargelegt und nachgesprochen wird, was Gott dieser Kirche in Bibel und Bekenntnis auf den Weg gab. Dass andererseits dieses Wort des Evangeliums sichtbare Gestalt annimmt in den Sakramenten, die man dort einander weitergibt. Das heilige Mahl als die Feier der Gemeinschaft mit dem sterbenden und auferstehenden Christus, und die Taufe als die Prägung eines Menschen eben durch diesen Tod und diese Auferstehung. Das heilige Mahl als das Zeichen der Gegenwart des Christus in einem bewussten Vollzug, und die Taufe als die Einfügung eines Menschen in den sichtbaren Leib der Kirche. Das gesprochene Wort und das sichtbare Zeichen kommen zusammen, und ebenso kommt in beidem zusammen, was wir von der Kirche glauben und was wir von ihr sehen und erfahren. Und immer so, dass wir selbst in dieser zugleich geglaubten und erfahrenen Kirche unser neues Leben gewinnen.

Der vierte: Wenn wir von Kirche reden, denken wir an die katholische oder die evangelische oder die anglikanische oder die orthodoxe oder irgendeine sonst. Die Kirche ist eine Organisation. Und es ist gut, wenn sie eine gute und sinnvolle Organisation ist. Sie soll nicht versuchen, ohne Ordnung und Regel, ohne Planung oder Kontrolle »rein geistig« sein zu wollen. Das pflegt schrecklich schiefzugehen. Ein Leib besteht aus Fleisch und Knochen, aus Blut und aus sehr konkreten Organen, und er lebt nur, wenn alles, was ihn ausmacht, nach dem wunderbaren Plan lebt, der den Leib bildet. Und Jesus war ein wirklicher, konkreter Mensch in einem Land und in der geschichtlichen Stunde, in der er lebte. Aber wie es in einem Leib ist: Dass der Leib nämlich durchaus nicht nur ein leiblicher Organismus ist, sondern ein tief geheimnisvolles geistiges Lebenszentrum hat, ohne das alles in ihm durcheinanderginge, so auch in der Kirche. Zuletzt hat sie ihre Kraft, ihre Richtigkeit, ihr Leben und ihre Schönheit nicht aus sich selbst, sondern aus dem göttlichen Lebenszentrum und der göttlichen Lebenskraft, die wir den »Geist« nennen. Man braucht nicht viel Fantasie, um sich vorzustellen, wohin die Kirche in den 2000 Jahren ihrer Geschichte ohne Gottes Geist gekommen wäre. Sie wäre gewiss mindestens alle 100 Jahre vollständig am Ende gewesen.

Der fünfte: Diese Kirche lebt nicht, um eben da zu sein. Sie lebt auch nicht zu ihrem eigenen Vergnügen, zu ihrem eigenen Nutzen oder Vorteil, zu ihrer eigenen Machtausübung oder künstlerischen Selbstdarstellung. Sie ist ganz grundsätzlich »Kirche für andere«. Durch sie kommt etwas in die Welt, das gebraucht wird, wo immer Menschen leben. Wo immer Menschen miteinander umgehen, tritt ein Hunger auf nach Gerechtigkeit. Ein Hunger nach Liebe. Ein Hunger nach Anerkennung. Ein Hunger nach Schutz und Stellvertretung des einen für den anderen. Ein Hunger nach einem Verzicht dessen, der hat, was er braucht. Ein Hunger nach dem Opfer der eigenen Sicherheit, des eigenen Wohlergehens, des eigenen Lebensrechts. Aber wie immer sich dieser ungestillte Bedarf, dieses ungestillte Entbehren darstellt: Die Kirche verwaltet, wenn sie ihren Auftrag begriffen hat, keineswegs sich selbst, sie spielt nicht ihre große Rolle, sie trumpft nicht auf mit ihrer Wahrheit. Sie tut, was Christus tat: Er ging in die Hütten der Ärmsten, sah nach ihrer Krankheit, kümmerte sich um ihr Leiden. Und am Ende starb er für die vielen, die nicht wussten, wovon oder woher oder wozu sie leben sollten, damit sie das Leben finden. Von der Geschichte des Christus aus zieht sich die Grundlinie der Geschichte der Kirche. Ihre Zeit liegt zwischen der Verkündigung Jesu vom Gottesreich und dem Tag, an dem es sichtbar wird. Die Spur aber, die sie durch ihre Geschichte zu ziehen hat, ist die »Menschenfreundlichkeit Gottes«, die an ihrem Tun und Wirken sichtbar wird.

Der sechste: Als die Kirche in ihrem ersten Anfang stand – Jesus war aus dem Tode auferstanden, der Geist Gottes hatte die Gruppe der Jünger aufgerührt und aufgerufen, da nahm sie ihre erste Gestalt an in Form einer Wanderbewegung. Zu zweit oder auch in größeren Gruppen begannen sie, in die Weite zu ziehen. Irgendwohin, wo Menschen wohnten. In Dörfer und Städte. Karawanenwege und Handelsstraßen, Schiffe und Ochsenkarren waren die Merkmale ihres Daseins. Und wohin sie kamen, stellten sie sich in eine Versammlung oder auf die Straße und redeten von Jesus Christus. Das jüdische Volk hatte seit vielen Jahrhunderten sein Selbstbild gewonnen aus der Erzählung von dem wandernden Gottesvolk in der Wüste, das aus der Knechtschaft in die Freiheit getreten war und nun unterwegs war in das Land, das ihm gehören sollte. Nun trat an diese Stelle die wandernde Kirche. Die Kirche im Unterwegs. Ihr Ort war die Straße. Diese Straße hatte begonnen in der Stube, in der der Geist Gottes sie ergriff. Und sie würde enden, so verkündeten sie, in Gottes Reich. Unterwegs hatten sie Hilfen: Sie hatten das Wort, das sie ausriefen. Sie hatten die Zeichen der Gemeinschaft mit Christus, die Taufe und das Abendmahl. Sie hatten als Lebensform jene »Seligpreisungen«, von denen Jesus gesprochen hatte, und die charismatischen Begabungen, mit denen sie arbeiten sollten. Alles aber zeigt ihnen das letzte Ziel des Menschendaseins auf dieser Erde.

Wenn ich aber nun noch einmal, ein siebtes Mal ansetzen soll, dann wird, wovon ich rede, über den Rand der Welt und die Geschichte hinausreichen. Es ist das Bild einer vollendeten Welt anderer Art. Es ist das Bild einer zum Ziel gekommenen Menschengeschichte auf dieser Erde. Es ist das Bild einer Heimkehr der verlorenen Söhne und Töchter ins Haus des Vaters. Wundert es, wenn ich so schlichte Bilder gebrauche? Das Bild vom Vater und vom langen Unterwegs und Heimatlos? Und das Bild vom Haus und vom Fest? Aber das wird immer so sein: Für unsere kühnsten Träume und Hoffnungen haben wir unsere schlichten Bilder aus unserem Umkreis. Für alles, was wir glauben, binden wir unsere Vorstellungen an irgendetwas, das wir sehen können. Und so führt uns unsere letzte Hoffnung nie über diese anschauliche kleine Welt auf unserer Erde hinaus. Sie sagt nur: Du wirst sehen. Wir haben auf Gottes Reich hin weder Planung noch Prognose. Wir haben nur Hoffnung. Aber damit soll es auch genug sein. Oder, Anselm, Freund und Bruder, hast du mehr, brauchst du mehr, suchst du mehr?

AG: Nein, auf keine Weise. Auch mir ist, was ich habe, meine Hoffnung, genug.

26 Zu der einen Kirche macht uns die Taufe

AG: Alle christlichen Kirchen erkennen die Gültigkeit der Taufe an. Das Ökumenismusdekret *Unitatis Redintegratio* (UR) des Zweiten Vatikanischen Konzils sagt über die Taufe: »Die Taufe begründet ein sakramentales Band der Einheit zwischen allen, die durch sie wiedergeboren sind. Dennoch ist die Taufe nur ein Anfang und Ausgangspunkt, da sie in ihrem ganzen Wesen nach hinzielt auf die Erlangung der Fülle des Lebens in Christus« (UR 22). Und das Konzil bekennt, alle Christen seien durch die Taufe »in Wahrheit dem gekreuzigten und verherrlichten Christus eingegliedert und wiedergeboren zur Teilhabe am göttlichen Leben« (ebd.). Diese Einheit in Jesus Christus, die wir durch die Taufe schon erlangt haben, gilt es, auch in unserem Miteinander immer mehr zu vertiefen.

Ich habe einmal eine sehr berührende Erfahrung mit dem Einssein in der Taufe machen dürfen. Ein evangelisches Ehepaar – beide Musiker – baten mich, ihr Kind zu taufen. Ich verwies sie auf den evangelischen Pfarrer, da ich doch katholisch sei. Sie waren so enttäuscht bei der Taufe ihres ersten Kindes, weil sie so kurz war, gleichsam ein Anhängsel an den Gemeindegottesdienst. Sie hatten das Bedürfnis, die Taufe mit all den Riten zu feiern, die der katholische Taufritus vorsieht. Sie fragten ihren evangelischen Pfarrer, ob ich als katholischer Priester ihr Kind evangelisch taufen könne. Er übertrug mir die Vollmacht. Und so feierte ich nach katholischem Ritus die Taufe des Kindes, das durch die Taufe in die evangelische Kirche aufgenommen wurde. Ich sprach mit den Eltern und Paten den Ritus durch und ließ sie aktiv daran teilnehmen. Sie spürten, wie viel Weisheit und auch Schönheit in den alten Riten liegt, die das Geheimnis des Kindes, das aus Gott geboren ist, darstellen. Manche evangelische Pfarrerin bat mich um den katholischen Taufritus, um einzelne Rituale auch bei der evangelischen Taufe zu benutzen. Die Leute reagierten auf diese evangelischen Taufen oft mit dem Satz: »Das war aber eine schöne Taufe.« Sie waren berührt durch die Riten.

Aber es geht um mehr als die äußere Feier der Taufe. Wir sollten uns immer wieder bewusst werden, dass wir in Jesus Christus durch die Taufe schon geeint sind. Wir sind Glieder Jesu Christi. Und als Glieder Jesu Christi dürfen wir einander den Glauben nicht absprechen, sondern sollen aufeinander hören, wie wir unseren Glauben an ihn konkret leben. Und wir sollten dabei die Mahnung des Zweiten Vatikanischen Konzils berücksichtigen, dass die Taufe hingeordnet ist »auf die vollständige Einfügung in die eucharistische Gemeinschaft« (UR 22). Als in Jesus Christus getaufte Christen dürfen wir uns gegenseitig einladen, an den konkreten Formen unseres gelebten Glaubens, an unseren Gottesdiensten und an der Eucharistiefeier beziehungsweise dem Abendmahl teilzunehmen, um so auch in der Feier anderer Sakramente die Einheit in Jesus Christus zu erfahren. Ich erlebe es immer wieder, dass evangelische Christen zur Beichte kommen. Sie möchten auch an diesem Sakrament teilhaben. Es gibt keinen Grund, ihnen dieses Sakrament zu verweigern. Im Gegenteil, in der Beichte erleben sie auf konkrete Weise die Vergebung ihrer Sünden und die erneute Umkehr in der Nachfolge Jesu Christi.

Jeder Christ sollte sich das Geheimnis seiner Taufe immer wieder bewusst machen. Das ist ein kleiner, aber wichtiger Schritt hin zu gelebter Ökumene. Wir wissen zwar alle, dass wir getauft sind. Aber oft spielt die Tatsache der Taufe für unser Leben kaum eine Rolle. Daher sollten wir uns mit der eigenen Taufe beschäftigen. Katholische Christen können den Ritus der Taufe meditieren und sich etwa durch das Ritual des Sich-Bekreuzigens mit dem Weihwasser an die eigene Taufe erinnern. Indem ich mit Wasser meine Stirn, meinen Unterbauch, meine linke und rechte Schulter berühre, drücke ich meinen Glauben aus, dass der Heilige Geist alle Trübungen meines Denkens, meiner Vitalität, meines Unbewussten und meines bewussten Handelns und Sprechens reinigt, damit der ursprüngliche Glanz Jesu Christi in mir aufstrahlt. Evangelische Christen können ihren Taufspruch meditieren. Wie weit prägt dieses mir zugesagte Wort aus der Heiligen Schrift heute mein Leben? Und auch sie können sich an das Geheimnis des Wassers erinnern, mit dem sie übergossen wurden, damit sie immer aus der Quelle des Heiligen Geistes leben.

JZ: Man könnte den Sinn der Taufe wieder wie vorhin das Wesen der Kirche in fünf oder sechs Sätzen beschreiben und deuten.

Zunächst: Die Taufe ist ein Geschenk. Sie kann weder verdient noch einfach vollzogen werden. Sie kann nur angenommen werden in großer Dankbarkeit. Sie ist eine Darstellung der Liebe Gottes, die einem Menschen zugesprochen wird. Der Gnade Gottes, die das bedrohte und immer gefährdete Menschenwesen mit ihrer schützenden Kraft umgibt.

Zum zweiten: Die Taufe ist Befreiung von der Macht, die das Böse über die Menschen auszuüben bestrebt ist, der Macht dessen, was wir die Sünde nennen. Damit meinen wir nicht so sehr unmoralische Handlungen, sondern die Neigung eines Menschen, sein Leben nach seinem eigenen Plan und Willen führen zu wollen. Aus diesem Eigenwillen, den wir »Sünde« nennen, erwachsen danach alle Formen auch moralischer Fehlhandlungen. Mit der Taufe aber gewinnt unser Leben einen neuen Herrn, Gott selbst. Insofern ist die Taufe das Zeichen eines Wechsels der Herrschaft über das Leben eines Menschen. Damit aber sind wir frei und unabhängig von allem, was in dieser Welt Macht ausüben will. Wir sind Gott allein zugeordnet und von ihm zu freien Menschen gemacht.

Zum dritten: Die Taufe ist ein Untertauchen in den Tod und eine Rettung. Wer untergetaucht wird, stirbt. Wer leben will, muss »aus der Taufe« gehoben werden. Damit ordnet die Taufe uns dem Sterben und Auferstehen Jesu zu. Die Taufe sagt: Du wirst sterben, du wirst ins Leben auferstehen. Das ist der Weg, den du gehen wirst, und es sind die beiden elementarsten Vorgänge in deinem Leben, die vor dir liegen.

AG: Ein viertes ist die Begabung mit dem heiligen Geist. Dieser Geist schenkt die Kraft, zu glauben, zu lieben und zu hoffen. Und er schenkt die besonderen Gaben, die in der Gemeinschaft der Glaubenden zur Heilung, zur Befreiung, zur Ermutigung, zur Befähigung der einzelnen Menschen nötig sind, die sogenannten »Geistesgaben«. Durch den Geist können Menschen zu Zeugen Jesu Christi, zu Zeugen Gottes werden, auch wenn ein Christ immer ein Gerechter und ein Schuldiger zu gleicher Zeit sein wird.

Ein fünftes: Die Taufe nimmt die Menschen auf in die Gemeinschaft der Glaubenden. Paulus beschreibt diesen Vorgang so, dass er sagt: »Ihr alle, die ihr auf Christus getauft seid, habt Christus wie ein Gewand angezogen« (Galater 3,27). Ihr lebt also alle im selben Rang, auf derselben Ebene von Bedeutung und Funktion. Er fährt fort: »Unter uns gibt es weder den Unterschied zwischen Sklaven und Freien, noch den zwischen Mann und Frau, ihr seid alle miteinander ein und dieselbe Person in Christus.« Die Taufe nimmt die Gleichheit der Menschen, die im 18. Jahrhundert gefunden wurde, vorweg. Die Freiheit, die Gleichheit und die Geschwisterlichkeit.

JZ: Und vielleicht ein Letztes: Die Taufe ist für die ökumenische Bewegung Ausgangspunkt, Energie ihres Weiterschreitens und zugleich Zielvorstellung. Das Sakrament der Taufe bindet alle Christen zusammen zur Einheit des Leibes Christi. Wir werden nicht auf einer bestimmten Konfession getauft, sondern auf den dreieinigen Gott.

AG: Es hat sich, vor allem auch auf dem ersten Ökumenischen Kirchentag in Berlin 2003 und in den vergangenen Jahren gezeigt, dass die Einheit der christlichen Kirchen nicht zuerst in der gemeinsamen Eucharistie sichtbar wird, sondern in der Taufe. Die Eucharistie aber vollzieht oder sie verleugnet, was die Taufe gebracht hat: die Einheit der Christen im Frieden Gottes.

IX
Wie wir die verbleibenden Problemfelder einschätzen

27 Hier hat jeder das Recht, anders zu sein

JZ: Kannst du noch etwas dazu sagen, wie groß du die Spielräume siehst in den Dingen, die zwischen uns verschieden gesehen, verschieden geglaubt und verschieden gedacht werden.

AG: Da meine Kirche von beiden die farbigere ist, muss man vielleicht noch etwas sagen über das Spiel der Farben konkreter Frömmigkeit und über das Recht, in so vielen Farben zu spielen. Ich will es also versuchen.

Es müssen nicht alle Lehren und alle Frömmigkeitsformen gleich sein. Jede Kirche hat ihre eigene Tradition und soll sie so haben. So ist es wenig sinnvoll, darüber zu streiten, ob es nun zwei oder sieben Sakramente gibt. In der frühen Kirche war die Unterscheidung zwischen Sakrament und heiliger Handlung noch nicht so klar, wie es dann später die katholische Kirche entwickelt hat. Sieben ist immer schon eine heilige Zahl gewesen. Sieben ist die Zahl der Verwandlung und der Durchdringung des Irdischen (vier) mit dem Göttlichen (drei). Daher hat es Sinn, sieben Sakramente zu haben, in denen die Verwandlung des Christen geschieht durch die Berührung mit Jesus Christus und durch den Heiligen Geist, der ihm gegeben wird und ihn mehr und mehr durchdringt. Im Gespräch über die Sakramente wächst in der evangelischen Kirche das Gespür für den Sinn der fünf Sakramente, die sie selbst nicht als Sakramente bezeichnet. Auch die evangelische Kirche kennt die persönliche Beichte. Sie kennt die Stärkung des Kranken durch Gebet und Salbung. Und sie kennt den kirchlichen Trauungsritus und die Ordination des Pfarrers. Ob sie das nun Sakrament nennt oder nicht, ist nicht entscheidend.

Auch die Marienverehrung und die Heiligenverehrung, wie sie in der katholischen Kirche praktiziert werden, müssen so nicht unbedingt in der evangelischen Kirche übernommen werden. Es genügt, dass man diese Formen der Frömmigkeit versteht und respektiert, anstatt sie zu verurteilen und gegen sie zu polemisieren. Da hat sich heute schon viel gewandelt. Vor ein paar Jahren bat mich Hildegunde Wöller, evangelische Theologin und Pastorin, ein Buch über Bilder von Maria zu schreiben. Sie meinte, als evangelische Theologin hätte sie keine Vorurteile mehr gegenüber Maria. Ich solle mir daher nicht zu viele Gedanken machen, wie ich die katholische Marienverehrung den evangelischen Christen verständlich machen könnte. Sie sei einfach daran interessiert, wie uns die Bilder von Maria helfen, heute als Christen zu leben und mit unserer Sehnsucht nach Heil und Erlösung umzugehen.

Dass Maria Urbild des Glaubens ist, ist Katholiken wie Protestanten verständlich. Hier gibt es auch keine Differenzen. Schwer tun sich evangelische Christen mit den Marienliedern, die Maria oft in für sie übertriebenen Bildern besingen, und mit den Mariendogmen, die 1854 und 1950 verkündet worden sind. Zu den Liedern ist zu sagen, dass wir in den Bildern letztlich immer das Geheimnis der Menschwerdung Gottes aus der Jungfrau Maria preisen. So tut es auch die orthodoxe Kirche. Es ist einfach die konkrete Freude darüber, dass Gott aus einer Frau Mensch wurde. Es ist eine poetische und hymnische Theologie, die man nicht mit dogmatischer Begrifflichkeit beurteilen darf. Diese Gedichte sind immer Bilder, in denen etwas aufleuchtet vom Geheimnis der Menschwerdung Gottes aus Maria.

Bei den Dogmen ist zu bedenken, dass sie nie etwas über die Sonderrolle Marias aussagen möchten. Maria ist für die katholische Dogmatik vielmehr Typus des erlösten Menschen. Was also von Maria ausgesagt wird, das gilt von uns. Wenn 1854 definiert wurde, dass Maria im Blick auf Jesus Christus auserwählt und von jedem Schaden der Erbsünde bewahrt wurde, so ist das eine Aussage über uns. Letztlich will dieses Dogma bildhaft auslegen, was der Epheserbrief von uns allen sagt: »In ihm hat er uns erwählt vor der Erschaffung der Welt, damit wir heilig und untadelig leben vor Gott« (Epheser 1,4). Auf der einen Seite werden wir in eine sündige Welt hineingeboren. Das meint das Dogma von der Erbsünde. Auf der anderen Seite gilt: Dort, wo Christus in uns ist, hat die Sünde keine Macht über uns. In jedem von uns ist ein innerer Raum der Stille, in dem Christus wohnt. Und dort, wo Christus in uns ist, sind wir heil und ganz, heilig und unbefleckt, makellos. Es ist letztlich ein optimistisches Dogma von der Erlösung des Menschen durch Jesus Christus.

Ähnlich gilt von dem Dogma, dass Maria mit Leib und Seele in den Himmel aufgenommen wurde. Auch das ist nichts anderes als die bildhafte Auslegung des Credosatzes, dass wir an die Auferstehung des Fleisches und an das ewige Leben glauben. Im Tod wird nicht nur unsere Seele zu Gott kommen. Wir werden vielmehr mit Leib und Seele in Gott hinein auferstehen. Natürlich wird unser Leib verwesen. Aber das, was Leib meint – die Personalität des Menschen, die sich in seinem Leib ausdrückt – das wird in Gott hineingerettet. Unsere Seele wird nicht aufgehen im Meer des Seins. Vielmehr werden wir als Person zu Gott kommen. Letztlich heißt dieses Dogma, dass wir im Tod nicht aus der Liebe Gottes herausfallen können, dass die Liebe Jesu Christi stärker ist als der Tod.

JZ: Dem kann ich zustimmen.

AG: Eine andere Schwierigkeit haben evangelische Christen, wenn sie uns Katholiken beten hören: »Heilige Maria, bitte für uns!« Diese Schwierigkeit haben sie auch, wenn wir die Heiligen um ihre Fürsprache für uns bitten. Ich kann den theologischen Einwand gut verstehen, dass unser Gebet zu Gott geht und nicht zu Menschen. Doch wenn ich vor einer langen Reise oder einer schwierigen Entscheidung stehe, dann bitte ich auch andere Menschen, für mich zu beten. In diesem Sinn bitten wir auch Maria und die Heiligen, für uns zu beten. Grundlage dieser Praxis ist die Lehre von der Gemeinschaft der Heiligen. Wir glauben, dass die Menschen, die uns im Tod vorangegangen sind, nun in Gott sind. Und genauso wie wir lebende Freunde um ihre Fürsprache bei Gott bitten, dürfen wir es auch mit den verstorbenen Freunden. Das gilt nicht nur von den Heiligen, sondern auch vom verstorbenen Vater, von der verstorbenen Mutter und von allen, die uns in unserem Leben ans Herz gewachsen sind und von denen wir glauben, dass sie nun bei Gott sind.

JZ: An diesem Punkt haben wir Evangelischen vielleicht doch noch etwas nachzudenken.

AG: Als ich in Taiwan war, führte mich ein evangelischer Pastor in einen schintolistischen Tempel. Dort war für jedes Anliegen eine andere Gottheit zuständig. Wir können uns über diesen Glauben erheben und sagen: Wir Christen haben das nicht nötig. Wir wenden uns an Gott oder an Jesus Christus. Das genügt. Das ist theologisch sicher richtig. Die katholische Kirche ist einen anderen Weg gegangen. Sie hat das Bedürfnis der Menschen nach verschiedenen Fürsprechern aufgegriffen und in ihre Heiligenverehrung integriert. Bei einem Vortrag in einer evangelischen Gemeinde über die katholische Marienverehrung meinte die Pastorin etwas überheblich: »Wir Evangelischen haben es nicht nötig, Maria zu bitten. Wir haben ja Jesus.« Ich spürte, wie mich diese Bemerkung ärgerlich machte. Das stimmt zwar theologisch, aber nicht unbedingt psychologisch. Vor allem aber hörte ich eine Überheblichkeit heraus. Und das hat mich verletzt. Wenn ich an die vielen Menschen denke, die an Marienwallfahrtsorten die mütterliche Liebe Gottes erfahren haben, wenn sie Maria um ihre Fürsprache gebeten haben, dann kann ich mich nicht über diese Menschen und ihre spirituelle Erfahrung erheben. Ich will niemanden überreden, dass er Maria um Fürsprache bitten soll. Ich habe auch große Achtung vor den evangelischen Christen, die ihr ganzes Vertrauen und ihre Hoffnung auf Jesus Christus werfen. Aber wir können über die verschiedenen Weisen der Frömmigkeit nur in ein echtes Gespräch kommen, wenn wir gut hinhören und vom andern erfahren möchten, was er auf seinem spirituellen Weg erfährt und wie er seine Erfahrung deutet.

JZ: Das leuchtet ein. Andererseits scheint mir manches, was es zwischen den Kirchen an Differenzen gibt, nur schwer zu verstehen. Aber wir werden eines Tages hinübergerufen werden in die andere Welt, die wir den Himmel nennen. Aber wie einleuchtend wir von ihm sprechen oder wie kindlich, dies eine versprechen wir uns dringend: dass wir dort manches verstehen werden, was wir hier nicht verstanden haben. Dass uns manches selbstverständliche Wahrheit sein wird, über das wir hier auf dieser Erde heiß und auch kaltherzig gestritten haben. Ich glaube, wir werden bei vielem, was uns dort neu aufgeht, sagen: »Ach so! So ist das! Dann ist es ja alles ganz anders.« Wäre es nicht ein hilfreiches Verfahren, wir legten, was wir am anderen einfach nicht verstehen können, in die Kiste, auf der steht: »Das wirst du drüben verstehen«? Und bei allem, was in diese Kiste gehört und was uns fremd bleibt, könnte eine christliche Großzügigkeit und Leichtigkeit und warmherzige Toleranz schon in dieser Welt das ihre tun.

Aber was wir in jene Kiste legen, das sind noch immer die zentralen Fragen, die wir an unser Menschenleben richten können. Warum zum Beispiel immerfort und über alles gestritten werden muss. Woher überhaupt das Unbegreifliche, das Rätselhafte, auch das Böse und Zerstörende, das Entwürdigende ihre Energie beziehen. Warum das Menschenleben trotz allen christlichen Glaubens noch immer in so tiefer Dunkelheit ablaufen muss und vieles andere dieser Art.

AG: Vieles werden wir stehen lassen müssen. Es wird uns immer ein Geheimnis bleiben, warum sich die Kirche in so viele kirchliche Gemeinschaften aufgespalten hat. Die Geschichte der Spaltungen zieht ihre Spuren durch die ganze Kirchengeschichte. Wir sehen dieses Phänomen auch in anderen Religionen. Die Sunniten und Schiiten im Islam bekämpfen sich erbittert. Warum das alles so ist, wird uns letztlich immer ein Rätsel bleiben. Vielleicht ist es die Vermischung der Religion mit anderen schlichten Motiven wie Rechthaberei und Machtbedürfnis. Und oft ist einfach die Angst mit im Spiel, die einen daran hindert, die eigene Anschauung infrage zu stellen und zu relativieren.

Andere Fragen, die alle Kirchen gemeinsam betreffen, werden in dieser Welt ungelöst bleiben. Es ist die Frage der Theodizee: Warum gibt es das Leid? Warum gibt es das Böse? Wie kommt es, dass oft die Frommen leiden und es den Bösen anscheinend so gut geht? Es sind Fragen, die schon die Psalmisten sich stellten und an Gott richteten. Gott wird uns in diesem Leben darauf keine Antwort geben. Wir können nur hoffen, dass uns im Tod die Augen aufgehen werden und wir das Geheimnis des Bösen, das Geheimnis der Spaltungen und das Geheimnis des Menschen erkennen werden. Wenn wir im Tod Gott schauen werden, wie er ist, werden wir auch die Welt verstehen und wie Hiob vor Gott niederfallen und sprechen: »Vom Hörensagen nur hatte ich von dir vernommen; jetzt aber hat mein Auge dich geschaut. Darum widerrufe ich und atme auf« (Hiob 42,5f.).

28 Was mag das für das ökumenische Gespräch bedeuten?

JZ: Wir haben gesagt, ein Gespräch habe Sinn, wenn kein Teilnehmer von vornherein überzeugt sei, er habe recht und er müsse nur sein Gegenüber noch davon überzeugen, es sei so. Ein Gespräch kann gelingen, wenn es einen offenen Ausgang hat, wenn dabei etwas in Bewegung kommt, wenn eine Art von Verschmelzung zweier Horizonte stattfindet. Das heißt: wenn beide an der Lebens- und Erfahrungsgeschichte des anderen Anteil bekommen. Ich habe schon oft Gespräche erlebt, bei denen einer nur sagen konnte: Ich will Ihnen gerne eine Tasse Kaffee anbieten, aber Sie haben ja keinen Tisch, auf den ich sie stellen könnte.

AG: Damit ein Gespräch gelingen kann, braucht es ein paar Bedingungen. Die erste: Wir verzichten darauf, zu behaupten, wir hätten die Wahrheit. Die zweite: Wir bringen Respekt auf vor den Traditionen, in denen der andere steht, und vor seinen Erfahrungen innerhalb dieser Tradition.

JZ: Die dritte: Wir sind uns bewusst, dass wir in Bildern denken und dass Bilder von ihrer Unschärfe leben. Bilder legen nicht fest. Sie öffnen nur ein Fenster, durch das wir auf verschiedene Weise dasselbe sehen lernen.

AG: Eine vierte: Jede Konfession hat durch die andere Verletzungen und Entwertungen erfahren. Wenn ein Gespräch gelingen soll, ist es wichtig, sich der alten Wunden bewusst zu werden, damit sie unsere Sichtweise nicht verdunkeln. Jede Konfession hat ihre Empfindlichkeiten, auch ihre Einseitigkeiten und ihre kranken Stellen. Es muss bedacht werden, wie es zugehen kann, dass sie das Gespräch nicht fälschen.

JZ: Eine fünfte: Jede Konfession hat, ohne dass jemand sie zu beleidigen braucht, ihre Schattenseiten, die ihr nicht bewusst sind. Die Schattenseite der evangelischen Kirche, die den reinen Glauben ohne alle religiöse Vermengung sucht, besteht in einer sehr naheliegenden Rechthaberei und in einem gesetzlichen Denken.

AG: Die Schattenseite der katholischen Kirche, die eigentlich ein Sowohl-als-auch vertritt, die umfassend, das heißt katholisch sein will, ist das Bedürfnis, alles, was nicht sie selbst ist, auszugrenzen. Es gehört aber viel Selbsterkenntnis dazu und viel Bescheidenheit und viel schlichte Ehrlichkeit, sich seiner Schattenseiten bewusst zu werden.

JZ: Das bedeutet für uns, dass wir mit unserem Gespräch auch nicht vorwegnehmen können, was der Leser dieses Buchs denken oder glauben soll, und dass wir im Grunde nur für uns beide reden können. Dass wir im Grunde nur das Klima beschreiben können, in dem wir das Gespräch der Konfessionen heute sich abspielen sehen. Nämlich das Klima des Liebens und einander Ernstnehmens.

AG: Dieses Klima deuten Karl Rahner und Heinrich Fries an mit dieser These: »In keiner Teilkirche darf dezidiert und bekenntnismäßig ein Satz verworfen werden, der in einer anderen Teilkirche ein verpflichtendes Dogma ist. Im Übrigen ist aber kein ausdrückliches und positives Bekenntnis in einer Teilkirche zu einem Dogma einer anderen Teilkirche verpflichtend gefordert, sondern einem weitergehenden Konsens der Zukunft überlassen« (Rahner/Fries 35). Rahner und Fries waren alte Männer, als sie diese These aufgestellt haben. Sie haben sie gleichsam als Essenz ihres Lebens und ihrer Erfahrungen mit der Ökumene gesehen. Da ich über Karl Rahner promoviert habe und mich seiner Theologie und Spiritualität verpflichtet fühle, möchte ich in seinem Sinn an die ökumenische Frage herangehen. Wie Rahner gehe ich davon aus, dass alle Erfahrungen und deren Deutungen die Erfahrung Jesu Christi und der Erlösung durch ihn widerspiegeln wollen. Sie sind in jeweils anderem Kontext angesiedelt, meinen aber letztlich immer das unaussprechliche Geheimnis unserer Erlösung, das größer ist als alle Formulierungen, die noch so gelehrte Theologen ausdenken können. Wir wollen keine Einheitskonfession, sondern wir verstehen die eine Kirche der Zukunft als ein Gespräch, das von Ehrfurcht und Neugierde, von Hören und Lernen, von Verstehen und vom Stehenlassen des Nichtverstandenen geprägt ist.

X
Was uns eint

29 Jesus Christus, seine Gestalt, sein Wort, sein Werk

AG: Wenn ich sagen soll, was dich und mich am stärksten eint, dann wird es das Bild sein, in dem Jesus Christus uns vor Augen steht. Im Ursprung, im Mittelpunkt und am Ziel unseres Denkens steht für uns alle und für alle Kirchen Jesus Christus. Wir alle verstehen unser Christsein als ein »Sein in« Jesus Christus, zugleich als ein Leben, das seinem Wort entspricht. Aber dieses Bild muss nicht einheitlich sein. Es darf viele verschiedene Bilder unter uns geben, in denen uns Jesus Christus anschaulich wird. In der ganzen Kirchengeschichte wurden unzählige verschiedene Bilder von Jesus Christus verkündigt und vertreten. Und auch heute sind die Bilder grundverschieden bei verschiedenen Menschen. Aber sie trennen sich nicht nach Konfessionen. Sie gehen aus der Tradition hervor, in der ein Mensch steht, aber vor allem auch aus der Erfahrung, die der Einzelne mit ihr macht. Innerhalb der katholischen Tradition ist die benediktinische Sicht Jesu anders als die franziskanische. Für den Ordensgründer Benedikt von Nursia ist Christus der Herr, der zur Rechten des Vaters thront und den wir anbeten. Franziskus sieht mehr den herumziehenden Jesus, der sich den Kranken, den Armen und Schuldigen zuwendet, der die Gebeugten aufrichtet und die Trauernden tröstet.

JZ: Das ist schon in der Bibel so. Matthäus zeichnet den strengen Gesetzgeber, den fordernden Anführer Jesus, Lukas den liebevollen Begleiter, Johannes den großen und leuchtenden Offenbarer der Herrlichkeit Gottes. Und Paulus sieht den Christus, den er in sich selbst trägt, als sein eigentliches Gegenüber, ja, als sein eigenes Selbst.

AG: Ja, warum sollte es zwischen den Konfessionen einfacher sein und einheitlicher? Die Ausleger aller Konfessionen ringen heute ehrlich und sachkundig um ein angemessenes Verständnis des Mannes aus Nazareth. Konfessionelle Unterschiede gibt es kaum mehr. Und wir dürfen spüren, dass die französische Exegese andere Akzente setzt als die deutsche oder die amerikanische, quer durch alle Konfessionen hindurch. In Afrika sieht man Jesus anders als in Asien. Die vielen Sichtweisen bereichern unser Verständnis von Jesus. Wir haben von Jesus keinen Film. Wir haben nur die Worte, die uns die Evangelisten überliefern, und die Erzählungen von ihm und die Auswirkungen seiner Person auf den Glauben, wie wir sie in den Briefen des heiligen Paulus und der anderen biblischen Autoren erkennen. Schon im Neuen Testament gibt es verschiedene Sichtweisen Jesu. So hat es wenig Sinn, ein einheitliches Jesusbild zu entwerfen. Aber trotz aller Unterschiede und trotz aller subjektiven Akzentuierungen kommt es darauf an, offen zu sein für den ganzen Jesus, für den ganzen Christus.

Entscheidend ist für alle Konfessionen jedoch die Bitte Jesu im Hohepriesterlichen Gebet: »Alle sollen eins sein: Wie du, Vater, in mir bist und ich in dir bin, sollen auch sie in uns sein, damit die Welt glaubt, dass du mich gesandt hast« (Johannes 17,21). Die Christen haben nur verstanden, wer Jesus Christus ist, wenn sie im Glauben eins werden miteinander. Für Jesus meint seine Bitte nicht die Einheitskirche, sondern die Bereitschaft, in der Verschiedenheit miteinander eins zu sein in der Liebe und im Glauben.

JZ: Statt uns auf die institutionelle Einheit zu fixieren, sollten wir die spirituelle und mystische Dimension des Einswerdens bedenken. Letztlich geht es darum, dass jeder Christ mit sich selbst und mit Christus eins ist und dass die Christen in ihrem gegenseitigen Einssein Christus selbst in dieser Welt aufleuchten lassen, den Christus, der die Menschen verschiedener Herkunft und verschiedener Frömmigkeitsformen miteinander in sich vereint.

AG: Für mich persönlich ist das Jesusgebet der Weg zu meiner persönlichen Christusbeziehung geworden. Ich sitze vor einer Christusikone und sage mir mit dem Atem das Jesusgebet vor: »Herr Jesus Christus, Sohn Gottes, erbarme dich meiner!« Ich stelle mir vor, dass Jesu Geist, Jesu barmherzige Liebe in mich einströmt und immer mehr meine Emotionen verwandelt und in mein Unbewusstes eindringt, so dass Jesu Geist auch die Tiefen meiner Seele prägt. Natürlich weiß ich, dass das nicht so einfach ist. Die alten Lebensmuster melden sich immer wieder zu Wort. Die verletzten Gefühle, Ärger, Enttäuschung, Angst und Traurigkeit werden durch das Jesusgebet nicht einfach aufgelöst. Aber ich stelle mir vor, wie Jesu Liebe immer mehr in diese Gefühle eindringt und sie von innen her verwandelt. So hoffe ich, dass ich mehr und mehr durchlässig werde für Jesus Christus. Es geht dann nicht nur um eine willensmäßige Nachfolge Jesu, sondern um eine Verwandlung von innen her. Aber zugleich sind die Worte Jesu, die ich von außen höre, immer auch eine Herausforderung, mein Verhalten an ihnen zu messen und heute im Geiste Jesu in diese Welt hinein zu wirken.

JZ: Was uns eint, ist die Gestalt, das Werk, das Wort und der Weg Jesu Christi. Das aber bedeutet etwas für unseren Umgang miteinander. Paulus spricht einmal vom »Gesetz des Christus«: »Einer trage des anderen Last, so werdet ihr das Gesetz des Christus erfüllen«, sagt er. Und er sagt damit: Einer trage die Vorurteile, die Abneigungen, die

Resignation des anderen. Einer trage die Angst des anderen und versuche, bei sich selbst die Ursache zu ergründen. Einer trage die Herrschsucht des anderen und halte sich auf freundliche Weise von ihr frei. Einer trage den Hass des anderen und bleibe in der Güte. Einer trage die Verachtung des anderen und lebe so lauter, dass der andere beginnen kann, ihn zu achten. Der eine trage die Torheit des anderen und versuche, ihm behutsam die Augen zu öffnen. Der eine erkenne die Schwierigkeiten, die der andere in seinem eigenen Umkreis hat, und verzichte auf Vorwürfe, wenn er nicht so handeln kann, wie er vielleicht selbst gerne möchte. Der eine erkenne die Mühe, die der andere mit seinem Glauben hat, und verzichte auf Verketzerung oder Abwertung. Der eine erkenne die Suche nach Wahrheit, die den anderen beschäftigt, und begleite ihn dabei. Der eine erkenne den Irrtum, dem der andere erlegen ist, und suche den richtigen Weg mit ihm zusammen.

Der eine sehe die Schuld, die der andere auf sich geladen hat, und verurteile ihn nicht, sondern trage die Folgen mit ihm zusammen. Der eine sehe, wie zerklüftet der andere in sich selbst ist, und zeige ihm den Christus, der gekommen ist, die zerrissenen Menschen zu heilen. Der eine sehe, wie der andere ihm unrecht antut, und nehme es auf sich, lasse es sich gefallen und trage die Last, die ihm der andere ist, wie Christus sein Kreuz trug. Der eine erkenne die Last, die der andere sich selbst ist, und vergrößere sie nicht dadurch, dass er ihm noch die Last seiner Verachtung auflegt. Der eine sehe, was der andere leidet, und laufe nicht weg, sondern halte bei ihm aus.

Das gilt zunächst in der Gemeinschaft der Kirche. Aber es gilt weit darüber hinaus. Es gilt, wo immer im Namen Gottes die Beziehungen der Menschen untereinander verändert werden sollen.

Offenbar kann man für die Wahrheit erst dann etwas tun, wenn man sich aus den Fronten gelöst hat und Feindbilder aller Sorten an sich selber erträgt, und zwar aus Liebe zu den Menschen, die keine andere Möglichkeit haben, ihre tiefe Angst und Ratlosigkeit loszuwerden als so, dass sie alles auf die wenigen werfen, die sich außerhalb der übersichtlichen Fronten von Freund und Feind gestellt haben.

Das Maß, das für uns gilt, ist kein anderes als die Menschengestalt des Christus. Seine Einfachheit. Seine Armut. Seine Wehrlosigkeit. Das Evangelium sagt: seine Knechtsgestalt. Wenn aber Christus das Maß ist, dann stört es uns nicht, wenn man uns für Träumer hält. Mit einem Träumer hat man auch ihn verwechselt. Dann mag unsere Bemühung so verletzlich und so zerstörbar sein wie der Mann, der am Ende am Kreuz starb. Dann mag, was wir tun, bestreitbar sein. Dann kann darüber gesagt werden, es sei alles ein Irrtum. Das hat man über sein Wort auch gesagt. Dann mag man sagen: Es hat alles keinen Wert, es ist alles verlorener Einsatz, wie es selbst seine Jünger zwischen Karfreitag und Ostern empfunden haben mögen.

Ist Christus das Maß, dann erwarten wir keine schnellen Lösungen, sozusagen Brot, aus Steinen gemacht. Dann erwarten wir keine kirchlichen Wunder, kein Überfliegen der Wirklichkeit von den Zinnen des Tempels aus. Es geht dann nur um eins: in der Unauffälligkeit jener Knechtsgestalt das eine oder das andere zu tun, das irgendeinem Menschen hilft.

Dann gilt es, alle Grundsätze in die zweite Reihe zu stellen. Im Ernstfall genügt ein wenig Barmherzigkeit.

30 Die Heilige Schrift und ihre Überlieferung

JZ: Das möchte ich mit Betonung sagen: Was uns verbindet, ist die Schrift und ist ihre Überlieferung. Aber zunächst die Schrift.

AG: Ja. Was uns eint, ist die Offenbarung Gottes in der Heiligen Schrift. Die Bibel ist die gemeinsame Grundlage, auf die sich alle Christen beziehen. Als Katholik bin ich dankbar für die Impulse, die ich von evangelischen Christen und evangelischen Auslegern für mein Verständnis der Bibel bekommen habe. Martin Luther hat hier sicher zum Segen der ganzen Christenheit das Wort Gottes in den Mittelpunkt gerückt. Aber wenn wir uns auf die Bibel beziehen, dann sollen wir die ganze Bibel ernst nehmen. Das gilt gerade auch für das Neue Testament. Manche evangelischen Ausleger haben die Bibel allzu sehr auf den Römerbrief und den Galaterbrief reduziert und die Evangelien und die anderen Briefe vernachlässigt und oft genug auch abgewertet als nicht mehr dem Zentrum des Evangeliums entsprechend. Katholisch bedeutet für mich, alle Schriften des Neuen Testamentes ernst zu nehmen und sich ihrem Anspruch zu stellen. Dann wird unsere Theologie und unsere Spiritualität bunter, farbiger, freier. Sie gewinnt an Raum.

Wir haben die Bibel aber auch gemeinsam mit unseren jüdischen Brüdern und Schwestern. Auch da gab es leider in der christlichen Theologiegeschichte immer wieder eine Abwertung des Alten Testamentes, als sei der Gott des Alten Testamentes ein strafender Gott und nur der des Neuen Testamentes ein barmherziger. Solche Gegensätze lassen sich nicht halten. Wir sollen heute lernen, gemeinsam mit unseren jüdischen Brüdern und Schwestern das Alte Testament zu lesen und auch das Neue Testament im Licht des Alten Testamentes mit neuen Augen anzuschauen. Dann wird uns manches neu aufgehen. Interessant ist für mich, dass die monastische Exegese des 8. bis 11. Jahrhunderts das Alte Testament ganz selbstverständlich als Heilige Schrift genommen hat. Die meisten liturgischen Gesänge im gregorianischen Choral sind aus dem Alten Testament genommen. Aber man hat diese Texte immer schon auf Jesus Christus bezogen. Man hat sie spirituell ausgelegt. Und man hat die christliche Botschaft von der Eucharistie oft mehr mit alttestamentlichen Texten ausgelegt als mit Stellen aus dem Neuen Testament. Es war eine bildhafte Theologie, die immer offen war für das

Geheimnis Jesu Christi. Wir Mönche beten täglich die Psalmen. Innerhalb einer Woche beten wir alle 150 Psalmen. Wir beten sie gemeinsam mit den Juden, aber zugleich gemeinsam mit allen Christen, die sie vor uns gebetet haben, wie sie nun – so glauben wir – diese Psalmen im Himmel als Schauende gemeinsam mit Christus beten.

JZ: Einer der Kampfrufe der Reformation lautete: »Allein die Heilige Schrift«. Er richtete sich gegen eine breite Übermächtigung der biblischen Auslegung durch die damalige Kirche. Er wandte sich dagegen, dass Menschenmeinungen an die Stelle des Worts der Bibel traten und die Gewissen der Menschen beherrschten. »Zurück zu den Quellen!« war der Ruf der Humanisten. Entsprechend rief die Reformation: Weg mit der Tradition! Zurück zu den Quellen des Glaubens. Zur Heiligen Schrift.

Das war damals notwendig, und es war sinnvoll. Allzu viel Ballast hatte die Überlieferung auf das Evangelium gehäuft, so viel, dass es darunter fast erstickt war. Und es war zu der damaligen Zeit auch möglich, hier sauber zu trennen. Wir Heutigen freilich werden das Spannungsverhältnis zwischen Schrift und Tradition ganz anders ins Auge fassen müssen, als das zu Luthers Zeit anging. Lässt sich denn die Tradition ablösen von der Heiligen Schrift, die wir lesen? Kann man überhaupt trennen zwischen beidem? Und ist nicht die Bibel selbst das Dokument einer langen und wichtigen Tradition?

Nehmen wir an, die Bibel sei im 2. Jahrhundert so zusammengestellt gewesen, wie wir sie heute vor uns haben. Danach wurde sie unzählige Male abgeschrieben, später gedruckt, übersetzt, kommentiert, ausgelegt. Immer wieder bildeten sich aus ihrem Wort Gemeinschaftsformen, Kirchenordnungen, Bekenntnisse, Lebensanweisungen, Regeln für Staats- und Sozialordnung. Immer wieder bildeten sich besondere Weisen, von ihrer Botschaft zu reden, wie sie eben aus Zeitströmungen, Kampfsituationen, Erziehungsaufgaben oder Nachdichtungen hervorgehen.

Wenn ich heute Christ bin, dann sind meine Gedanken und meine Lebensweise bestimmt durch unzählige Gedanken früherer Menschen oder auch durch die Zeitgenossen, die mir etwas sagen oder etwas zu sagen haben. Nie ist es die Bibel, die mich bestimmt, immer sind es Auslegungen, die zu mir herfinden, auch Missverständnisse, Maßstäbe, die irgendwer irgendwann gefunden hat.

Wenn ich mir das klarmache, entdecke ich sofort, dass es einen unmittelbaren Zugang zur Bibel nicht gibt. Was mir praktisch in einer historischen Gestalt, zum Beispiel in Jesus, entgegentritt, ist hundertfältig die Interpretation, die Christen und Nichtchristen, Freunde und Feinde von ihm aufgebaut haben. Was ich finde, wenn ich in die Geschichte zurücksehe, ist nie die Geschichte selbst, sondern immer die Auswirkung von Ereignissen, Personen oder Tatsachen. Was ich aus der Geschichte kennenlerne, ist der schmale Ausschnitt, den mir ein Lehrer mitteilt, den ich in einem Buch lese oder der die allgemeine Meinung in meiner Umgebung ausmacht. Die Geistesgeschichte kann man als eine Lichterkette beschreiben, die durch die Jahrtausende weitergeht, und immer kommt zu mir das Licht, das mich von denen erreicht, die vor mir in der Kette stehen, und nie das ursprüngliche Geschehen. Und das gilt auch von der Bibel. Geschichte begegnet uns immer als Wirkungsgeschichte, das heißt, auf dem Umweg über eine Tradition.

Dazu kommt, dass alles, was früher war, in einer Welt spielte, die nicht die meine ist, die mir also erklärt werden muss, und zwar in der Regel von Menschen, die selbst nicht in ihr gelebt haben. Diese frühere Welt wird mir also auf dem Wege einer Überlieferung erklärt.

Und weiter: Ich kann auf etwas Früheres, etwa auf einen Vorgang, von dem die Bibel berichtet, nie anders zurücksehen als so, wie es mir meine eigene Zeit und mein eigener kultureller Ort vorschreiben. Ich kann die Bibel nie anders lesen, als sie eben ein Kind des 20. oder des 21. Jahrhunderts liest. Und dieses Kind des 21. Jahrhunderts wird eine Geschichte wie die vom Auszug der Juden durch das Rote Meer anders lesen als ein Mensch des Mittelalters.

Und zuletzt: In jede Wahrnehmung einer vergangenen oder fremden Gestalt wie die des Jeremia oder die Gestalt Jesu von Nazareth bringe ich mich selbst mit. Mein Lebensgefühl, meine Erwartungen, meine Ängste, meine Erfahrungen, meine Verletzungen. Alles, was ich wahrnehme, auch die Bibel, trägt für mich am Ende die Färbung, die meine eigene Seele ihr gibt. Ich selbst aber bin ganz und gar ein Produkt einer bestimmten abendländischen Tradition und Gegenwart.

Wenn ich aber der Wissenschaft von der Bibel vertrauen soll: Wird diese Wissenschaft etwa einen anderen Zugang zur Bibel haben, als die Tradition ihr erlaubt, in der sie selbst steht, wird sie anders in der Bibel lesen können als mit Augen, die von einer bestimmten wissenschaftlichen Tradition gesteuert sind? Und woher weiß ich, ob die Wissenschaft dieser Zeit dem, was sie zu ergründen sucht, überhaupt angemessen ist? Ob sie die richtigen Werkzeuge besitzt? Zweifel sind erlaubt.

Alle diese Faktoren machen die Tradition aus, wie ich sie vor mir sehe. Mehr noch: die Tradition, in der ich selbst stehe, deren spätes Ergebnis ich mit meinem »klugen« Kopf bin und die mir sagt, wie ich was verstehen soll. Nein, über »Schrift und Tradition« müssen wir heute entschieden differenzierter nachdenken, als man es in der Zeit der Reformation konnte. Denn die Reformation selbst hat wie jede geschichtliche Erscheinung ihre eigene Tradition geschaffen, und was wir heute denken, wird, wenn es nicht vergessen wird, wieder in irgendeiner Tradition enden.

Es kommt aber ein Drittes hinzu. Die Schrift sagt ihr Wort. Die Tradition gibt es weiter. Und nun sagt die Reformation: Ich höre das Wort der Schrift durch die Kraft dessen, was der Geist Gottes in mir, dem heutigen Menschen, bewirkt, was er in mir spricht. Das *testimonium spiritus sancti internum*, das innere Zeugnis des Heiligen Geistes, bezeugt das Wort und eröffnet es mir. Das aber ist unentbehrlich, wenn ich sage: »Nur die Schrift allein« ist mir maßgebend. Die Schrift nämlich, wie ich sie heute lesen kann, wie sie heute zu mir spricht. An die Stelle des Gegensatzes zwischen Schrift und Tradition tritt also schon zu Luthers Zeiten eine Dreiheit: Schrift – Tradition – Geist. Und Luther war sich voll bewusst, dass er die Schrift in ihrer Wahrheit nur hören könne, wenn sie ihm der Geist öffne, wenn er ihm seine Auslegung bestätige oder sie richtigstelle.

> »Tradition ist nicht ein Sammeln von Asche,
> sondern Weitergabe einer Flamme!«
> (Jean Laurès, 1851–1914)

Wenn wir dieses Dritte, das heutige, dem einzelnen Leser der Bibel zugesagte Sprechen des Heiligen Geistes in ihm, aufnehmen, so ist Entscheidendes gewonnen. Der Katholik kann den Mut finden, sich unabhängig von Auslegungsvarianten seiner Kirche selbst an der Schrift zu orientieren. Der Protestant aber gewinnt ein faireres, ein gerechteres Urteil über die Tradition, die ihn selbst, ohne dass er sich dessen bewusst zu sein braucht, sichernd festhält.

AG: Über diese Sicht der Dinge kann ich mich nur freuen. Es bedeutet doch, dass die evangelische Kirche sich in der vorreformatorischen Überlieferung der Kirche heimisch macht, sie als die ihre ansieht und an ihr fortschreibt. Und es bedeutet, dass beim Lesen der Heiligen Schrift der Geist Gottes in seiner umfassenden Gegenwart und Wirksamkeit eingreift. Das kann uns nur verbinden.

Wie Schrift und Tradition und die persönliche Schriftauslegung durch den Heiligen Geist, der jedem von uns gegeben ist, miteinander verbunden sind, hast du sehr differenziert dargestellt. Für mich ist das Thema der Auslegung in meiner persönlichen Arbeit mit der Bibel, aber auch in meinen Kursen über tiefenpsychologische Schriftauslegung sehr wichtig geworden. Da ist mir auch aufgegangen, dass niemand ohne Vorurteile die Bibel liest. Wir alle lesen die Bibel mit der Brille, die uns die Tradition geschaffen hat, die uns die Auslegungen gebildet haben, die wir als Kind oder irgendwann einmal gehört und verinnerlicht haben, durch das religiöse Klima, in dem wir aufgewachsen sind, und durch die persönlichen Lebensmuster, die sich in uns herausgebildet haben. Es ist also nicht nur die Tradition der Kirche, die die Schrift auslegt, sondern die Tradition, die in jedem Menschen im Laufe seines Lebens entstanden ist. Ich kenne Menschen, die in der Bibel immer nur Gericht und Verdammung finden. Diese Menschen haben in sich eine selbstverurteilende und selbstverdammende Tendenz. Nicht nur die Tradition, die uns trägt, sondern auch die Gemeinschaft der Glaubenden – die Kirche – prägt und korrigiert unsere manchmal allzu einseitige Auslegung.

Der heilige Augustinus gibt uns einen wunderbaren Schlüssel in die Hand, wie wir die Bibel auslegen sollen. Er sagt einmal: »Das Wort Gottes ist der Gegner deines Willens, bis es der Urheber deines Heils wird. Solange du dein eigener Feind bist, ist auch das Wort Gottes dein Feind. Sei dein eigener Freund. Dann ist auch das Wort Gottes mit dir im Einklang.« Im Lateinischen heißt dieser letzte Satz so schön: *Amicus tibi esto et concordas cum ipso*: »Geh freundlich mit dir um, dann wirst du ein Herz mit dem Wort Gottes.« Wenn uns das Wort der Schrift ärgert, dann ist das immer ein Zeichen, dass wir ein falsches Gottesbild und ein falsches Selbstbild haben. Wir sollen solange mit dem Wort Gottes ringen, bis es uns zum Urheber des Heils wird. Dann gehen wir freundlich mit uns um. Und umgekehrt gilt: Wenn wir freundlich mit uns selber sind, wird uns auch das Wort Gottes als Freund begegnen, als Licht auf unserem Weg, als Wegweiser zu einem gelingenden Leben.

XI
Was können wir miteinander tun?

31 Der erste und Hauptauftrag der Kirche: Ihr spirituelles Wirken

JZ: Ehe wir von politischen oder gesellschaftlichen Aufträgen der Kirchen reden, muss klar sein, dass es im Grunde und auf lange Zeit hin nur einen Auftrag für die Kirche gibt: nämlich so zu leben, dass das Evangelium aus allen ihren Äußerungen hervorgeht. Es geht also zunächst nicht darum, dass sie etwas tut, sondern dass sie etwas ist: Darstellerin der Liebe Gottes zu den Menschen. Sprecherin des entscheidenden Wortes, das wir das Evangelium nennen. Quelle für ein gelingendes Menschenleben.

Ihr erster Auftrag ist immer und auf alle Fälle: den einen anzusagen, auf den alles ankommt: Gott, den Vater, den allmächtigen Schöpfer des Himmels und der Erde. Den Einen den Menschen nahezubringen, dessen Wort Wahrheit ist, dessen Weg unser Weg sein muss, dessen Gestalt Modell unserer Menschengestalt sein wird, Jesus Christus. Dem einen Geist das Feld zu übergeben, der allein das befreite, erlöste Leben in dieser Welt eröffnen kann: dem Geist Gottes. Der erste Auftrag der Kirche ist, durch die Art, wie sie lebt, wie sie redet, wie sie wirkt, diese eine, dreifache Erfahrung spürbar zu machen. Dieses eine, dreifache Verstehen und Vertrauen zu schaffen. Gelingt ihr das, so ist das Wichtige geschehen, auf das es für sie ankommt.

AG: Das bedeutet praktisch: Die Kirche hat ihren Auftrag erfüllt, wenn Menschen durch sie erfahren, dass sie in dem großen Umfassenden stehe, das sie mit dem Wort »Vater« bezeichnet. Dass sie dem einen großen Maß gegenüber sind, das ihnen in der Gestalt Jesu begegnet. Dass in ihnen die befreiende Macht wirkt, die wir den Geist nennen.

Das heißt praktisch, die Kirche ist ihrem Auftrag gerecht geworden, wenn ein Mensch, der sie hört oder sieht, danach mehr Mut hat, es mit seinem Leben aufzunehmen, als zuvor. Wenn ein Mensch, der in ihren Umkreis eintritt, danach etwas erfährt wie eine Heilung seiner Nöte und Leiden. Wenn er freier agiert und mit mehr Unabhängigkeit nachdenkt. Wenn er für sein auswegloses Schicksal Trost empfängt und Hilfe. Wenn er danach besser weiß, was er tun soll oder vermeiden muss, um sein Leben zu bestehen. Wenn er die Erfahrung macht, dass sein Verschulden und Versagen ihm nicht für alle Zeit anhängt, sondern er von ihm frei wird, neue Anfänge erlebt, neue Wege gehen darf. Wenn er Licht gewinnt für eine unbekannte, dunkle Zukunft und Hoffnung auf ein gutes Ende seines Weges.

Und zwar einfach dadurch, dass die Kirche ihm die Gestalt zeigt, die für sie selbst maßgebend und prägend ist, Jesus Christus.

Das alles zu sagen und darauf wieder einmal großen Wert zu legen ist gerade dann nötig, wenn wir heute über die gesellschaftliche, die politische Macht, die globale Wirkung der Kirche so energisch nachdenken. Die Kirche rechtfertigt sich nicht durch ihre Mitwirkung unter den übrigen Akteuren der Weltpolitik, sondern durch dieses stille und starke Sein, das ihr verliehen ist, wenn sie sich versteht als eine Kraft, die in Christus ist.

JZ: Und auf lange Zeit hinaus nichts anderes.

32 Dieses Maß zeigt uns Jesus für die Gestaltung unseres Lebens: Unten sein und lieben

JZ: Es läge nun nahe, eine Ethik zu entwerfen, die als Maß diente für die Praxis eines christlichen Lebens. Eine Reihe von Werten zu entwerfen, die ein christliches Leben zu prägen hätten. Ein Gewissen zu beschreiben, das den Anforderungen des Sollens gewachsen wäre. Oder Gebote aufzulisten, die einen Menschen zeigten, der ihnen gerecht wird. Wer Derartiges bei Jesus sucht, den müssen wir enttäuschen.

Was uns Christen unterscheidet, was wir als das unterscheidend Christliche einzubringen haben, ist das Bild des Christus selbst, das uns vor Augen steht. Was wir an Jesus von Nazareth wahrnehmen, was wir an Christus, dem Herrn der Kirche schauen, ist aber etwas sehr Klares und Einfaches, das am Ende die christliche Ethik ausmachen wird. Denn unfraglich scheint mir, dass für Christen und ihre ethischen Überlegungen an allem Anfang er selbst steht. Weder eine tradierte Staatslehre noch eine handliche Gesellschaftsphilosophie können als Ausgangspunkt dienen. An allem Anfang steht die Gestalt Jesu, sein Wort, sein Werk, sein Weg und sein Umgang mit den Menschen, die ihn hörten.

AG: Wenn wir ihn fragten: Jesus, worin besteht das Besondere deiner ethischen Weisungen, würde er vielleicht so antworten: Was das Besondere an meiner Ethik ist, das siehst du an dem, was Gott für dich tut. Gott steigt ab und nimmt die Gestalt eines Menschen an. Und er liebt. Du siehst es an mir: Ich zeige dir den Gott, der in mir absteigt bis auf die Ebene, auf der du selbst lebst. Und er liebt nicht nur die Guten, sondern auch die mit der verdorbenen Lebensgeschichte. Die Armen von Galiläa und die Armen in deinem Umkreis. Und er spricht zu ihnen. Was Gott tut, ist das Maß.

Jesus hat keine systematische Ethik aufgestellt. Er hat die Liebe zu Gott und zu den Menschen konkret vorgelebt, indem er hinabgestiegen ist zu denen, die sich damals ausgeschlossen fühlten: zu den Aussätzigen und Gelähmten, den Armen und Gefangenen, den Blinden und Zerschlagenen (vgl. Lukas 4,18), den Sündern, die von den Frommen ausgesondert worden sind. Wenn die Christen nun ihm nachfolgen, werden sie zu absteigenden Menschen und zu Liebenden. Sie werden zum neuen Bild Gottes selbst und zum Bild Jesu.

JZ: Zunächst gibt Jesus den Menschen Mut. Damit fängt nach ihm eine christliche Ethik an. Wenn Jesus von ethischen Fragen spricht, so beginnt er nicht damit, dass er sagt: Ihr seid allzumal Sünder!, also bei den Menschen, mit denen er zu tun hat, die Defizite feststellt, sondern damit, dass er ihnen zu einer neuen Selbsteinschätzung verhilft. Sie wurden von den Frommen als der »Pöbel vom Lande« bezeichnet. Sozusagen als der letzte Dreck. Ihnen sagt er in seinen Gleichnissen von der Saat und von der Frucht: Ihr seid nicht Dreck. Ihr seid ein Acker. Ihr seid gute Erde. Ich werfe meine Saat, mein Wort in euch. Gebt ihm Raum. Lasst es wachsen. Aus euch kann das Erlösende, das Reich, hervorgehen. Ihr könnt am Ende sagen: Auch wir konnten an seinem Kommen mitwirken. Jesus spricht von sich selbst als vom »Licht der Welt«. Sozusagen im selben Atemzug sagt er zu uns: »Ihr seid das Licht der Welt!« (Matthäus 5,14). Er zeichnet also eine Kaskade von Licht vom Schöpfer des Lichts über ihn selbst herab bis zu uns Menschen. Er spricht uns seinen eigenen Rang und Auftrag zu, wenn er sagt: Ihr seid das Salz, das die Erde vor Fäulnis schützt.

Wenn wir in demselben Sinn die Ich-bin-Worte und ihre mystische Tiefe prüfen, so wird uns dasselbe vor Augen stehen: Ich bin das Brot. Ihr seid das Brot. Oder: Ich bin der Hirte. Ihr seid die Hirten. Er konstituiert zuerst uns selbst von seinem eigenen Wesen und Auftrag her und entlässt uns von hier aus in unser praktisches Tun. So auch erzählt er Gleichnisse, in denen die Identität der am szenischen Spiel Beteiligten einmal die Gottes ist, einmal die seiner selbst, einmal die unsere, in denen so viel Schwebendes und Unscharfes bleibt, dass der Hörer sich in sie einzubringen vermag.

Er zeigt Bilder, in denen er sie als behütet und befähigt schildert, Bilder, von denen sie sich prägen lassen sollen. Eine Lampe, die ihren Sinn erfüllt, wenn sie leuchtet, ein Haus, das fest steht, weil es auf einem Felsen gegründet ist, einen Spatzen, den Gott ernährt. Er sagt, wie gesagt, keineswegs: Ihr seid alle Sünder!, sondern: Ihr habt allesamt Kräfte! Ihr habt alle einen großen Auftrag. Bittet Gott, dass er euch das Gelingen und das Erfüllen schenkt. Er wird es tun. So auch begründet Paulus seine Ethik. Er sagt: Christus ist in mir. Ich bin von ihm geprägt. Ich bin in ihn verwandelt. Er handelt in mir und durch mich. Was soll noch ein Gesetz, ein Gebot, ein »Wert«, wenn es Christus ist, der durch mich handelt?

Dieser Christus aber sagt uns nun: Das Maß, das für dich gilt, ist ein doppeltes. Es ist das Absteigen und das Lieben. Unten sein und lieben. Der Statusverzicht und das Lieben. Die Szene, in der Jesu den Jüngern die Füße wäscht (vgl. Johannes 13,1–20), führt uns das klar vor Augen. Mit diesen beiden Bewegungen gibt uns Jesus drei Grundrichtungen vor. Wir sollen, wo immer wir Mitmenschen sind, bei den unteren sein. Wir sollen von dem Rang, dem Ansehen, der Bedeutung, der Macht, dem sozialen Status, der Selbsteinschätzung, die wir immer haben, abwärts steigen, bis wir auf Augenhöhe sind mit den Leidenden, den Getretenen, den Verachteten. Was Jesus über die Ersten und die Letzten sagt, was er vom Erhöhen und Sicherniedrigen, vom Herrschen und vom Dienen, vom Rang und vom Verzicht auf Rang sagt, gewinnt diese erste Richtung: abwärts und dann »unten« unser Werk tun in seinem Namen.

Wenn wir aber unten sind, dann sollen wir lieben. Wir sollen uns also von unserem engen Ich aus weiten, zu den Menschen hin, die uns verbunden sind, zum Nachbarn oder Arbeitskollegen, dann bis zu denen, die uns ferner stehen, und zuletzt hinaus bis zum Feind. Wir sollen also tun, was Gott tut.

Augustin hat gesagt: »Liebe – und tu, was du willst.« Das heißt: Solange du liebst, bist du ein freier Mensch. Aber diese Maßgabe wäre zu ergänzen: Steige ab. Sei unten. Sei bei denen, die unten sind. Und dann liebe. Was dann zu tun ist, das wirst du selbst wahrnehmen. Tu es in aller Freiheit. Sie ist dir gegeben. Einer Ethik bedarfst du darüber hinaus nicht. Paulus sagt: »Ein jeder sei gesinnt, wie Jesus Christus war« (Philipper 2,5). Er lebt unten. Ein Gesetz ist entbehrlich.

Die Absicht, die Jesus mit seinen Anweisungen verfolgt, scheint mir die, Konflikte nicht nur zu zeigen, sondern sie lösbar zu machen. Und zwar auf Wegen, die für eine normale und an Regeln gebundene Ethik gerade nicht gangbar sind. Auf den Wegen des Verzichts auf Macht, auf Rechthaben, auf Urteilen. Auf dem Weg der Gewaltlosigkeit und des liebenden Verstehens auch eines Feindes.

Denn das ist ja ein Lebensgesetz, das uns Jesus zeigt: Dass mein Verstehen immer nur so weit reicht und so tief eindringt wie meine Liebe. Also liebe den, der dich hasst. Verstehe in ihm den Menschen, der ist wie du. Friede ist erreichbar. Aber nur auf dem Wege, dass du nicht siegen willst. Wer siegen will, steht in einem Krieg und kommt über den Krieg nicht hinaus. Wahrheit kann durchaus gefunden und gesagt werden. Du darfst dabei nur nicht Recht haben wollen. Denn die Wahrheit ist mehr als was du von ihr wahrnimmst. Gerechtigkeit ist erreichbar. Du darfst nur nicht um dein Recht kämpfen. Solange du das tust, bleibt das Recht des anderen auf der Strecke und mit ihm die Gerechtigkeit.

Jesus bietet eine Lehre über die Lösbarkeit ethischer Probleme an, nicht eigentlich eine Ethik, mit der eine zerstrittene Gesellschaft zu disziplinieren wäre. Sie bleibt fest angebunden an die Voraussetzung, dass der, der sie erfüllen will, zuvor seine Identität gewann aus dem Bild des

Christus. Dem Vollzug dieser Art Weisheitslehre muss vorhergegangen sein, was Jesus Heilung nennen würde und was Paulus die Wandlung des Menschen in ein Spiegelbild des Christus nennt. Es muss nicht nur seine Rechtfertigung vorausgegangen sein, sondern die Wandlung. Damit aber bin ich tief in der eigenwilligen Christusmystik des Paulus. Philipper 2 mit seinem Hymnus auf den absteigenden Christus und 1. Korinther 13 mit seinem Hymnus auf die Liebe, das ist die Ethik, die sich uns am Ende bewähren wird. Noch einmal: Liebe und steige ab – dann tu, was du willst und was du dann kannst. Und das kannst du, Christ, tun und sein, unabhängig von deiner Konfession.

AG: Das alles ist im Grunde keine Ethik. Es ist die praktische Konsequenz eines Glaubens. Ein geistlicher Weg. Der wird deutbar auf dem Wege des mystischen Verstehens, das davon ausgeht, dass nicht wir leben und handeln, dass es vielmehr Gott ist, der uns mit seinem Geist anleitet. Mag das im Augenblick in dieser Kürze und Unschärfe stehen bleiben. Es muss wohl noch viel bedacht und unter uns ausgetauscht werden, ehe wir von den Ethiken früherer Jahre, wie sie noch immer in Geltung sind, frei werden und aufmerksam auf das, was wir von Jesus selbst sehen und hören.

33 Der andere Auftrag der Kirche: Der prophetische Anruf

AG: Die Kirche wird zu den Fragen ihrer Zeit Stellung nehmen. Prophetisch heißt in diesem Zusammenhang nicht so sehr die Zukunft vorausdeutend, als vielmehr feststellend, was für eine Gemeinschaft, für ein Land, für einen Staat aktuell ist. Zu sagen, was um des Wohls der Menschen gesagt werden muss. Was heute geschehen muss, damit das gemeinsame Leben morgen segensreich verläuft und Unheil und Unrecht vermieden werden.

So haben die Kirchen in den letzen Jahren immer wieder unterschiedliche oder auch gleichsinnige Erklärungen abgegeben zu den wichtigen sozialen und politischen Themen unserer Zeit. Zur Rente, zu Gesundheitsfragen, zu Themen der Migration und Integration ausländischer Mitbürger, zum Lebensschutz und zur Sterbebegleitung, zur Bioethik und zum gemeinsamen Leben der Generationen, zur Globalisierung und zur alternden Gesellschaft, zu Sicherheitsfragen, zu den Feldern der heutige Politik, zu Fragen der Weltschöpfung und 100 anderen Dingen. Alles das ist notwendig und muss mit Klarheit und Schärfe vorgetragen werden, denn immer geht es um das Wohl und das Heil von Menschen. Und immer geht es um einen Auftrag, den die Kirchen dieser Welt zu erfüllen haben – und den die Kirchen immer mehr gemeinsam erfüllen müssen.

JZ: Nun kann es hier aber nicht unser beider Aufgabe sein, zu allen diesen und 100 anderen Themen die Maßstäbe vorzuzeigen, die uns dabei leiten werden. Das würde sowohl unsere Sachkenntnis als auch den gebotenen begrenzten Umfang dieses Buches überziehen. Was wir hier aber sagen müssen, weil es unsere Kirchen gemeinsam betrifft, ist erstens: Der gemeinsame Auftrag der evangelischen und der katholischen Kirche ist es durchaus, zu den komplexen Themen heutiger Weltpolitik und Weltethik das Wort zu nehmen. Sie werden sich dabei zweitens davor hüten müssen, in allem »ausgeglichen« oder »ausgewogen« zu reden. Also zugunsten der Reichen wie der Armen, der Herrschenden wie der Beherrschten, der Anerkannten wie der mit Füßen Getretenen. Die Stimme der Kirche wird sofort falsch, wenn sie »ausgewogen« ergeht. Wer die Welt nüchtern betrachtet, sieht sofort, jedenfalls sieht es der Christ, dass in ihr nichts ausgewogen ist und also nichts ausgewogen gesagt werden kann.

AG: Eine große Denkaufgabe ist für die Kirchen mit der Finanzkrise entstanden, die im Jahre 2008 unerwartet ausgebrochen ist und das Weltwirtschaftssystem tief erschüttert hat. Unser beider Kirchen sollten sich mithilfe des Fachwissens vieler Christen der heutigen Herausforderung stellen und zeigen, wie es heute zu sozialer Gerechtigkeit kommen könne. So wendet sich die Konferenz Europäischer Kirchen in Soesterberg im Jahre 2002 in einem Brief an die Kirchen in Westeuropa. »dass die Ideologie des Neoliberalismus unvereinbar ist mit der Vision der Ökumene, der Einheit der Kirche und der ganzen bewohnten Erde. Weitreichende und wachsende Ungerechtigkeit, Ausschluss und Zerstörung sind der Gegensatz zum Teilen und zur Solidarität, die unabdingbar dazugehören, wenn wir Leib Christi sein wollen.« Und sie stellt fest, »dass es Götzendienst gleichkommt, den globalen Markt nach Maßgabe einer unhinterfragten, neoliberalen Wirtschaftslehre auszugestalten, weil dies zu Ausschluss, Gewalt und Tod führt«. Die verschiedenen Kirchen haben heute die Aufgabe, von der Bibel her – und gerade vom Lukasevangelium ausgehend, das als erste Schrift der Befreiungstheologie gilt – ihre prophetische Stimme zu erheben und Tendenzen des Wirtschaftssystems zu kritisieren, die die Mächtigen stärken und die Schwachen noch mehr schwächen. Und zugleich sollten sich die Kirchen Gedanken darüber machen, wie denn ein gerechtes Wirtschaftssystem für unsere eine Welt aussehen könnte.

JZ: Wo es um die Würde der Menschen, um ihre Freiheit und um ihr Leben geht, da hat die Kirche aus ihrer politischen Neutralität heraus und in die Arena einzutreten, da hat sie für die Benachteiligten ihre Stimme zu erheben. Es geht ja für sie nicht allein um die religiöse Innenseite des Lebens, sondern um das Leben der Menschen allgemein und auf allen Feldern ihrer Gemeinsamkeit.

34 Der konziliare Prozess zeichnet den Weg kirchlicher Verlautbarungen voraus

JZ: In den Jahren 1979 bis 1982 begann ein neues Nachdenken im ökumenischen Gespräch, das auf der Vollversammlung des Ökumenischen Rates der Kirchen in Vancouver zum Durchbruch kam.

Ab 1981 begann sich das »Ökumenische Netz für Gerechtigkeit, Frieden und Bewahrung der Schöpfung« herauszubilden. Es wurde von kleinen örtlichen oder regionalen Gruppen getragen, und es brachte zum Ausdruck, ein Christ habe diese ökumenischen Fragen anzusprechen und öffentlich beim Namen zu nennen.

Von 1982 an begann dieser Prozess die Bezeichnung »konziliar« zu tragen, was heißen sollte: »gesamt ökumenisch«. So kam es 1983 in Vancouver zu einer gemeinsamen Zielvorgabe, nämlich der Vorstellung von einem allgemeinen Friedenskonzil. Es wurde 1989 durch eine europäische Versammlung in Basel vorbereitet und in Seoul durchgeführt. Widerstand wurde ausgerufen gegen Machtmissbrauch, gegen die Ausbeutung der Armen, gegen die Diskriminierung der Rassen, das ungleiche Recht für Männer und Frauen, und es wurde gesagt, hier spiegele sich der Frieden in Jesus Christus, die Liebe Gottes zu seiner Schöpfung und die von Gott gegebenen Menschenrechte. Man forderte eine gerechte Wirtschaftsordnung, die Entmilitarisierung der internationalen Beziehungen, eine Kultur der Gewaltfreiheit und eine Kultur des Respekts vor der Schöpfung.

Diese Beschlüsse fanden vor allem in Deutschland massiven Widerstand, vor allem auch in der evangelischen Kirche, sie wirkten aber über verschiedene Versammlungen weiter und können heute kaum mehr missachtet werden. Die drei Themen des »konziliaren Prozesses« sind in der Tat diese drei im 20. Jahrhundert völlig neu aufgegriffenen Zielvorstellungen des kirchlichen Handelns.

Da war als erstes nach dem Zweiten Weltkrieg die Frage aufgekommen, ob eine Kirche nicht eine andere Auffassung von ihrer Aufgabe gewinnen könne, als für irgendeinen Staat um Sieg zu bitten. Ob sie nicht Wege zu zeigen hätte, wie der Friede unter den Völkern auf gewaltlosem Wege gesucht werden könne. Für unsere staatstreue, staatstragende Kirche war das völlig neu. Nie in der 2000-jährigen Geschichte des Christentums gab es eine größere Kirche, die auf Gewaltlosigkeit gesetzt hätte. Wer so fragte, galt als rätselhaft weltfremder Außenseiter. Aber unsere Kirchen haben inzwischen, wenn auch widerstrebend, langsam und mühsam gelernt, an genau diesem Punkt das Evangelium wiederzuerkennen. Den eigentlichen Durchbruch brachte hier erst die Friedensbewegung der 1980er Jahre. Immerhin kann heute ein Christ die Christenheit an seiner Seite wissen, wenn er für den Frieden auf die Straße geht.

Das zweite für die Kirche völlig neue Thema, das seit den 60er Jahren des vorigen Jahrhunderts aufkam, war das Thema Gerechtigkeit. Auch das war für die Kirchen einigermaßen neu, nachdem sie durch mehr als 1500 Jahre in aller Regel für die Reichen und Besitzenden und gegen die gestanden hatten, die gegen die Verhältnisse protestierten, für die Mächtigen, die Erfolgreichen, die christlichen Kolonialherren. Aber die Kirchen haben gelernt, und das in unserer Generation. Sie reden heute so selbstverständlich von der Gerechtigkeit für die Dritte Welt, als hätten ihre Väter es nie anders gewusst. Und heute kommt nun genau an dieser Stelle die akute Frage auf uns zu, ob die Kirchen es vermögen, profiliert genug sich gegen das brutale Konzept des globalen Reichtums der Wenigen zu stellen. Es ist ihre ureigenste Aufgabe.

Seit circa 1970 kam, ebenso völlig neu, die dritte Frage auf, ob wir – auch wir Christen – mit der Schöpfung Gottes nicht anders umzugehen hätten, als wir es tun. Es gab natürlich viele genaue theologische Aussagen über die Schöpfung Gottes, aber nirgends war bislang die Rede von der Zerstörung der natürlichen Welt durch den Menschen gewesen oder von einer Aufgabe des Menschen an ihr. Man hörte aus der Bibel immer nur, dass Gott sprach: »Lasset uns Menschen machen, die herrschen über die Fische im Meer und über die Vögel unter dem Himmel und über das Vieh, über alle Tiere des Feldes und über alles Gewürm, das auf Erden kriecht« (1. Mose/Genesis 1,26). Wer noch um 1970 von Liebe zur Schöpfung redete, war ein Romantiker und Barfußapostel. Aber in unseren Kirchen haben inzwischen nicht nur die Basisgruppen gelernt, es drang inzwischen bis in die Kirchenleitungen und gar in die akademische Theologie vor. Die Kirche hat gelernt.

Den entscheidenden Durchbruch auf diesen drei Feldern bewirkten die im Ökumenischen Rat verbundenen Kirchen (ÖRK). Eine erste Aufmerksamkeit war erzwungen worden durch die Auseinandersetzung mit dem Apartheidsystem in Südafrika. Die Vollversammlung des Lutherischen Weltbundes beschloss 1977, der Reformierte Weltbund 1982, die Apartheid sei als Häresie anzusehen.

Danach folgte die 6. Vollversammlung des ÖRK in Vancouver 1983. In der Vorbereitung wurde ein Netzwerk aufgebaut, das den Namen erhielt: »Ökumenisches Netz für Gerechtigkeit, Frieden und Bewahrung der Schöpfung«. Nachdem auf dem Deutschen Evangelischen Kirchentag 1981 90 000 Menschen zur ersten großen Friedensdemonstration zusammentraten, kam es 1982 zur Planung eines Friedenskonzils. In Vancouver kam es zur Planung eines »konziliaren Prozesses«. Auf dieser Basis fand die Vollversammlung in Dresden 1989 statt, auf der festgestellt wurde:

»Wir haben versucht, die Herausforderungen unserer Zeit vom Evangelium her zu bedenken. Wir haben erkannt: Der biblische Ruf zur Umkehr trifft uns heute neu. Unsere Arbeit in der Ökumenischen Versammlung mündet in drei wichtige Einsichten, die uns binden und verpflichten: Wir bekennen uns zu unserer vorrangigen Verpflichtung, Gerechtigkeit für alle Benachteiligten und Unterdrückten zu schaffen; wir bekennen uns zu unserer vorrangigen Verpflichtung, dem Frieden mit gewaltfreien Mitteln zu dienen; wir bekennen uns zu unserer vorrangigen Verpflichtung, Leben auf dieser Erde zu schützen und zu fördern.« (Aus dem Wort der Ökumenischen Versammlung)

Inzwischen hat diese konziliare Bewegung in den letzten Jahren einen neuen Elan und eine neue systematische Zuspitzung erfahren, und zwar in der »Dekade zur Überwindung von Gewalt« und insbesondere in dem Ziel der 2011 geplanten »Friedenskonvokation«.

Es ergeben sich also vier Themen, die von den Kirchen eine klare Orientierung brauchen: der Frieden zwischen den Völkern, die globale Gerechtigkeit, die Bewahrung der Schöpfung und als viertes neu hinzukommendes Thema das die Konsequenzen aus der Wirtschaftskrise, die 2008 begonnen hat, mit einem klaren Urteil der Kirchen. Ein fünftes Thema tritt in unserer Zeit hinzu: der Umgang mit den fremden Religionen.

XII
Die neue Anforderung des 21. Jahrhunderts, der wir nur gemeinsam gewachsen sein werden: Die neue Weise des Umgangs mit fremden Religionen

35 Die fremden Religionen sind mitten unter uns

JZ: Auch dieses Thema ist neu gegenüber allen früheren Zeiten. Religionen waren früher eine Sache in Übersee. Spätestens seit der Jahrtausendwende steht neu und brandaktuell die Frage im Raum, wie denn mit fremden Religionen umzugehen sei. Das Zweite Vatikanische Konzil hat sie früh angedacht, und die katholische Kirche hat sie mit Geduld und Weisheit seitdem nicht mehr aus den Augen verloren. Unsere evangelische Kirche hingegen tut sich bis zum heutigen Tag schwer damit.

AG: Die Tatsachen sind klar. Die fremden Religionen sind uns nahe wie nie zuvor. Sie wohnen als vietnamesische Asylanten im selben Dorf wie wir oder arbeiten als indische Fachkräfte in unseren Büros. Die geistige Landschaft der Religionen dieser Erde rückt uns nahe, anregend und zugleich bedrohlich. Weder die Abgrenzung gegen sie noch ein Überlegenheitsanspruch ihnen gegenüber haben mehr einen Sinn. Nötig ist die Begegnung, der Besuch bei ihnen, das Gespräch, das gemeinsame Leben. Stehen wir am Beginn des vielbeschworenen Kriegs zwischen den Kulturen? Oder können wir unterscheiden zwischen einer Religion und ihren Extremformen, zwischen ihr und ihren fundamentalistischen Gefahren, zwischen ihr und ihrem politischen Missbrauch, und das ebenso bei uns selbst wie bei ihnen? Die aktuelle Frage auf dieser Erde heißt künftig: Wird es noch ein lebenswertes Leben unter den Menschen und zwischen den Religionen dieser Erde geben? Das Thema Religion war früher eine Frage der allgemeinen Bildung. Heute plötzlich geht es um Tod und Leben einer von Menschen bewohnten Welt. Denn die genannten drei Aufgaben aus dem 20. Jahrhundert betreffen auch die Religionen in ihrem Gegeneinander oder in ihrem Zusammenwirken.

JZ: Ein kurzer Rückblick kann vielleicht einen Teil der Mühen erklären, die uns unseren Umgang mit dem Thema »Religionen« heute so schwer machen. Noch als ich studierte, nach dem Zweiten Weltkrieg, war es auf evangelischer Seite verpönt, sich für Religionen zu interessieren. Man war überzeugt, das Christentum und die Religionen sonst seien so verschieden zu werten, dass es keinen Sinn habe, das Christentum als »Religion« zu bezeichnen. Die fremden Religionen seien Produkte menschlichen Unglaubens, das Christentum aber sei Offenbarung Gottes. Damals wuchsen ein oder zwei Generationen von evangelischen Theologen heran, die über fremde Religionen einfach nichts wussten, und es dauerte rund 30 Jahre, bis man anfing, diesen »Produkten des Unglaubens« etwas wie Respekt entgegenzubringen. Sehr langsam bauten Jüngere die theologischen Befestigungen ab, die den Einbruch fremder Gedanken in die christliche Welt abwehren sollten.

Diese Herauslösung des christlichen Glaubens aus dem Zusammenhang mit Religion überhaupt erwies sich freilich als rettend für die Kirche im Reich Adolf Hitlers, als es darum ging, der einbrechenden fremden Ideologie gegenüber ein christliches Bewusstsein zu schärfen. Auf der Basis der religiösen Toleranz, wie sie vor dem Ersten Weltkrieg in der Theologie im Schwange war, wäre der Widerstand der Kirche gegen Hitler noch wesentlich schwächer ausgefallen, als er ohnedies ausfiel. Es hat auch seinen Sinn, wenn heute, in der verschwimmenden religiösen Situation, nach dem protestantischen Profil gerufen wird. Wenn eine Kirche sich fragt, was es eigentlich sei, von dem sie lebt, von dem sie redet, so hat das immer sein gutes Recht. Es könnten aber Zeiten kommen, in denen es seinen Sinn verliert, ein christliches Profil anderen Profilen gegenüber aufzustellen, in denen eine allzu kämpferisch gegen andere gerichtete Selbstdarstellung vielleicht blind machte für die gemeinsamen geistlichen Aufgaben einer bestimmten Zeit.

In den heutigen Schwierigkeiten liegt etwas Tragisches. Als Nikolaus von Kues im 15. Jahrhundert für eine Verständigung mit dem Islam warb, traten die Türken eben am Rand Europas als das große Angstbild auf, und der Fall von Konstantinopel machte alle Versuche einer neuen Gemeinsamkeit zunichte. Heute, da es so dringend scheint wie nie, dass Christen und Muslime zu Frieden und gemeinsamem Tun finden, tritt der Islam als das große Angstbild des Terrorismus auf, obwohl Islam und Terror kaum mehr miteinander zu tun haben als das christliche Abendland und seine Gewalt- und Ausbeutungspolitik, und wieder macht die Angst die Chancen zum Frieden zunichte.

Natürlich stehen elementare Probleme zur Diskussion. Aber sie müssen zur Diskussion stehen. Die Frage nach dem Zusammenhang oder dem Widerspruch zwischen Macht und Religion. Natürlich die Frage nach der Freiheit, eine Religion zu haben oder nicht, sie zu wechseln oder abzulegen. Natürlich die Frage nach den Grundlagen einer für den Islam neuen religiösen Toleranz. Natürlich die Frage, was aus der Geschichte der Aufklärung des Westens einem Muslim zuzumuten sei. Natürlich die Frage nach der Scharia, dem islamischen Recht. Wobei immer die Frage im Hintergrund stehen sollte, ob die Aufklärung des Westens uns ein überzeugendes Gesamtbild unserer in hundert verschiedene Bereiche zersplitterten weltlich-religiösen Gesellschaft gebracht habe. Und ob ein Araber nicht recht habe, wenn er für sich die ordnende Macht einer Theokratie dem zerfledderten Bild einer westlichen Demokratie mit ihrem ethischen Nullbestand vorziehe.

AG: Wir sollten es aber hoch anerkennen, dass 138 muslimische Führungspersönlichkeiten und Gelehrte an die christlichen Kirchen einen Brief gerichtet haben, in dem es hieß, die »gemeinsame Zukunft der Menschheit, ja möglicherweise ihr Leben stehe auf dem Spiel, wenn Muslime und Christen, die mehr als die Hälfte der Menschheit ausmachten, nicht friedlich zusammenlebten«. Der Brief geht im Grunde über das Angebot eines Gesprächs hinaus und ist schon fast das Angebot einer Bundesgenossenschaft zwischen Christentum und Islam auf der Basis ihres gemeinsamen Glaubens an den einen Gott.

Oder wenn der Zentralrat der Muslime in Deutschland in seiner Charta von 2002 ausdrücklich feststellt: »Die im Zentralrat vertretenen Muslime akzeptieren das Recht, die Religion zu wechseln oder gar keine Religion zu haben.« Für einen Muslim gleicht dies dem Sprung über den eigenen Schatten.

36 Dieser Herausforderung werden wir als Christen nur gemeinsam gewachsen sein

JZ: Was mir aber hier in unseren konfessionellen Überlegungen grundwichtig ist: Wir werden in einem gegenseitigen Respekt zwischen Christentum und Islam oder Christentum und Buddhismus nicht als Katholiken auftreten können und nicht als Protestanten, sondern nur als Christen. Wenn das Christentum nicht als Ganzes mit allen seinen Flügeln auftritt, wird es den Aufgaben, die die multireligiöse Welt von heute uns stellt, nicht gewachsen sein. Es wird entweder Jesus Christus gemeinsam bekennen oder aber für andere Religionen nichts Erhebliches bedeuten. Nur das ganze Christentum wird sich zum Partner einer anderen Religion eignen. Und nur so, als Repräsentanten des ganzen Christus und nicht des protestantischen oder katholischen, werden wir die Kraft haben, das Unsere dem Fremden mit unserer ganzen Kraft gegenüberzustellen. Und nur so werden wir die Freiheit finden, eine fremde Religion zu achten, ihre Wahrheit zu ehren, und anfangen können, sie als ein schönes Gegenüber auch zu lieben.

Al Halladsch, der große Mystiker des frühen Islam (858–922), hat gesagt: »Wenn du meinst, eine Religion sei falsch, dann täuschst du dich über die Weise, wie Menschen zu ihrer Religion kommen. Du sagst damit, sie hätten sie selbst erfundenoder sie hätten sie sich ausgesucht. Aber ihre Religion hat Gott selbst den Menschen gegeben. Darum ehre sie, wie du Gaben Gottes ehrst!«

Ich würde hinzufügen: »Und lebe die Wahrheit deines eigenen Glaubens so, dass sie verstanden werden kann, und vor allem so, dass es anderen möglich wird, sie zu ehren. Vielleicht gar, sie zu lieben. Auf jeden Fall werden wir, wenn wir den christlichen Glauben einem Menschen anderen Glaubens liebenswert machen wollen, anders auftreten müssen, als es bisher in der christlichen Geschichte üblich war. Es könnte im Gegensatz zu unseren bisherigen Sitten durchaus geschehen, dass wir unserem Eigenen näherkämen, wenn wir über das Fremde begännen anders zu denken, wenn es zum Beispiel wirklich Christus selbst wäre, der uns zu Menschen führte, die uns fremd sind. Denn ein Christ wird, wenn das Kreuz für ihn irgendeinen wichtigen Sinn haben soll, niemals herrschend auftreten, niemals mit der Geste des Überlegenen, niemals auf jemanden herabblickend. Er kann immer nur dienend, arm, leidensbereit und geschwisterlich auftreten wie der Arme von Nazareth. Er kann immer nur zum Gespräch einladen, zum Austausch von Gedanken und Erfahrungen, und er wird, was er zu sagen hat, immer nur bezeugend und einfach, aber niemals aufdringlich und deklamatorisch vermitteln. Er kann, was ihm an fremder Glaubensüberzeugung begegnet, immer nur in hörender Liebe verstehen wollen. Freundschaft mit fremden Gedanken und Bekenntnis zur eigenen Überzeugung sind, so scheint mir, durchaus zu vereinbaren. Die Freiheit aber, die wir für unseren eigenen Glauben in Anspruch nehmen, wird ein Kind des Respekts sein müssen, den wir dem anderen entgegenbringen.

Denn lieben kann ich das Fremde auch in seiner Fremdheit; und es ist ein Kernsatz unseres christlichen Glaubens, dass ich lieben muss, was ich verstehen will, und dass es kein Verstehen gibt anders als auf dem Wege des Liebens.

AG: Wir sind eine multikulturelle und multireligiöse Gesellschaft geworden. Deutschland ist nicht mehr nur ein christliches Land. Viele Mitbürger sind Muslime. Viele religiös suchende Menschen wenden sich den buddhistischen Einsichten und Wegen zu. Wir können die Augen vor den anderen Religionen heute nicht mehr verschließen. Dabei geht es nicht darum, die Religionen miteinander zu vermischen. Aber es braucht einen guten Dialog mit den anderen Religionen. Einen Dialog mit anderen Religionen kann nur der führen, der in seiner eigenen religiösen Tradition gut verwurzelt ist. In einem solchen Gespräch können wir voneinander lernen. Wir hören auf den andern und sind neugierig auf seine religiösen und spirituellen Erfahrungen. Im Hören auf die anderen Religionen suchen wir klarer zu sehen, welche christliche Antwort wir auf ihre Fragen geben können, was denn das eigentlich Christliche sei.

Der Dialog mit anderen Religionen geschieht heute schon an der Basis. Wir sind eine multikulturelle Gesellschaft. Der freundliche Nachbar ist ein Muslim, ein Mitarbeiter in der Informatik ein Hindu. Wir gehen in den Städten nicht nur an Kirchen, sondern an Moscheen vorbei. Je mehr wir vertraut werden miteinander, desto eher können die Ängste voreinander schwinden. Wir wittern dann nicht in jedem Muslim einen Terroristen. Wir unterhalten uns mit dem freundlichen Nachbarn und erkennen, dass er es schätzt, wenn wir zu unserem christlichen Glauben stehen. Und wir achten seinen Glauben und seine Frömmigkeit, die er konsequent zu leben versucht. Je mehr wir ins Gespräch kommen, je mehr wir ein Gespräch werden, desto friedlicher wird das Zusammenleben der verschiedenen Religionen. Im gemeinsamen Tun, im gemeinsamen Einsatz für die, die unserer Hilfe bedürfen, wird eine Solidarität der verschiedenen Religionen wachsen und ein Miteinander, das in einer Welt, die immer kälter zu werden scheint, Gottes Barmherzigkeit und Liebe aufleuchten lässt.

JZ: Zum Dialog gehört die Demut: Leider haben alle Religionen in sich auch ein Gewaltpotenzial. Heute ist es vor allem der islamische Terrorismus, der uns erschreckt mit der Aggression, die sich so menschenfeindlich äußert. Aber das Christentum hat auch eine aggressive Geschichte hinter sich. Im Mittelalter haben Christen andere Völker gewaltsam unterworfen und in die Kirche gedrängt. Andersgläubige wurden ausgeschlossen und verbrannt. Die Hexenverfolgung ist ein dunkles Kapitel christlicher Geschichte. Es ist noch nicht lange her, dass große Teile des Globus den christlichen Kolonialmächten und ihren militärischen Aggressionen ausgeliefert waren. Es ist Demut nötig, die eigenen brutalen Anteile einzugestehen und sie zu begreifen. Nur so kann man in einen Dialog des Friedens treten, der dann der ganzen Menschheit dient und zur Versöhnung in der Welt beiträgt.

> »Ökumene darf … heute weniger denn je eng, verengt, ekklesiologisch verstanden werden … Sie muss die Gemeinschaft der großen Religionen einbeziehen, wenn Ökumene – nach dem ursprünglichen Wortlaut verstanden – den gesamten bewohnten Erdkreis meint.«
>
> (Hans Küng in *Christentum und Weltreligionen*, München 1984, S. 16)

AG: Hans Küng ist nicht der einzige, der eine Ausweitung des ökumenischen Gedankens auf alle großen Religionen empfiehlt. Schon Karl Rahner formulierte im Blick auf die fremden Religionen einen solchen Versuch: Der Heilswille Gottes, der in Christus sichtbare Gestalt annahm, so sagt er, erreicht in Christus den Menschen auch außerhalb der christlichen Kirche, und zwar nicht trotz ihrer außerchristlichen Religion, sondern in ihr und durch sie. Die Kirche ist nicht die ausschließende Alternative, sondern der Vortrupp, die »geschichtlich und gesellschaftlich verfasste Ausdrücklichkeit dessen, was der Christ als verborgene Wirklichkeit auch außerhalb der Sichtbarkeit der Kirche gegeben erhofft«.

Diesen Gedanken nahm das Zweite Vatikanische Konzil in seiner Erklärung *Nostra aetate* auf, in der es zum Gespräch und zur Zusammenarbeit mit den Bekennern anderen Religionen aufruft und dazu, die geistlichen und sittlichen Güter, die sich dort finden, »anzuerkennen, zu wahren und zu fördern«.

So sagte auch Paul Tillich wenige Tage vor seinem Tod 1965, wenn ihm die Zeit geschenkt wäre, würde er eine neue Theologie schreiben, die sich an der ganzen Religionsgeschichte ausrichten und im Dialog mit ihr stehen würde. Hier zeichnet sich in der Tat die große Aufgabe der Theologie im 21. Jahrhundert ab, mit der sie über die schmale konfessionelle Problematik innerhalb der Kirche weit hinausgeführt werden wird. Und niemand sage, der Friede und die Gerechtigkeit in der heutigen Welt verlangten nicht dringend nach einer solchen Öffnung des christlichen Bewusstseins und des christlichen Umgangs mit fremden Menschen auf diesem Erdball!

Solche und ähnliche Vorstellungen haben es heute noch schwer, in beiden großen Kirchen offiziell gutgeheißen zu werden. Aber das will wenig über ihre Zukunftsfähigkeit und ihre Zukunftsbedeutung sagen. Wichtiger als irgendeine offizielle Anerkennung könnte die Tatsache sein, dass heute unzählige Christen noch zu ihrer Kirche stehen, weil in ihr Gedanken dieser Art erwachen und sich beginnen zu klären und durchzusetzen.

37 Was nötig ist: Eine Allianz des praktischen Wirkens zwischen den Religionen

JZ: Dazu kommt aber nun etwas sehr Wichtiges. Wir sagten: In unseren Tagen erhebe sich eine ganze Gruppe von Themen, die es in den 2000 Jahren der Kirchengeschichte kaum je offiziell gegeben hat, nämlich dass die Kirchen von Gewaltlosigkeit reden, von Gerechtigkeit im sozialen Sinn und von der Rettung des Lebens der Erde. Wie soll nun, was da gefordert ist, wirksam werden?

Es ist ja zu vermuten, dass der Rest der Welt von den Kirchen bislang nicht den Eindruck hat, sie seien die glaubwürdigsten Vertreter solcher Forderungen. Sie sind doch allzu offensichtlich mit dem militärischen Denken des Westens verbunden, mit den Interessen der westlichen Wirtschaft und mit ihren sozialen Strukturen, vor allem mit der modernen Technik, die aus dem Acker des Christentums aufgewachsen ist, die heute die Erde zugrunde richtet. Wie soll gerade die Kirche auf den genannten drei Feldern etwas ausrichten? Das Christentum hat an allen diesen Punkten keine Glaubwürdigkeit.

Das Geheimnis einer möglichen Wirksamkeit der christlichen Kirchen liegt darin, dass sie sich in eine Allianz einbringen. Wer weiß denn auf dieser Erde, wie gewaltlos Frieden zu schaffen sei? Kein Zweifel, der Buddhismus weiß auf diesem Gebiet seit Jahrtausenden mehr als die Christen je gewusst haben. Der Taoismus auch. Der Hinduismus. Tut sich die Christenheit nicht mit allen Menschen zusammen, die etwas von Gewaltlosigkeit wissen, so kann sie es sich sparen, dafür die Stimme zu erheben.

Wem ist auf dieser Erde soziale Gerechtigkeit wichtiger als uns Christen, oder wem ist Gerechtigkeit ein heißeres Anliegen als uns? Gerechtigkeit gleich welcher Art hat jede

Religion hervorgebracht. Wenn wir nicht, was in anderen Kulturen zu diesem Thema gedacht worden ist, mit unserer Stimme zusammen in die Debatte einbringen, werden wir an dieser Stelle vergeblich unsere Stimme erheben.

Und das Dritte: Wer weiß auf dieser Erde besser als wir, wie man achtsam mit den Elementen und den Ressourcen der Erde, mit ihrer Fruchtbarkeit und ihren Lebewesen umgeht? Von der Würde und Unantastbarkeit des Lebendigen auf dieser Erde weiß manches afrikanische Volk und mancher indianische Stamm im »Wilden Westen« mehr als alle christlichen Völker zusammen.

Wollen wir also als Christen das Rettende wirksam tun, so muss eine Allianz zustande kommen unter allen Menschen dieser Erde, die von diesen drei Themen etwas wissen. Das werden vor allem die Religionen sein. Wir werden also, um im 21. Jahrhundert die Aufgaben zu erfüllen, die wir im 20. zu Gesicht bekommen haben, auf sie alle zugehen mit der Frage: Was können wir denn miteinander tun? Nicht: Wer hat die Wahrheit? Wer muss wen bekehren? Sondern: Was können wir auf diesen drei Feldern miteinander tun? Aber auch dieses Thema eines Zusammendenkens und einer Zusammenarbeit mit fremden Religionen ist völlig neu für unsere Kirchen.

Gewaltfreies Agieren wird am besten in kleinen Gruppen eingeübt. Gerechtigkeit entsteht am konkretesten zwischen den Schichten einer Gesellschaft, auf denen irgendein ungerechter Zustand bedacht und beseitigt wird. Umweltschutz ist eine Sache für konkretes Handeln im Sinne der Entlastung der Erde und ihrer Ressourcen. Versöhnung zwischen den Religionen geschieht, wo ein fremder Mensch in einer deutschen Stadt nicht als Fremdkörper, sondern als ein geschütztes Zeichen von irgendetwas Gemeinsamem empfunden wird. Wo ein paar Christen einigen türkischen Kindern helfen, Deutsch zu lernen.

Überall sind am Ende nicht die Prinzipien entscheidend, sondern die vielen bunten Erscheinungsformen eines konkreten Tuns. Und hier kann der einzelne Christ oder die einzelne christliche Gemeinde das Ihre einbringen nicht nur in das Entstehen zukunftsfähiger Verhältnisse, sondern auch am Verstehen einer fremden Konfession oder Religion.

Dieses Thema hat für uns Christen keinerlei Tradition. Denn es geht nicht darum, dass wir freundlich miteinander reden. Schon das wäre viel. Nicht nur, dass wir gerecht miteinander umgehen. Nicht nur, dass wir auf Kampfpositionen verzichten und darauf, die Schlachtreihen für den kommenden kulturellen Krieg auszurichten. Es geht um eine klare und tätige Bundesgenossenschaft.

AG: Vielleicht werden unsere Kirchen in Zukunft bessere Voraussetzungen dafür mitbringen. Unsere abendländischen Kirchen werden zur Zeit kleiner. Das führt vielleicht zu mehr Glaubwürdigkeit. Sie werden ärmer. Das bedeutet, dass weniger Gefahr besteht, dass sie mit den gewalttätigen Staaten und Wirtschaftsmächten des Westens verbündet erscheinen. Sie werden, was ihre Lebensformen und den Stil ihres Auftretens betrifft, weniger als einheitlicher Block, sondern als Ausdruck von Gruppen freier, dialogfähiger Menschen erscheinen müssen. Sie werden an öffentlichem Einfluss, wie sie ihn in manchen westlichen Ländern bisher gehabt haben, verlieren. Das wird vielleicht die Chance schaffen, dass unser Gespräch mit anderen Religionen auf gleicher Augenhöhe stattfindet mit all denen, die unter der militärischen oder wirtschaftlichen Macht auch und gerade der Christen zu leiden haben.

Vielleicht werden wir auf diesen Wegen des Schwächerwerdens lernen, genauer und unmittelbarer bei unserer Sache, nämlich dem Evangelium zu sein. In dieser für unsere deutschen Kirchen einigermaßen ungewohnten neuen Freiheit kann unser Glaube für die Menschheit an Bedeutung sehr gewinnen als eine wirkende Kraft für das Reich des künftigen Menschen auf dieser Erde.

JZ: Es zeigt sich heute überdeutlich, dass der Mensch, *homo sapiens sapiens*, auf dieser Erde intelligent genug ist, seine eigene Kultur und seinen Planeten zu zerstören, aber zu einfältig, um dabei zu überleben. Es muss sich zeigen, ob die Religionen dieser selben Erde eine Weisheit haben, Wege zu zeigen, auf denen das Leben bewahrt werden kann.

38 Kann es das geben: Eine religiöse Weltkultur?

AG: Manche Politiker sprechen heute vom »Kampf der Kulturen«. Damit es nicht dazu kommt, haben die Religionen die Aufgabe, im Dialog miteinander an einer gemeinsamen religiösen Weltkultur zu arbeiten. Das soll keine Einheitskultur sein. Die Religionen haben vielmehr den Auftrag, in dieser Welt die Frage nach Gott offen zu halten und den Menschen die Werte zu vermitteln, die das Leben wertvoll machen und zu einem menschlichen Miteinander notwendig sind. Das Zweite Vatikanische Konzil hat die gemeinsame Aufgabe der Religionen darin gesehen, den Menschen auf ihre wesentlichen Fragen zu antworten: »Die Menschen erwarten von den verschiedenen Religionen eine Antwort auf die ungelösten Rätsel der menschlichen Situation, die heute wie in alten Tagen die Herzen der Menschen im tiefsten bewegen: Was ist der Mensch? Was ist Sinn und Zweck unseres Lebens? Was ist das Gute, was ist die Sünde? Woher kommt das Leid, und welchen Sinn hat es? Was ist der Weg zum wahren Glück? Was ist der Tod, das Gericht und die Vergeltung nach dem Tode? Und schließlich: Was ist jenes letzte und unsagbare Geheimnis unserer Existenz, aus dem wir kommen und wohin wir gehen?« (*Nostra Aetate*, NA 1).

Alle Religionen haben den Auftrag, den Menschen auf ihre wesentlichen Fragen zu antworten. Jede Religion gibt ähnliche Antworten, und doch unterscheiden sich ihre

Antworten. Aber im Gespräch über Fragen und Antworten könnte jede Religion von der anderen lernen und ihre Position klarer formulieren. Die Religionen halten die Frage nach dem Sinn des Lebens und des Leidens offen. Sie führen die Menschen dazu, sich nicht nur mit dem Sichtbaren zu begnügen, sondern über ihre wahre Natur klar zu werden.

Die gemeinsame Weltkultur, an der die Religionen arbeiten, mag in die Richtung gehen, die Hans Küng mit seinem Projekt »Weltethos« angegeben hat. Ihm ist es ein Anliegen, dass die Religionen eine gemeinsame Sprache finden für die Werte, die für alle Menschen gelten. Im Zeitalter der Globalisierung brauchen wir verbindliche Normen, an die sich die Menschen halten. Im Judentum und Christentum waren das die Zehn Gebote. Die anderen Religionen kennen ähnliche Gebote. Dennoch ist es wichtig, die Kulturbedingtheit jeder religiösen Aussage zu bedenken und sich auf allgemeine Normen zu einigen.

JZ: Heute spüren wir, dass sich die Religionen umso näher kommen, je mehr sie sich ihrer eigenen mystischen Tradition öffnen. Die Mystik führt zur Erfahrung Gottes. Und über Erfahrung kann man nicht streiten. Sie kann man nur verstehen und auf die eigene Weise deuten. Die mystischen Erfahrungen, die die Gläubigen in den verschiedenen Religionen machen, sind einander sehr ähnlich. Sie verbinden die Menschen miteinander. Mystik hat mit Schauen zu tun. Und Schauen führt in die Freiheit. Daher waren die Mystiker in allen Religionen immer freie Menschen. Diese innere Freiheit verbindet sie mit den Mystikern anderer Kulturen und Religionen. So könnte heute eine neue Verbundenheit zwischen allen Menschen entstehen, die in ihrem Leben Gott erfahren. Mystiker sind ja nicht immer Menschen, die außergewöhnliche Erfahrungen machen, die Visionen haben oder Stimmen hören. Vielmehr ist nach einer Definition ein Mystiker der, der Gott erfahren hat, der sich nicht mit Worten über Gott oder von Gott begnügt, sondern der Gott selbst erfahren will. Und Karl Rahner ist überzeugt, dass der Christ der Zukunft ein Mystiker sein wird. Oder er wird nicht mehr sein. Was also wollen wir? Einen Weltkrieg der Kulturen – oder eine Weltkultur?

AG: Ich erinnere mich gerne an ein Gespräch mit einer Zen-Meisterin in einem buddhistischen Frauenkloster in Taiwan. Die buddhistischen Nonnen versuchten, gemeinsam mit den christlichen Kirchen, Kontemplation mit Aktion zu verbinden. Sie engagierten sich sozial und politisch, traten für Gerechtigkeit und Bewahrung der Schöpfung ein. Sie wehrten sich gegen die Tendenz mancher Buddhisten, die Meditation vom politischen Einsatz völlig abzukoppeln. Hier waren wir uns völlig einig. Dann sprachen wir über die Erfahrung bei der Meditation. Ich erzählte vom Jesusgebet, das ich mit dem Atem verbinde und das mich in den inneren Raum der Stille führt. Die frühen Mönche sagen: »Das Wort schließt uns die Türe auf zum wortlosen Geheimnis Gottes.« Das Wort öffnet also den Raum der Stille, in dem Gott in mir wohnt. Wir sprachen über die Erfahrung dieses inneren Raumes. Für mich ist der Raum erfüllt von der Barmherzigkeit und Liebe Jesu Christi. Die Zen-Meisterin meinte: »Liebe ist zu anstrengend.« Für sie ist der innere Raum ein Raum der Indifferenz. Im Gespräch wurde uns klar, dass sie mit Liebe sofort ein Gefühl verband. Es ist natürlich anstrengend, immer Gefühle der Liebe in der Meditation hervorzulocken. Doch für mich ist Liebe – im Einklang mit der mystischen Tradition – zuerst eine Qualität des Seins. Gott ist Liebe. Gott erfüllt den Grund meiner Seele mit Liebe. Aber diese göttliche Liebe ist tiefer als das Gefühl. Es ist eine Qualität, in die ich eintauche. Im Gespräch miteinander und im Hören aufeinander kamen wir uns näher. Denn natürlich kennt auch die christliche Tradition – etwa die des Ignatius von Loyola – die Indifferenz als wichtige spirituelle Erfahrung. In ihr bin ich ohne Absicht. Ich überlasse mich ganz und gar Gott, ohne etwas von Gott bekommen zu wollen, ohne bestimmte Gefühle in mir spüren zu wollen. Das Gespräch, das zuhört und vom andern lernen will, führt uns immer auch in das Wesen unseres eigenen Glaubens und unserer Glaubenserfahrung und dabei näher zu dem, was dem anderen heilig ist.

Unser Schlusspunkt: Wir lassen uns die Hoffnung nicht nehmen

39 Unsere Wünsche für kommende Ökumenische Kirchentage

Papst Johannes Paul II. schrieb in seinem Grußwort zum ersten Ökumenischen Kirchentag 2003 in Berlin:

> »Ihr wohnt in dem Land, in dem die westliche Kirchenspaltung ihren Anfang nahm. Viele Schritte zur Versöhnung sind schon erfolgt. Setzt diese Bemühungen mit Sensibilität und Rücksichtnahme aufeinander, in Geduld und zugleich mit Mut in Ehrfurcht vor der Wahrheit und in aufrichtiger Liebe fort: im gemeinsamen Bekenntnis und Gebet, im theologischen Gespräch, in Vorschlägen zur Gestaltung des öffentlichen Lebens … und schließlich in einem neuen, an der Person Jesu Christi ausgerichteten Lebensstil, der die Schätze dieser Erde schonend gebraucht, nicht zuletzt im Blick auf die kommenden Generationen.«

Konrad Raiser, früherer Generalsekretär des ÖRK, sagte in einem Hauptvortrag auf dem ersten Ökumenischen Kirchentag 2003 in Berlin:

> »Hier verschmelzen Weg und Ziel; das Symbol des Weges der Kirche als wanderndes Gottesvolk ist eingebunden in die Formulierung der ökumenischen Vision. Der Weg ist nicht einfach die Strecke, um zu einem Ziel zu gelangen, und das Ziel nicht ein eindeutig fixierbarer Punkt. Die Ökumene Gottes reicht weiter als die Ökumene der Kirche; sie ist weniger Ziel als der umfassende Horizont des ökumenischen Weges.«

Was wünschen wir uns für unsere Zukunft?

JZ: Uns steht eine geschwisterliche Kirche vor Augen. Niemand sucht sich seine Geschwister aus, er bekommt sie, und so haben wir einander nicht ausgesucht. Aber wir sind einander gegeben, damit wir wie Geschwister miteinander sind, zusammenstehen, einander stützen und fördern. So sollen wir uns füreinander interessieren, neugierig sein für die Entwicklung, die der andere nimmt, und ihm dabei helfen.

Uns steht eine Kirche vor Augen, die ihre Energien nicht in endlosem Hickhack verschwendet, sondern sie bündelt, unserer Welt und den Menschen zugute. Die zum Vorbild werden kann für die Weise, wie die Welt lebt und überlebt und wie wir mitwirken an der Versöhnung aller verfeindeten Völker und Religionen, vor allem zur Versöhnung unser selbst mit allem, was wir noch immer als feindlich empfinden.

Im 50. Jahr seines Bestehens kam der Ökumenische Rat der Kirchen zu seiner 8. Vollversammlung in Harare 1998 zusammen. Seine Botschaft lautete:

»Wir sind durchdrungen von der Vision einer Kirche,
dem Volk Gottes auf dem Weg miteinander,
das Einspruch erhebt gegen alle Trennungen auf Grund von Rasse, Geschlecht, Alter oder Kultur,
das Gerechtigkeit und Frieden zu verwirklichen sucht
und die Integrität der Schöpfung achtet …

Wir sind unterwegs als das Volk,
das durch Gottes Vergebung befreit ist.
Inmitten unserer zerrissenen Welt
verkündigen wir die frohe Botschaft von Versöhnung,
Heilung und Gerechtigkeit in Christus.

Wir sind unterwegs als Volk,
das aus dem Auferstehungsglauben lebt.
Inmitten von Ausgrenzung und Verzweiflung
vertrauen wir in Freude und Hoffnung
auf die Verheißung des Lebens in Fülle.

Wir sind unterwegs als Volk, das aus dem Gebet lebt.
Inmitten von Verwirrung und Identitätsverlust
erkennen wir Zeichen der Verwirklichung von Gottes Plan
und erwarten sein kommendes Reich.«

AG: Seit meiner Kindheit bin ich gemeinsam mit evangelischen Christen großgeworden. Mein Vater hat immer mit Hochachtung von den evangelischen Nachbarn gesprochen. Und wenn wir als Kinder einmal von anderen Kindern protestantische Vorurteile aufgenommen und in der Familie erzählt haben, hat er uns immer gemahnt, die evangelischen Nachbarn seien genauso gute Christen wie wir. Diese Hochachtung vor Christen anderer Konfessionen wurde mir also schon als Kind von meinem Vater vermittelt. Meine Mutter pflegte mehr auf der praktischen Ebene guten Kontakt. Sie dachte weniger theologisch nach. Für sie war der ökumenische Gottesdienst, der jedes Jahr am Ostermontag und Pfingstmontag stattfand, ein Anliegen. Da erfuhr sie auch in der Kirche die Gemeinschaft mit den evangelischen Christen, mit denen sie im alltäglichen Leben einen herzlichen Kontakt pflegte. Und sie hatte deshalb auch keine Bedenken, beim evangelischen Abendmahl zur Kommunion zu gehen. Theologische Argumente berührten sie nicht. Sie wollte die Gemeinschaft mit den evangelischen Christen durch das Einswerden mit Christus auf einer anderen Ebene erfahren.

Die Erfahrungen meiner Kindheit und die vielen befruchtenden Begegnungen, die ich als Mönch und Priester mit vielen evangelischen Christen hatte, treiben mich an, weiter den Weg zur Einheit zu gehen und die Einheit nicht fernen Zeiten zu überlassen. Jetzt geht es darum, alles, was uns schon miteinander eint, zu betonen, und das, was uns noch trennt, zwar nicht zu überspringen, aber doch zu übersteigen und zu relativieren. Das Trennende darf keine unüberwindbare Mauer sein. Wir sollen es akzeptieren, es stehen lassen und dennoch die Einheit und die Gemeinschaft feiern, die trotz aller Differenzen jetzt schon möglich ist.

40 Wie wir Christen uns selbst und einander verstehen

Und das sagen wir gemeinsam:

Am Ende ist alles einfach.
Wir hören die Stimme des Mannes aus Nazareth:

Ich bin das Licht der Welt.
Am Ende wird Licht sein.
Ich bin das Brot.
Ich gehe in euch ein, damit ihr lebt.
Ich bin der Hirte.
Ihr werdet nicht umkommen.
Ich bin der Weg, die Wahrheit und das Leben.
Euer Leben soll gelingen bis ans Ziel.
Ich bin der Weinstock.
Ich bringe das Fest, die Freude, den Geist.
Ich bin die Tür. Der offene Zugang.
Die Tür auch durch die Wand des Todes.
Ich bin die Auferstehung und das Leben.
Ihr findet in mir eure kommende Lebendigkeit.

Wer also sind wir, wenn Christus in uns ist?
Ihr seid, so sagt er, das Licht der Welt, mir gleich.
Ihr seid die Tür,
durch die andere nach Hause kommen.
Ihr seid das Brot,
die Lebenskraft, deren der andere bedarf.
Ihr seid der Wein des Fests füreinander.
Ihr seid Hirten für die, die eines Hirten bedürfen.

Wir sind zwar nicht der Weg,
aber wir sind auf dem Wege.
Wir sind zwar nicht die Wahrheit,
aber wir stehen für sie ein.

Wir sind nicht das Leben,
aber Christus, das Leben, ist in uns.
Wir sind nicht die Auferstehung,
aber wir gehen auf sie zu.
Wir sind nicht Christus, aber wir sind in ihm.

Und in ihm sind wir eins.
Wie wir alle, die zusammenfinden
auf einem solchen Tag der Kirche,
eins sind und miteinander das Glück feiern,
zueinander zu gehören.